Élizabeth Coquart
Philippe Huet

LE JOUR LE PLUS FOU

6 juin 1944
Les civils dans la tourmente

Albin Michel

22, rue Huyghens, 75014 Paris

ISBN 2-226-06929-1

AVANT-PROPOS

Ce livre fut d'abord une longue quête. Pendant deux ans, nous sommes allés à la rencontre de souvenirs vieux d'un demi-siècle en retrouvant les témoins civils du débarquement allié, le plus souvent à l'endroit même où ils le vécurent.

Cette remontée dans le temps fut rendue possible par une aide précieuse trouvée sur le terrain. Nous pensons notamment à Claude Masson, Paul Groult et Raymond Paris, ainsi qu'à Michel Clemençon et André Gosset, récemment disparus. Grâce à eux et à quelques autres « correspondants » infatigables, nous avons pu reconstituer de véritables filières et découvrir des personnes qui, cinquante ans après les faits, ne s'étaient encore jamais livrées sur ce qui reste « l'aventure de leur vie ».

Il est bien évident qu'il nous a été impossible d'utiliser directement les centaines de témoignages recueillis. Mais tous nous furent utiles dans la mesure où ils contribuèrent à dépeindre l'atmosphère du débarquement et à mieux nous faire comprendre ce que furent ces journées folles.

Aucune porte ne s'est jamais refermée. Nous avons toujours été accueillis avec sympathie, et parfois avec une chaleur qui nous a beaucoup touchés. Même quand il s'agissait de raviver des plaies douloureuses, d'évoquer des souvenirs tragiques. Que tous ceux que nous avons interrogés reçoivent ici le témoignage de notre reconnaissance...

AVERTISSEMENT

Pendant la guerre, la France vit sous trois heures différentes.

L'heure ancienne ou heure solaire, à laquelle s'accroche la campagne.

L'heure nouvelle ou « heure anglaise » (soleil plus une heure), adoptée par de nombreuses communes.

L'heure officielle ou « heure allemande » (soleil plus deux heures), imposée par l'occupant. Il y réussit dans les grandes agglomérations. Mais dans la plupart des villes de la côte normande, les habitants suivent l'heure nouvelle.

Pour l'ensemble des récits, nous avons choisi cette « heure nouvelle ». Qui était également celle des opérations militaires.

Leur débarquement

Ce sont de vieux messieurs. Des solides, qui jouent du silence en experts, ne parlent qu'avec la confiance. De drôles de types qui vivent dans un drôle de pays, faussement plat, faussement mou. Qui habitent de grosses maisons de pierre froide plantées sur une terre en pente douce comme au bord d'un gouffre : le gouffre des marais...

C'est là, dans la nuit du 5 au 6 juin 1944, que des milliers de parachutistes lâchés sur la France se noient, s'enlisent, s'égarent. Dans les marais « blanchis [1] » du Cotentin, dans cette jungle à poil ras, de vase et de roseaux, qui luit traîtreusement sous la lune...

Paumés, embourbés, empêtrés dans leurs harnais comme à Crécy les chevaliers français dans leurs armures, les paras voient alors surgir de la brume des silhouettes d'indigènes à casquette, juchés sur de petites barques à fond plat, pendus à de longues perches de bois : Paul Mauger, Charles Lebruman. Passeurs des marais, sauveurs des paras égarés. Ils y étaient...

L'obus qui est tombé dans le champ aurait dû la tuer. Elle était la seule à n'avoir pu se réfugier dans les trous individuels laissés par les Allemands. « La tête vers le village, les jambes vers le port », elle avait dû se contenter de s'allonger dans l'herbe.

Et elle n'est pas morte. Tout autour d'elle, ce ne sont que cadavres mutilés, morceaux de chair, membres éparpillés, corps décapités. Bouillie humaine... Mais le regard des autres, les indemnes, la prévient que le malheur ne l'a pas seulement

1. Dans cette région, c'est ainsi que l'on nomme les marais lorsqu'ils sont inondés.

effleurée. Odette Mousset, la jolie patronne de l'hôtel de Normandie à Ouistreham a un trou énorme dans le thorax et une jambe arrachée. A l'aube de ce 6 juin 1944, la vie de celle que les clients ont affectueusement surnommée la Moussette bascule brusquement. Elle avait vingt-sept ans. Elle y était...

Gilles Rivière est étudiant en troisième année de droit à la faculté de Caen. Dans sa petite chambre de bonne de la rue des Carmes, il bûche dur, prépare son examen fixé au 9 juin.

Le 6, il n'achève pas le repas pris comme chaque jour chez la brave dame qui tenait pension. A 13 h 30, l'air s'emplit d'un grondement d'orage, la terre tremble, le fromage reste dans l'assiette... Sous l'assaut d'une nuée de bombardiers, le cœur de la cité se met à saigner, à se consumer en un gigantesque brasier.

La jeune vie de Gilles Rivière se confond alors avec le malheur de la ville martyre. Nommé chef des équipes d'urgence, il étudie la tragédie sur le vif, se bat sur le front des décombres, des blessés, des ensevelis. Gilles avait vingt ans. Il y était.

Elle ne parvient pas à parler comme parlent la plupart des guides. Avec ce rythme inimitable, ce ton et ce temps de parole mécaniquement réglés pour aller juste du guichet d'entrée au pourboire de sortie...

Dans le bunker-musée planté sur la dune d'Utah, les visiteurs remontent le temps avec elle, la suivent avec des mimiques d'écoliers entre les vestiges d'uniformes, les armes rouillées, les photos épinglées. Grâce à la dame en tailleur bleu strict, ils apprennent. Les plus vieux récupèrent des bouts de connaissance oubliés, jettent des passerelles sur une mémoire capricieuse... les plus jeunes découvrent. Tout bonnement.

Mais la dame n'enseigne rien. Elle raconte. A sa manière qui n'est pas ordinaire.

Parfois, autour de la grande maquette du débarquement, un ancien, vétéran de l'American Legion, fier d'amener sa petite famille sur les lieux de sa jeunesse guerrière, s'étonne de tant de choses vraies, pas simplement apprises. Il s'étonne de petits riens anodins que l'on ne trouve pas dans les livres, de petits trucs jadis ressentis qu'ignorent les écrits. Quelques détails qui furent sa vie, un matin de 6 juin. A 6 h 30. Parfois, il demande :

« On dirait que vous y étiez... »
Et la dame en bleu répond :
« Mais j'y étais. »
A deux cents mètres de la plage. Hameau de La Madeleine. Du temps où elle s'appelait Gazengel. Elle avait 12 ans... Elle y était.

Tous ceux qui témoignent dans ce livre « y étaient ». De Ouistreham à Sainte-Marie-du-Mont, de Bénouville à Sainte-Mère-Église, des bords de la Dives aux marais de la Douve et du Merderet, des dunes d'Utah aux falaises d'Omaha, ils firent partie de ces milliers de paumés du petit matin qui se réveillèrent brusquement en état de danger mortel. Laissés à eux-mêmes, ne bénéficiant d'aucune protection organisée, les civils comprirent vite que le salut était une affaire personnelle, que l'enjeu de la bataille les écrasait, qu'il fallait « se débrouiller » pour s'en tirer. En l'espace de quelques secondes, et pour des jours ou des semaines parfois, leur vie ne tint plus que dans un trou où ils pouvaient se terrer, dans la virtuosité à slalomer entre les bombes et les obus, dans le réflexe d'un soldat qui ne tire pas ou ne lance pas sa grenade, dans le simple hasard de se trouver au bon ou au mauvais endroit... « On a souvent dit que nous étions pris entre deux feux, rapporte l'un des témoins, c'est faux. Nous étions dans le feu... »

Les Normands racontent ici un 6 juin 1944 qui, pourrait-on croire, n'a pourtant plus grand-chose à livrer à l'histoire. En un demi-siècle, c'est vrai, le débarquement allié a été étudié, analysé, exploré, disséqué sous toutes les coutures, dans les moindres recoins et les moindres détails. Mais la chronique des hommes en uniforme, alimentée par des tonnes d'archives, des montagnes de documents et des centaines de journaux de marche d'armées en conquête ou en retraite, a le plus souvent éclipsé — et c'est logique — l'épopée quasi souterraine d'une population projetée, piégée, coincée, bringuebalée dans un hallucinant capharnaüm guerrier...
Tous sont d'accord là-dessus. Leur 6 juin 1944, celui des civils, n'est pas tout à fait celui des armées :
« Bien sûr, dit Paul Groult, de Chef-du-Pont, nous nous sommes retrouvés. Les alliés ont souffert pour nous, ils sont

morts pour nous. Mais quelque part, leur histoire du 6 juin 1944 n'est pas complètement la nôtre. Ils ne l'ont pas vécu comme nous. »

Cette différence, c'est, pour l'essentiel, l'aventure subie, non choisie. En pleine nuit, des milliers de paras leur tombent sur la tête, et au petit jour, la plus terrifiante armada militaire de tous les temps déferle sur leur côte. Pris dans ce maelström meurtrier, dans un enchevêtrement incroyable de combats, les civils n'auront à l'esprit qu'un seul souci : ne pas se laisser broyer, rester en vie, préserver leurs familles et leurs biens. Ce faisant, et sans le vouloir, simplement parce qu'ils étaient là et que c'était là que ça se passait, ils vont vivre des aventures extrêmes.

Le débarquement côté terroir... Celui des sans-grades, des sans-armes, des sans-gloire qui se retrouvent nez à nez avec la Grande Histoire gorgée de sang, d'héroïsme et de médailles. Forcément, ils racontent autrement.

Ils racontent « avant » aussi. Les Normands aiment bien dire et faire les choses dans l'ordre. Ils plantent le décor. Ils y tiennent. Avec souvent plus d'humour et d'ironie que de tristesse. C'est dans leur nature.

Avant le 6 juin 1944 donc, il y avait une autre vie. En vert et gris. Vert-de-gris :

« Nous étions comme nos vélos de l'époque démunis de pneus, dit joliment l'un des témoins, nous roulions sur la jante... »

Comme tout le monde. Mis à part les profiteurs et collaborateurs. Occupation, privation, humiliation. L'énorme masse des Français courbe l'échine, hait l'Allemand en silence, se contente de survivre en attendant des jours meilleurs :

« La lassitude et la résignation, se souvient Guillaume Mercader, chef du réseau de résistance OCM pour le Bessin, étaient le lot commun. Les gens voulaient voir partir les Allemands, mais ça s'arrêtait là. »

Seule consolation, bassement matérielle mais diablement importante, la campagne — contrairement aux villes — normande mange à peu près à sa faim. Bovins, volailles, œufs, crème... on trouve de tout dans le bocage. La motte de beurre devient monnaie d'échange, aussi précieuse qu'un lingot d'or. On tue le cochon à la ferme et le vieux four à pain des ancêtres a même été remis en état, pour la bonne grosse miche briée de six livres. Les bouilleurs de cru clandestins n'ont pas abdiqué non plus. Derrière les haies, « on fait de la goutte tant qu'on en veut ». Il n'y a guère que le tabac qui manque cruellement aux accros.

« Ici, admet Albert André, de Saint-Laurent-sur-Mer, tout le monde se débrouillait. Ce n'était pas le cas des malheureux de la ville qui venaient tout le temps " pialler " pour avoir des pommes de terre, de la viande ou du beurre. Régulièrement, lorsque j'allais avec mon père porter le blé ou le sarrasin au moulin de Vierville, je voyais très tôt le matin des dizaines et des dizaines de personnes qui attendaient pendant des heures pour avoir un malheureux kilo de farine. »

En fait, s'il n'y avait pas le mur de l'Atlantique, la vie ne serait pas trop dure pour les côtiers normands. Mais « le mur », c'est la plaie, surtout depuis la prise de commandement du feld-maréchal Erwin Rommel. Contrairement au vieux von Rundstedt, commandant en chef des armées de l'Ouest, Rommel est persuadé que la bataille contre l'envahisseur sera gagnée ou perdue sur les plages... Et comme il n'aime pas perdre, il transforme le littoral en une forteresse qu'il voudrait imprenable : l'armée allemande éjecte les habitants d'un bord de mer déclaré zone interdite, rase les propriétés gênantes, transforme les autres en fortins, construit une impressionnante chaîne de bunkers sur les falaises, installe des batteries d'artillerie un peu partout, pose des milliers de mines, hérisse les plages, les plaines et les champs d'innombrables obstacles destinés à décourager l'envahisseur. Sur les bords de la Dives dans le Calvados ou de la Douve et du Merderet dans le Cotentin, les vannes sont bloquées, les marais restent inondés.

Les cultivateurs normands sont les premiers à souffrir de ce chantier permanent et prennent ombrage de cette mainmise sur des terres devenues impropres à l'exploitation agricole. Ils voient leur cheptel dépérir et leurs cultures saccagées. Le pire, c'est qu'ils doivent participer au désastre. Réquisitionnés, le plus souvent avec leurs chevaux et leurs charrettes, ils transbahutent le matériel de guerre, les mines et les munitions, partent dans les forêts couper les arbres afin de fabriquer les fameuses « Asperges à Rommel » qui donnent aux prairies l'aspect de litières géantes pour fakir. Ces ouvriers forcés ne sont guère zélés : « On poussait sans pousser, on tirait sans tirer, on sciait sans scier, on plantait sans planter », affirme Albert André. Et Louis Marion, de Gueutteville dans le Cotentin, ajoute : « Ils nous disaient toujours : vous beaucoup manger, pas beaucoup travailler. »

N'empêche, au printemps 1944, et même si Rommel, en tournée d'inspection sur les fortifications, grogne contre l'insuffisance des moyens mis en place et la lenteur des travaux, la façade maritime du Calvados et du Cotentin est devenue, tout au moins dans son aspect, une redoutable citadelle tournée vers l'Angleterre.

Paysage de guerre : de plus en plus présent, pressant, oppressant. Le poids de l'occupation allemande se fait lourd, avec des troupes qui campent partout, dans les villes et les villages, qui réquisitionnent le moindre logement, occupent les fermes et les châteaux. Qui manœuvrent sans cesse, s'activent en état d'alerte permanente.

Sur la côte normande toutefois, les seigneurs de la guerre de 40 ont pris un sérieux coup de vieux. L'élite — les divisions blindées notamment — est laissée en réserve à l'arrière. Beaucoup d'officiers ou de soldats qui échouent sur le littoral sont des rescapés du front de Russie, physiquement diminués par des blessures ou des gelures. Moralement atteints aussi par la Berezina hitlérienne. La Wehrmacht bouche les trous avec des gosses de dix-sept ans ou des vétérans qui frisent la cinquantaine. Et puis, il y a les « étrangers », de plus en plus nombreux, qui comptent parfois pour 50 % de l'effectif. Des hommes de toutes nationalités raflés au cours des conquêtes à l'Est. Qui se sont enrôlés dans la Wehrmacht pour éviter pire : l'emprisonnement ou la mort. Il y a même des Mongols, arrivés avec leurs petits chariots bâchés, qui ont été mis à l'écart, parqués en des lieux isolés. Leur présence remplit la population d'effroi.

Une armée patchwork donc, à la réputation d'invincibilité de plus en plus rapiécée et au mental de plus en plus fragilisé : le patriotisme du fantassin vacille, ses convictions sonnent le creux. Les cerbères de l'idéologie nazie, SS fanatiques et Gestapistes tortionnaires, labourent toujours le monde de leurs atrocités, mais sur le littoral de l'Ouest, le troufion de base pleure après sa femme et ses gosses, sort les photos de famille de son portefeuille.

Et les Normands dans cette tour de Babel ? « Ils se tiennent », comme on dit ici. Certes, ils ne jouent pas *Le Silence de la mer* tous les jours, mais l'énorme majorité des habitants garde ses distances, réduit au minimum les contacts avec l'occupant. En 1944, la Première Guerre mondiale n'est pas simplement un rappel de l'histoire inscrit sur un monument aux morts : les anciens sont encore dans la force de l'âge, beaucoup ont été mutilés, gazés ; chaque famille française a un fils, un frère, un neveu qui n'est pas revenu des tranchées. Trente années plus tard, la jeune génération reçoit en héritage « une haine du Boche » que bétonnent l'humiliation de la défaite et plus encore les exactions de l'occupation : « Mon père ne savait pas sentir les Allemands », souligne Raymond Holé, de Cretteville.

Mais de là à entrer en résistance contre Vichy, et plus encore contre le Maréchal, il y a un pas que beaucoup se refusent à franchir.

« La population normande, explique l'ancien ministre Raymond Triboulet, premier sous-préfet de la France libérée à Bayeux, était traditionnellement attachée à la devise de Vichy : " Travail, Famille, Patrie. " Cela répondait tout à fait aux convictions de ces gens qui aiment la hiérarchie et l'ordre, mais cela ne les empêchait pas d'être résolument anti-allemand. C'est ce que j'ai dû expliquer aux notables de la France libre à leur arrivée ici : après un long séjour à Londres, ils côtoyaient sans bien les comprendre des gens qui avaient subi quotidiennement l'occupation pendant de longues années, et ils encaissaient mal un inévitable décalage. J'ai dû faire leur éducation : leur affirmer par exemple que si la population normande ne répondait pas aux critères qu'ils souhaitaient sur le plan intellectuel, il n'en était pas de même du patriotisme. Là, il n'y avait aucun reproche à faire. »

Ainsi, Guy de Loÿs, qui vit arriver les GI's d'Omaha Beach, se souvient-il que le cultivateur normand, tout en accueillant les libérateurs à bras ouverts, pouvait fort bien rester vichyste.

« Après le débarquement, lorsque les premières photos du général de Gaulle ont été diffusées, notre fermier n'a pas retiré du mur le portrait du maréchal Pétain. Il a simplement punaisé celui de De Gaulle à côté. Cela allait de soi. »

Légaliste, soit. Ou gaulliste. Ou les deux à la fois. Pourquoi pas ? Mais entre Français. Or, le maître, le vrai maître, c'est l'Allemand. Ici, son autorité est ignorée, dédaignée, plus souvent qu'acceptée. Traditionnellement individualistes, jaloux de leur indépendance, les Normands supportent mal que des étrangers puissent se mêler de leur vie, de leur travail, et encore moins de leurs affaires. Au hasard des récits, les anecdotes pullulent qui prouvent leur formidable capacité — celle des paysans notamment dont la réputation de ruse et de roublardise n'est plus à faire — à démontrer quotidiennement aux occupants que malgré leur victoire, leur force et les ordres, ils entendent rester leurs propres patrons.

C'est l'histoire du cultivateur d'Englesqueville-la-Percée dont les champs sont confisqués : chaque nuit, au nez et à la barbe des sentinelles, il y fait brouter son troupeau de vaches et rentre avant le lever du jour...

Celle des habitants de Port-en-Bessin qui apprennent par voie d'affiche que Rommel sera dans leur ville et qu'obligation leur sera faite de le saluer : le jour de la visite, aucun des hommes de Port-en-Bessin ne porte de chapeau, de béret ni de casquette...

Celle encore de l'ancien combattant de 14-18 de Bernières-sur-Mer qui doit, comme tout le monde en mars 1944, remettre son poste de radio à la mairie pour ne plus être tenté — ce que tout le monde fait — d'écouter les « nouvelles mensongères » de Londres. Le récalcitrant place sa TSF sur un petit chariot, le recouvre d'un drap blanc, de fleurs et de vieilles couronnes mortuaires ramassées au cimetière, puis il pose dessus un écriteau avec ces inscriptions : « Plutôt mourir que leur appartenir » et « Perdu, mais pas vendu ». Il se rend ensuite à la mairie d'un pas lent en chantant à pleine voix un hymne funèbre, et parvenu devant l'hôtel de ville, pulvérise son poste à coups de marteau. Quand il rentre chez lui, il a dans la poche le certificat tamponné par le secrétaire de mairie pour dépôt d'un « poste brisé ».

Mais c'est le mur de l'Atlantique qui cristallisera toute cette hostilité plus ou moins larvée, dispersée et souterraine. Car les alliés, bien évidemment, veulent tout savoir sur la gigantesque muraille germanique. A partir de 1942, l'armée secrète fait donner ses bidasses de l'ombre. Travail de fourmi. Pas un mètre carré de l'édifice, pas un canon, pas un champ de mine, pas une casemate n'échappe aux détecteurs humains qui, sous tous les prétextes, parfois même les plus farfelus, grignotent les secrets du « mur ». Ce sont des monceaux de renseignements qui parviennent jusqu'aux bureaux de Londres sur le dispositif de défense côtière.

On connaît l'histoire — rendue célèbre par Bourvil dans le film de Marcel Camus *Le Mur de l'Atlantique* — du peintre en bâtiment Duchez qui dérobe dans un QG de la Wehrmacht la carte des fortifications encore à l'état de projet... Eh bien, les Duchez foisonnent chez les « côtiers » normands. Rien ne leur échappe : ni les installations d'artillerie, ni les défenses antiaériennes, ni les terrains minés, ni les mouvements de troupe, ni les dépôts de matériel. Et dans la collecte de ces renseignements, la complicité des paysans qui peuvent se déplacer sur leurs terres sans être suspectés s'avère extrêmement précieuse.

« Chaque semaine, raconte Raymond Triboulet, j'envoyai à Londres l'état des effectifs allemands entre Caen et Bayeux grâce aux « roulantes " de l'armée. En effet, ces " roulantes " étaient ravitaillées par les fermiers qui me transmettaient le nombre de repas distribués et à quelle unité. »

C'est dans cette atmosphère de veillée d'armes que survient le big bang du 6 juin 1944. Dans les chaumières normandes, on parle depuis des mois et des mois de ce débarquement des forces alliées. Depuis le début de l'année notamment, tous les feux semblent être passés à l'orange : il y a les tracts lancés par avion qui recommandent à ceux qui habitent à cinq kilomètres de la côte de se retirer à l'intérieur des terres, les bombardements de plus en plus violents et fréquents sur les fortifications... Et puis les rumeurs, les rumeurs les plus folles, qui courent tout au long des plages et des falaises, qui finissent par entretenir une véritable psychose.

Mais à force d'attendre, la population normande y croit de moins en moins. Phénomène classique et contradictoire. Les stratèges de bistrot, tout en arrosant leur ersatz de café d'un vrai calva, sont formels : pas ici, pas sur cette côte. Le site est impossible. A marée haute, les navires s'éventreront sur les pièges de Rommel, et à marée basse, l'étendue de sable transformerait les plages en abattoirs. Enfin, il n'y a pas de port en eau profonde. Bref, ce sera forcément plus au nord.

Même la date ne colle plus :

« Ce débarquement, les plus optimistes d'entre nous, dit Raymond Triboulet, l'attendaient en mai. C'était passé. Nous étions démobilisés. »

Et complètement pris au dépourvu. Assommés par le déluge de fer et de feu qui s'abat sur eux ou paniqués par la vision d'hommes effrayants aux visages maquillés de noir, ils sont des milliers à croire à tout, sauf à un débarquement allié. Pour certains, il s'agit de manœuvres — d'ailleurs prévues — de l'armée allemande ; pour d'autres — comme sur la côte du Cotentin — le bombardement terrifiant de la semaine précédente sur les batteries de Saint-Germain-de-Varreville recommence. Pour d'autres encore, qui gardent à l'esprit la désastreuse opération de Dieppe de l'été 1942, ce n'est qu'un nouveau test.

Quoi qu'il en soit, les voici projetés dans la fournaise des villes écrasées sous les bombes ou mêlés à la traîtrise des combats à l'arme blanche. Dans la guerre des marais, la guerre des haies aussi vicieuses que la guerre des rues. Dans la guerre à l'aveuglette, avec ses raids, ses coups de main et ses chassés-croisés. C'est un chaos ubuesque, un vaudeville soldatesque : mêlés aux combattants, ils vivent l'invraisemblable imbroglio. Ils en meurent aussi parfois.

On l'aura compris, on ne trouvera pas ici la comptabilité classique et minutieuse des batailles, la connaissance précise et détaillée des opérations militaires suivies jour après jour, heure après heure. C'est un choix. Celui de prendre l'histoire de ce 6 juin 1944 à contre-pied, de délaisser — pas toujours — les grands faits d'armes, de bouder également les récits mille et mille fois répétés qui font, c'est vrai, la grandeur d'Overlord : le parachute du clocher de Sainte-Mère-Église ou la cornemuse de Pegasus Bridge brillent aujourd'hui comme des talismans dans les vitrines de musée... Il est temps d'avoir une pensée pour les délaissés de la grande aventure, de suivre leurs traces avant qu'elles ne s'effacent complètement, de leur faire raconter cette atmosphère de joie et d'angoisse mélangées, de faire sentir à quel point aussi ces heures démentes ont bouleversé leur vie, quand ce n'est pas leur avenir...

Cinquante ans après, ces femmes et ces hommes racontent donc leurs instants de folie, de sang, de mort, d'ivresse aussi de la liberté retrouvée. Avec des mots, des rires et des larmes, avec une charge d'émotivité et de spontanéité qui prouve que cette cicatrice vieille d'un demi-siècle n'est souvent pas encore refermée. Et qu'elle saigne encore.

« Leur » débarquement est celui des ignorants. De ceux qui ne savaient rien, dont la vision historique s'arrêtait aux limites d'un village, d'un quartier, d'une rue, d'une ferme ou d'un lopin de terre. Qui se demandaient, lorsque les premiers libérateurs évoquaient « Utah Beach », ce que la « hutte à biches » pouvait bien avoir à faire là-dedans. Cinquante ans après, même si pour la plupart d'entre eux, tout s'est éclairci, élargi, ne serait-ce que par les lectures ou les rencontres, très fréquentes, avec d'anciens combattants revenus sur les lieux, ils ne cherchent pas à prendre du galon. Et s'ils cèdent de temps en temps, comme malgré eux, à la tentation du savoir acquis après coup, ils s'en excusent. Comme s'ils craignaient aussi de briser la magie de l'instant intact, fossilisé dans leur mémoire.

Ainsi continuent-ils à livrer un récit vieux d'un demi-siècle comme pris sur le vif. Mieux encore, ils vous guident en des lieux qu'ils voient toujours avec leurs yeux de vingt ans, retrouvent les bruits, les couleurs, les odeurs, les douleurs d'alors. Ils oublient leurs rides et le poids des ans, se glissent dans leur jeunesse, se transfigurent, s'immergent dans leurs souvenirs retrouvés d'emblée. Sans palier.

Tel est donc ce choix : l'histoire non officielle, non couverte de drapeaux. Une histoire dont les parcelles, mises bout à bout, finissent par composer une étonnante fresque populaire, une saga sans artifice enracinée dans la mémoire des « gens d'ici [1] ».

Qui mieux que ces gens, par exemple, peut décrire avec quel entêtement, quel sang-froid, quelle inconscience aussi ils s'attachaient sous la mitraille à ne pas céder un pouce de terrain, à accomplir les gestes quotidiens, à s'accrocher à la vie qui devait continuer vaille que vaille ? La bataille de chars dans le champ voisin n'empêchait nullement de ramasser le foin. Il fallait bien traire les vaches malgré les hommes qui s'étripaient derrière la haie, rentrer le troupeau sous les obus, aller chercher le pain en traversant l'embuscade.

Qui mieux que ces gens encore peut donner une telle vérité au souffle de l'histoire ? y compris dans le dérisoire : « C'est le silence, disent-ils, le silence qui nous a d'abord frappés. Depuis

1. Du titre d'un livre plein de verve de Gilles Perrault consacré aux habitants de Sainte-Marie-du-Mont.

des années, nous entendions le martèlement des bottes et des souliers cloutés. Et là, pas un bruit. Les paras glissaient sur leurs semelles caoutchoutées. » Ou encore : « Ils nous ont demandé une grande bassine d'eau chaude. Pour la première fois, nous avons bu du café en poudre. » Ou bien alors : « Quand on a vu toute cette puissance militaire qui s'étalait — des centaines de camions qui roulaient pare-chocs contre pare-chocs au point que nous ne pouvions pas traverser la route —, des aérodromes qui se créaient en quarante-huit heures. Quand on a vu tout ce stock de matériel qui remplissait nos champs au point que nous pouvions marcher sur les caisses pendant des kilomètres sans toucher le sol. Alors là, nous nous sommes dit : Les Allemands ont perdu la guerre. »

Qui mieux que ces gens enfin peut rire, comme il arrive de rire quand le malheur déborde : « L'une des caisses était pleine de savon. Du savon, je ne sais si vous vous rendez compte, c'était Noël ! Mais c'était curieux, on avait beau se frotter les mains sous l'eau, il ne moussait pas. On a compris pourquoi lorsqu'un soldat américain, épouvanté, est venu récupérer ses pains de plastic. » Ou encore : « C'était formidable, ils avaient même amené des ballons à gonfler pour les enfants. On les a remplis d'eau et on a joué avec... sous l'œil des GI's un peu effarés de voir l'usage que les femmes françaises faisaient de leurs préservatifs. »

Ainsi, racontent-ils en passant et sans le vouloir le choc d'une découverte, celle de ces conquérants d'un « nouveau monde » où l'on vit déjà à l'heure du frigo et du transistor, alors qu'eux-mêmes, dans les fermes du Cotentin — où l'on salue le propriétaire d'un « maître » respectueux —, foulent encore un sol en terre battue. C'est, à la limite, un autre événement, conséquence directe du premier : un véritable phénomène de société va suivre au contact de cette modernité affichée dans les mentalités, la décontraction des attitudes et l'absence de préjugés : « En arrivant, se souvient avec quelque ironie le docteur Marcel Rivière, de Sainte-Mère-Église, les GI's ont cru qu'ils découvraient une partie non défrichée du Canada. » « Mais, ajoute de son côté Paul Groult, ils nous ont fait avancer de vingt ans en quelques mois. »

Ce faisant, et avec tout autant de naturel et d'authenticité, ils abordent allégrement quelques sujets tabous jusque-là soigneusement évités. Encore une fois, qui mieux que ces Normands du littoral peut évoquer avec une telle franchise le dur malentendu qui présida souvent dans les premiers contacts entre la population et les alliés ? Tous, absolument tous sont formels : les paras pas plus que les troupes du débarquement n'étaient pressés — c'est le moins que l'on puisse dire — de se jeter dans les bras largement ouverts de ceux qui les accueillaient avec enthousiasme. Ils se méfiaient, se méfiaient terriblement, refusaient les verres d'eau ou de cidre s'ils n'étaient pas goûtés auparavant par celui qui les offrait, obligeaient même parfois les civils à les précéder dans des habitations qu'ils craignaient piégées. Ils ne comprenaient pas en fait pourquoi et comment des familles entières pouvaient loger dans des zones de défense allemande. Face à Omaha Beach, un aumônier de la 29e division US prévint ainsi les hommes qui débarquaient : « Tous les Français que vous trouverez sur la côte sont des collaborateurs, alliés des Allemands. Les autres ont pris le maquis. »

Les Normands décrivent les hommes exténués par de durs combats, exaspérés aussi par ce pays à la nature domestiquée et hostile, avec ses clos minuscules, ses haies, ses fossés et ses chemins creux. Bien plus encore que sur les longues plages découvertes, ils se sentent pris au piège, progressent dans la terreur des « snipers » allemands qui s'infiltrent et déciment les patrouilles. Ils sont à bout de nerfs, sursautent au moindre frémissement de feuilles, tirent à la moindre alerte, croient repérer partout des traîtres et des francs-tireurs, craignent des embuscades à chaque carrefour, à l'approche de chaque ferme : « Ils ne posaient pas », lâche un paysan du Calvados dans une expression à la normande...

Tout est dit dans ces témoignages, y compris les tragédies les plus atroces : civils abattus par erreur, dans la peur et la folie des combats, par ceux qui venaient les délivrer du joug de l'occupant. Mais tout est dit sans la moindre amertume, la moindre rancune. Dans ce pays de bord de mer aujourd'hui figé en un gigantesque musée de plein air dédié au débarquement, le regard bute immanquablement sur les vestiges du mur de l'Atlantique, sur les plaques et les monuments commémoratifs, plus encore sur les immenses nécropoles pointillées de blanc. Les Normands, témoins du 6 juin 1944, n'ont pas de mots assez élogieux pour rappeler le sacrifice de tous ces jeunes gens lâchés sur une terre inconnue pour une cause qui, à bien des égards, pouvait leur paraître étrangère. En fait, ils brûlent d'un amour qu'ils qualifient eux-mêmes d'« immodéré » pour les survivants, les vétérans qui chaque année, un peu plus gros, un peu plus blanchis, un peu plus vieillis, débarquent pour un pèlerinage du souvenir. Ils y étaient, ils y sont toujours.

Les touristes qui courent sur la côte sans savoir, qui stationnent dans les cimetières ou autour des monuments juste le temps d'une sonnerie aux morts, peuvent humer le doux parfum de la nostalgie. Mais ce qui souffle sur les plages, dans les villes et les villages de Normandie est plus fort, plus profond, bien plus tenace aussi. Chaque 6 juin est le rendez-vous d'une fraternité et d'une reconnaissance à jamais scellées entre libérateurs et libérés, mais le 6 juin 1994, date du cinquantenaire, porte en elle une formidable dose d'émotion. Pour beaucoup, peut-être les dernières grandes retrouvailles, la dernière étape du souvenir.

Qu'importe ! On ne combat pas le temps qui passe, on s'en accommode. Dans les familles de la côte, l'aïeul raconte « son » débarquement aux jeunes générations comme jadis les anciens transmettaient contes et légendes de la tradition [1]. Il y a toujours, dans la maison, une armoire, un tiroir ou un placard bourrés à craquer de reliques du temps des « Tommies » ou des Américains. Parfois même, on y trouve un agenda qui ne tient plus que par l'élastique ou un cahier d'écolier aux pages griffées d'une écriture tremblotante, mal assurée. « Sous les bombes ou les obus, s'excuse-t-on, ce n'était pas facile. »

Enfin, quand l'invité s'est fait adopter sans s'imposer, quand il a fait le plein d'amitié, il arrive que le maître des lieux se rende dans une grange ou un grenier armé d'une paire de ciseaux. Il en

1. Des histoires quasi légendaires, mais aujourd'hui difficilement vérifiables, circulent allégrement dans la mémoire des Normands, témoins du débarquement. En voici une qui célèbre les bienfaits du « calva ». Deux fantassins américains qui font partie d'un peloton de quatorze hommes s'arrêtent dans une ferme et réclament à boire. Ils tendent leurs gourdes au vieux paysan qui les remplit de calvados jusqu'à ras bord. Les deux soldats font goûter le fermier, et rassurés, repartent rejoindre la patrouille. Mais accablés par la chaleur, ils ne cessent de boire, et finissent par s'effondrer dans un fossé, victimes d'un foudroyant coma éthylique. A leur réveil, plusieurs heures après, ils apprendront que leur peloton est tombé dans une embuscade et que leurs douze compagnons ont tous été fauchés par une mitrailleuse allemande.

revient avec un bout d'étoffe d'apparence banale. Du nylon. Vert, rouge ou blanc. C'est selon.

« C'est un vrai », dit-il en tendant le carré de tissu qui crisse sous les doigts.

Un morceau de parachute. Un morceau d'histoire. De leur histoire...

PREMIÈRE PARTIE

LE CIEL LEUR TOMBE SUR LA TÊTE

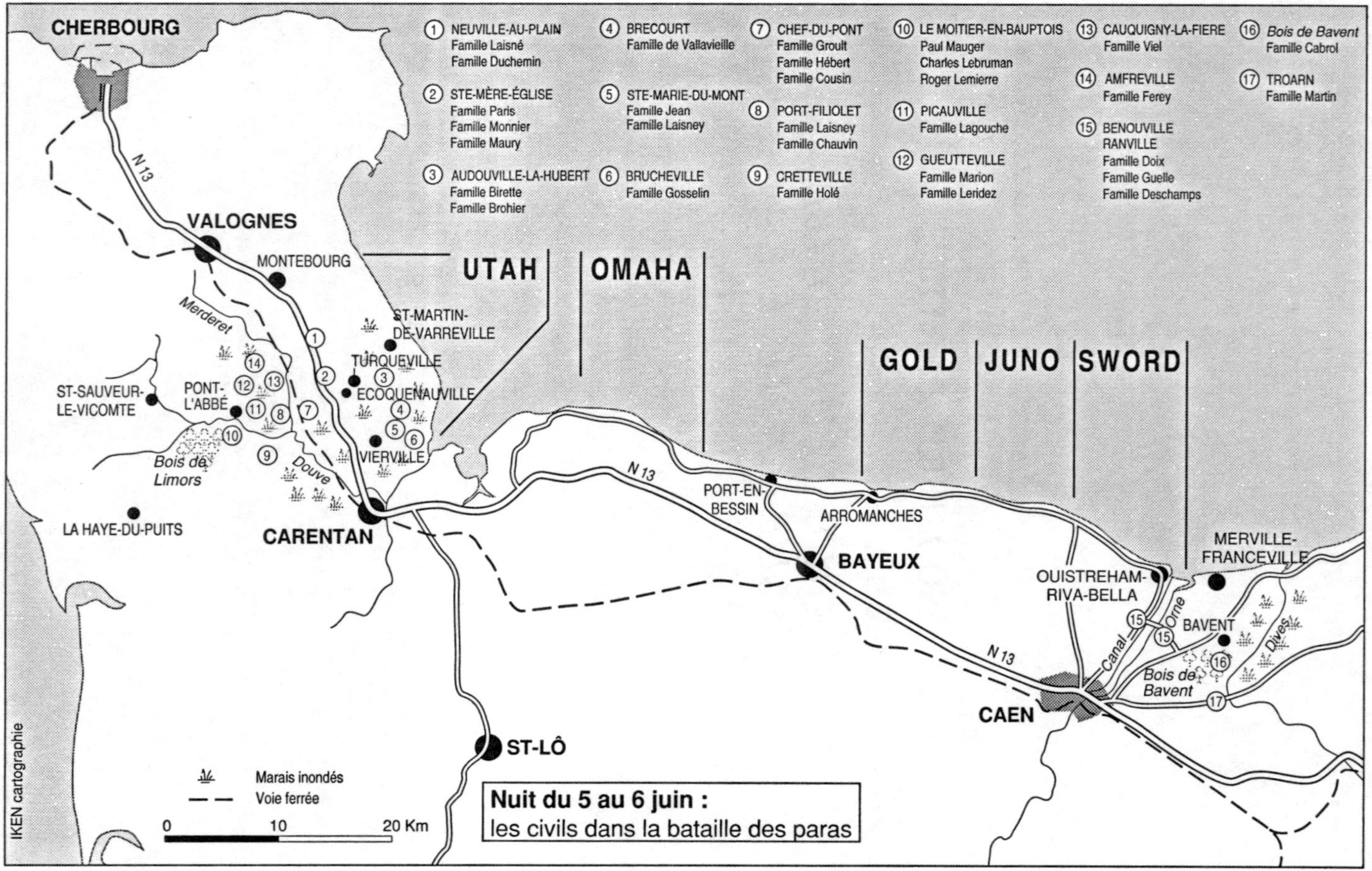

Nuit du 5 au 6 juin :
les civils dans la bataille des paras

CHAPITRE PREMIER

Les hommes des marais

« Veux-tu rester couché !

— Non.

— Paul ! »

Paul ne veut rien entendre. Ce soir moins que les autres soirs. Malgré les protestations de sa mère, il se lève avec la souplesse de ses dix-sept ans, quitte le fossé grossièrement aménagé en abri avec ses traverses de bois pour plafond et ses fagots pour cacher le tout. Debout dans le jardin, il admire : c'est beau, Dieu que c'est beau.

« Ma parole, on dirait une aurore boréale », s'était exclamé tout à l'heure Jules Hébert, un jeune menuisier de l'arsenal de Cherbourg, réfractaire au STO [1], évadé d'Allemagne, réfugié à la ferme avec sa femme et sa petite fille de deux ans. Paul ne savait pas vraiment à quoi pouvait ressembler une aurore boréale : ce qu'il voyait là-bas, sur la côte, c'était un feu d'artifice géant, un ciel en pluie d'étincelles et lueur d'incendies.

« Ah ! Ils vont en reprendre les Boches ! Ils vont en reprendre sur la gueule. » Maman Groult, qui ne faisait pas mystère de son aversion profonde pour l'occupant, n'était pas la dernière à se

1. Le Service du travail obligatoire contraignait les territoires occupés à fournir un contingent de main-d'œuvre au Reich hitlérien. En France, on fit d'abord appel, à grand renfort de propagande, au volontariat. Mais devant les faibles résultats obtenus et les besoins croissants de la machine de guerre nazie, toute une série de mesures coercitives furent prises afin de rafler des milliers de jeunes travailleurs français, soit pour les employer sur place, soit pour les envoyer en Allemagne.

Pour échapper aux réquisitions de l'occupant, les réfractaires au STO se firent faire de faux papiers, se cachèrent, menèrent une vie semi-clandestine. Les plus déterminés allèrent rejoindre les rangs des maquisards.

réjouir. Elle ne s'inquiétait pas encore trop : le bombardement visait les batteries allemandes du littoral. Celles de Saint-Martin-de-Varreville sans doute. Comme la semaine dernière[1].

Et puis soudain, le ciel s'était enflammé au-dessus de leurs têtes. La ruée vers l'abri avait été épique : il avait fallu soutenir grand-mère Groult. Les hommes avaient pris les valises déjà prêtes depuis plusieurs semaines. Jacqueline Hébert, la femme de Jules, avait voulu choisir son plus beau manteau, comme pour aller à la messe. Et dans le champ de patates, en pleine galopade, la sœur de Paul s'était subitement mise à gémir : « Je n'ai même pas les pieds lavés ! Vous vous rendez compte, je n'ai même pas les pieds lavés. »

Maintenant, tout le monde se terre dans la tranchée. La sœur de Paul ne pense plus à ses pieds : « On va tous mourir, pleure-t-elle, on va tous mourir... » Elle prie, et les autres prient avec elle : « Notre père qui êtes aux cieux. »

Paul ne prie pas.

« Veux-tu rentrer ! » ordonne maman Groult encore une fois... Mais son garnement de fils ne répond même pas. L'occupation allemande qui brime tant les Français, qui les empoisonne, les emprisonne dans leur propre pays, a donné à l'adolescent déjà naturellement turbulent un irrésistible goût pour la liberté. Accablés de soucis, les parents ont vu peu à peu leur autorité s'effilocher. Ils ont laissé filer le gamin parce que le quotidien si dur à assumer les réclamait ailleurs, et le gamin, aujourd'hui, n'en fait plus qu'à sa tête : infatigable, intenable, il vadrouille dans la campagne, se joue du couvre-feu, sort des nuits entières. Les remontrances n'y font rien.

Paul Groult a le nez sur les étoiles, les étoiles blanches peintes sur des avions qui semblent donner l'assaut au ciel, qui le débordent, le submergent. C'est un rodéo fabuleux, moucheté d'explosions, de balles traçantes qui pointillent la nuit. Abasourdi, Paul distingue les parachutes qui se balancent mollement, qui descendent en douceur, indifférents à toute cette fureur, avant

1. Dans la nuit du dimanche 28 au lundi 29 mai 1944, les bombardiers de la Royal Air Force pilonnèrent et détruisirent en grande partie les batteries allemandes (six pièces de 155) de Saint-Martin-de-Varreville qui faisaient face à Utah Beach. Une semaine plus tard, aux premières heures du débarquement, de nombreux habitants de la région crurent effectivement que les alliés renouvelaient la même opération.

de disparaître, happés par la terre noire. Paul en est sûr : beaucoup d'entre eux tombent dans les marais du Merderet, là-bas derrière la voie ferrée. Il n'y tient plus : les marais, c'est son domaine, son parc de jeux, le jardin de son enfance. Depuis qu'il est en âge de marcher, Paul Groult « mène les bêtes au marais » avec son père. C'est même là, dans cette eau putride, parmi les roseaux, les nénuphars et les moustiques qu'il a appris à nager l'été dernier, une grande corde attachée autour du buste.

Paul détale. Il contourne la ferme familiale des Vindis qui longe la route de Sainte-Mère-Église à la sortie de Chef-du-Pont, remonte le grand champ, disparaît derrière les haies et dans les chemins creux. Il veut voir de près.

Paul Groult a raison. « Ils » sont dans les marais. Égarés, embourbés, noyés. Chargés de conquérir les rives du Merderet et de la Douve[1], les parachutistes de la 82e Airborne Division ne comprennent pas : il n'y a pas de rives. Sur leur carte de soie incroyablement détaillée où figurent le moindre enclos, la plus modeste ferme, le plus petit sentier, les deux rivières serpentent paisiblement entre plaines et villages : seule L'Isle-Marie, au confluent de deux cours d'eau, devait offrir quelque danger..., et ils se retrouvent englués dans un marécage qui, dans l'obscurité, s'étend à perte de vue. Le printemps leur joue un sale tour : aucune des photos aériennes n'a pu déceler que la prairie verdoyante, tapissée d'herbes hautes et de roseaux, masquait un cloaque.

Les paras ne le savent pas, mais en sortir revient à jouer à la roulette russe. Très lourdement équipés[2], ils avancent droit devant eux, avec pour seuls repères illusoires des têtards de saule,

1. Les hommes de la 82e Airborne Division du général Ridgway avaient pour mission d'assurer la tête de pont du débarquement d'Utah Beach :

a) En se rendant maître de Sainte-Mère-Église.

b) En s'emparant des ponts de La Fière et de Chef-du-Pont sur le Merderet.

c) En détruisant les ponts de Beuzeville-la-Bastille et de Pont-l'Abbé sur la Douve.

A l'ouest du Merderet, le largage des paras se révéla effectivement assez désastreux.

2. Outre un armement extraordinairement complet, chaque parachutiste emportait de quoi assurer sa survie solitaire en pays hostile : rations, vêtements de rechange, lampe-torche, boussole, lexique franco-anglais, trousse de premier secours avec morphine, rasoir, savon, cartes, pelle, masque à gaz, gourde, etc. L'ensemble pouvait peser jusqu'à trente-cinq kilos, et parfois plus, puisque chaque parachutiste avait toute latitude pour ajouter à son équipement ce qu'il jugeait nécessaire.

des rangées de peupliers, quelques barrières, de rares monticules ou îlots minuscules. Pour certains, le remblai de la voie ferrée se découpe comme une digue dans la nuit, comme une rampe, une corde à laquelle ils rêvent de s'accrocher. Ils ignorent que tous les champs des marais sont séparés par des fossés profonds de deux mètres et plus qui permettent l'écoulement des eaux en période de décrue, que le lit des rivières elles-mêmes, invisible en surface, s'enfonce à moins quatre mètres. C'est là que les plus malchanceux et les plus épuisés perdent pied et disparaissent, aspirés par les eaux noires.

L'horreur. Et la pagaille. Car les paras ont souvent été mal largués, loin de leurs lieux de rassemblement et de leurs objectifs. Isolés ou par petites bandes constituées au hasard des rencontres, ils errent dans un paysage de cauchemar, tentent de récupérer les armements et le matériel radio enfermés dans les containers dont ils aperçoivent dans la nuit les clignotants qui brillent comme des lucioles. Au petit jour, et avant que les Allemands qui, eux, combattent en terrain connu et savent se tenir au sec, ne retrouvent leur sang-froid et ne les tirent comme des lapins, les paras doivent se repérer, se regrouper, progresser vers les objectifs prévus et accomplir leur mission.

Ils n'y parviennent pas tous. Lâchés parfois à des kilomètres de leur « drop zone », des hommes de la 82ᵉ Airborne tâtonnent en vain dans le noir, actionnent désespérément leurs criquets pour reprendre contact, rencontrent d'autres hommes, aussi perdus qu'eux-mêmes. Les planeurs qui suivaient de près les parachutistes n'ont pas tous atterri en douceur : certains se sont plantés comme des pieux sur le sol, d'autres ont explosé comme de vulgaires boîtes d'allumettes. Les dégâts humains, statistiquement prévus dans les états-majors, sont effrayants à voir sur le terrain : des morts gisent un peu partout dans la campagne, des corps désarticulés, éventrés, emmêlés dans les suspentes de parachute, accrochés aux arbres ou bien à demi enlisés. Des blessés se traînent malgré leurs souffrances, se piquent à la morphine pour tenir le coup, pour ne pas s'évanouir en attendant les secours. Mais quels secours ? Quels secours dans ce pays d'ombres fantomatiques, de mirages hostiles, où le sol se dérobe sous les pieds, où la terre devient eau ?

Les paras frappent aux portes. Comme on tente une dernière

chance. Prêts à tuer s'ils se sentent trahis. Et les portes s'ouvrent. Pendant des heures, calfeutrés dans leurs maisons, les habitants des marais ont entendu se déverser le bruit et la fureur au-dessus de leur tête. Ils ont écouté le cliquetis obsédant des criquets, ces jouets de bazar, ces jouets d'enfant qui décident cette nuit de la vie ou de la mort de milliers d'hommes. Ils ont senti la présence de rôdeurs inquiétants, décelé des frôlements inconnus, deviné des silhouettes de guerriers casqués, mais qui n'étaient pas des silhouettes d'Allemands. Celles-ci ne s'annonçaient pas à cent mètres, en cadence sur leurs brodequins cloutés. Et maintenant, les inconnus sont devant eux, dans la cour de la ferme, sur le seuil de la maison, dans l'encadrement de la porte. Maculés de boue, couverts de vase, avec leurs visages de sauvages, enduits de noir.

Ainsi commence, dans les granges, les étables et les greniers, l'étonnant et périlleux « bed and breakfast » de paras égarés au pays des marais.

Charles Lebruman a les « siens ». Deux miraculés. Échappés d'un avion abattu vers une heure du matin par la flak allemande et qui se crashe tout près de chez ses parents, dans un champ appartenant à Charles Touraine, le maire de Picauville. En compagnie de sa petite amie Juliette, Charles Lebruman fonce sur les lieux, mais doit se contenter de contempler le désastre. Le C-47 n'est plus qu'un gigantesque brasier alimenté par les explosions de grenades et d'explosifs. Impuissant, le cœur serré, Charles repère des corps, des débris humains atrocement éparpillés dans la prairie. Tous morts.

Sauf Lucien Destroux, un Québécois que le Français retrouve un peu plus tard dissimulé dans un grenier. Indemne. Lucien le Québécois explique : ils étaient vingt-cinq paras dans le C-47. Lui se trouvait près de la porte ouverte, il a pu sauter à temps, avant que l'avion ne s'enflamme, et il est sans doute l'unique survivant.

Pas tout à fait. Dans le jour naissant, Lebruman part avec un ami chercher des chevaux dans une prairie. Il ramène un autre para du C-47, blessé celui-là, trouvé dans un fossé. Il y en aura un troisième. Mais lui ne « pose pas à la maison ». Il accepte un café, et contrairement à ses deux compagnons, décide de repartir seul dans la nature. A l'aventure.

Charles Lebruman s'organise. Le gros des troupes allemandes

campe dans le bourg, à Pont-l'Abbé, et ne semble pas encore trop se hasarder dans la zone des marais. Mais il est persuadé que cela ne durera pas, qu'après cette nuit de panique, l'occupant va réagir, se ressaisir. En attendant, ses craintes immédiates s'orientent plutôt vers les réfugiés de « la ville » qui couchent depuis plusieurs semaines dans les fermes de la région, y compris dans celle de ses parents. Ils partent chaque matin pour Cherbourg, Valognes ou Montebourg où ils travaillent et rentrent le soir se mettre à l'abri dans la campagne. Aujourd'hui, leur train, que la population des marais surnomme cruellement « le train des trouillards » a été stoppé deux kilomètres après Chef-du-Pont par la troupe allemande et tout le monde a dû rebrousser chemin.

Les réfugiés de la ferme Lebruman ont effectivement peur. Ce matin, depuis la voie ferrée Cherbourg-Carentan qui traverse le marais, les yeux écarquillés derrière la vitre du compartiment, ils ont vu des dizaines et des dizaines de parachutes qui flottaient sur les eaux, accrochés aux arbres et aux roseaux. Ils ont même aperçu des hommes armés qui tentaient de se cacher le long du remblai : et le jeune Charles, cet inconscient, ramène deux Américains à la ferme ! Les réfugiés ne dissimulent pas leur hostilité :

« Tu vas nous faire tous fusiller », protestent-ils.

Charles Lebruman se méfie. A la première alerte, au premier coup dur, ces gens-là vont lâcher le morceau : il emmène ses deux paras dans une bâtisse abandonnée qui se dresse dans le fond du jardin. Ses parents et lui l'appellent « la vieille maison ». Personne n'y vient jamais.

Charles installe Lucien le Québécois et son compagnon dans le grenier à foin. Une fois tirée l'échelle, ils sont en sécurité. L'un des paras lui donne un criquet et ils mettent au point un signal de reconnaissance. Une fois devant la porte de la maison, Charles actionnera le criquet. Un seul clic. Ils répondront par un double claquement avant de faire descendre l'échelle.

C'est un début. Un tout petit début. De l'artisanat. Le soir même, Charles Lebruman passe au stade supérieur, au sauvetage des paras à la chaîne. Tombés du mauvais côté de la Douve, bloqués par les marais, encerclés par les Allemands, ils veulent rejoindre leurs lignes. Seuls, c'est l'échec assuré, la mort, ou au mieux, la captivité. Ils remettent donc leur salut entre les mains de quelques Français inconnus à qui ils doivent faire aveuglément confiance. En l'espace de trois ou quatre nuits, Charles va réceptionner ainsi une bonne centaine de parachutistes américains égarés. Un homme les lui amène, depuis l'autre côté des terres inondées, infranchissables pour tout étranger. C'est l'homme d'en face, le passeur de marais.

L'homme d'en face se nomme Paul Mauger. Il a trente-deux ans. Résistant, membre de Libération-Nord, il a, comme les autres copains du réseau, crapahuté toute la nuit pour tenter de retrouver les parachutistes de la 82e Airborne disséminés dans la nature. Il y en a dans tous les coins : dans le grand bois de Limors, dans les champs du côté de Vindefontaine. Chez Lemierre par exemple, ils sont huit ! Au lever du jour, Roger, le fils de la maison, a connu la plus grande frayeur de sa vie en se rendant aux toilettes. La place était prise ! Il s'est retrouvé nez à nez avec un géant à tête de Sioux qui attendait depuis des heures que quelqu'un se lève pour se faire connaître. Le para a ensuite expliqué par gestes qu'il n'était pas seul, et Roger a vite compris qu'il lui demandait de les cacher. A peine a-t-il acquiescé que les sept compagnons ont surgi des fourrés.

Huit chez les Lemierre. Qui déjeunent avec toute la famille autour de la grande table. Tandis que les Allemands patrouillent à six cents mètres.

Même « ramassage » à Prétot-Sainte-Suzanne : Ils sont dix chez monsieur le maire. Ou encore du côté de Saint-Jores.

Peu à peu, le désordre s'organise. Des filières se mettent en place qui récupèrent, guident, emmènent les paras égarés jusqu'à des fermes amies. Reste qu'ils ne peuvent demeurer indéfiniment cachés sous la paille ou le foin, à quelques mètres parfois des troupes allemandes. Ils ne le veulent d'ailleurs pas : cartes dépliées, ils montrent du doigt leurs objectifs : Amfreville, La Fière ou Sainte-Mère-Église. C'est de l'autre côté du marais. Et pour traverser le marais, il faut des embarcations. Et des embarcations, il n'y en a plus. Toutes ont été confisquées par l'occupant.

Toutes. Sauf une ! Paul Mauger a refusé de livrer sa barque aux Allemands. Elle est quelque part, planquée dans les herbes, près de sa maison, au village[1] de Feugrey, commune des Moitiers-en-Bauptois. Le tam-tam de la résistance locale fonctionne à plein ; le réseau tisse sa toile d'araignée : dès que l'obscurité sera tombée, les paras seront amenés au village du Port, chez Jean Fontaine où Paul Mauger les attendra. De là, il les embarquera sur son bateau et les mènera jusqu'à l'autre rive où quelqu'un les réceptionnera. Et cela, nuit après nuit, jusqu'à ce qu'ils soient tous passés.

Première mission pour Paul Mauger. Récupérer trois ou quatre soldats américains perdus dans les prairies, derrière le marais de Vindefontaine. Paul Mauger pousse sur sa longue perche qui s'enfonce dans la vase. Auguste Sabouret est à ses côtés. Il parle anglais. Ça peut toujours servir.

L'aller se déroule sans histoire. Pas le retour. Alors que l'embarcation glisse silencieusement sur les eaux visqueuses, les yeux de lynx de Paul et Auguste distinguent au loin la silhouette d'un autre bateau qui vient à leur rencontre. Dissimulés dans les herbes, ils entendent discuter « l'équipage » allemand. Paul sait où ils vont, ce sont des habitués qui, malgré le danger, se rendent dans une ferme « sympathisante » pour se ravitailler. Mais ce qui intéresse Mauger, c'est la barque. Une deuxième barque.

« Bon Dieu, dit-il à Auguste Sabouret, elle ferait bien notre affaire. Je vais la leur piquer. »

L'un des Américains, un gradé qui s'exprime en français, a compris. Il regarde Paul Mauger avec stupeur. Ce type-là est complètement fou ! Sa vie et celle de ses hommes dépendent d'un fou.

« Mais vous allez tous nous faire tuer !

— Si, si, s'entête le Normand avec un sourire rassurant. Il nous faut absolument un autre bateau. »

Résignés, les paras laissent Paul Mauger agir à sa guise. Ils n'ont guère le choix. Que peuvent-ils faire d'autre que de suivre ces deux Français dans un tel bourbier ? Paul Mauger laisse passer l'embarcation allemande, la file à distance. Les Américains, hallucinés par cette course-poursuite à vitesse d'escargot, sont de plus en plus nerveux, se préparent au massacre, mitraillettes au poing. La barque allemande accoste le rivage. Les soldats ont à

1. Dans cette partie du Cotentin, on appelle village le simple hameau rassemblant quelques maisons.

peine disparu dans la cour de la ferme que Paul Mauger agit : en quelques secondes, il saute à bord de l'embarcation et prend le large. Les voleurs s'enfoncent dans la nuit.

Quelques minutes plus tard, impressionné, l'officier demande son nom au Français fou :

« Mon nom ? répond Paul Mauger qui n'oublie pas les leçons de la lutte clandestine, je n'ai pas le droit de vous le donner. Je fais mon devoir, c'est tout. »

Deux bateaux. Ce n'est pas de trop. Paul Mauger a le sien, l'autre revient à son ami Lucien Laurence. A chaque voyage, ils embarquent quatre ou cinq parachutistes avec tout leur barda. C'est le grand maximum. Ces barques longues et plates, sans quille, sont très instables. Il faut, pour manier les embarcations ainsi surchargées, une grande habitude et une grande sûreté de main. Il faut également ne pas avoir de mouvements trop brusques sous peine de faire chavirer l'ensemble. Paul et Lucien disposent les passagers et leur équipement en prenant soin de bien équilibrer les poids. Puis, debout à l'arrière, ils s'appuient sur leur longue perche et dirigent la manœuvre.

Un kilomètre de marécage. Temps de la traversée : entre trente et quarante-cinq minutes. Drôle de croisière nocturne ! paysage désolé, décor de sorcellerie avec, pour barrer simplement l'horizon dénudé, quelques maigres touffes de végétation, quelques arbres faméliques qui dressent leurs branches tordues vers le ciel comme pour échapper à la noyade. Mais les pièges des marais ne sont pas en surface : parfois, la barque glisse avec quatre mètres d'eau sous elle, parfois, trop lourdement chargée, elle se traîne dans quelques centimètres de boue, racle le fond, manque de s'échouer. Les paras plongent alors dans le marigot et poussent le bateau.

L'arrivée sur l'autre bord se joue en quelques secondes. A aucun moment, Paul Mauger et Lucien Laurence ne verront Charles Lebruman. Ils ignorent jusqu'à son existence. Les consignes de la résistance toujours. Simplement, à l'approche de la rive, le claquement des criquets prévient les arrivants que la voie est libre. Les parachutistes sautent alors prestement à terre, plutôt heureux de ne plus naviguer dans ces eaux hantées à la Edgar Poe.

La nuit du 7 au 8 juin est une nuit record. Cinquante-trois

parachutistes, dont un colonel. Quand ils rangent enfin leurs barques, les marathoniens du marais sont épuisés, mais heureux. « Nous étions si jeunes, si enthousiastes », se souvient aujourd'hui Paul Mauger.

Cinquante-trois paras. A Charles Lebruman de jouer.

Ce n'est pas vraiment un expansif. Plutôt le modèle taciturne à qui il faut arracher les mots un par un. Mais quand il voit, aux premières lueurs du 8 juin, ces cinquante-trois hommes rassemblés dans le jardin de « la vieille maison », Charles ne peut retenir une exclamation :

« Ben merde ! Ça fait un beau paquet. »

Penché sur sa carte d'état-major, le colonel indique l'endroit où lui et ses paras doivent se rendre : Les « Grandes Chasses [1] », pas loin d'Amfreville, à côté de L'Aumônerie. Charles connaît. Il les conduira lui-même. Cinq kilomètres à travers champs et à travers les lignes allemandes. L'heure du départ est fixé à minuit.

En attendant, il faut passer la journée. Sans bouger de « la vieille maison » et à l'abri des regards indiscrets. Car Charles redoute toujours autant les « mouchards ». Tant que les Allemands ne rôdent pas dans le secteur, le danger est réduit. Mais s'ils apparaissent en force, il faudra ouvrir l'œil. A la première menace, les locataires de « la vieille maison » risquent d'être dénoncés.

Charles Lebruman part au ravitaillement. Il fait ce qu'il peut, rapporte un grand bidon de lait et quelques boules de pain qu'un boulanger de Chef-du-Pont lui donne dans l'arrière-boutique et sans tickets de rationnement. Les paras attendent sans manifester la moindre nervosité. Avec une décontraction, une insouciance même qui étonne le jeune Français. Entraînés pour tous les coups durs, la situation précaire dans laquelle ils se trouvent ne semble pas les inquiéter. Ils occupent le temps comme ils peuvent, vérifient leurs armes, font l'inventaire de leur équipement ultrasophistiqué, jouent au couteau avec maestria, aiguisent leurs impressionnants coupe-choux sur la meule qu'actionne le père Victoire, un voisin dont le nom, une fois traduit, fait sourire.

1. Chasses et grandes chasses : terme local pour définir les chemins creux dans la campagne du Cotentin.

Une journée sans histoire. A minuit, tout le monde est prêt. Les paras se sont à nouveau grimés le visage avec des bouchons de liège noircis, ont fixé les lanières de leur casque où ils portent, coincés sur le devant, un pansement d'urgence, et sur la nuque, une grenade offensive.

Au moment de partir, Charles Lebruman voit surgir dans le jardin Maurice Hébert, un réfugié de Cherbourg. Lui n'a pas peur.

« Je viens avec toi. »

Charles refuse. Non par manque de confiance, mais...

« Écoute, tu as une femme et une petite fille. Moi, je suis célibataire, je ne risque que ma peau. »

Maurice Hébert rigole :

« Ah moi, je m'en fous. Et puis tu sais, avec ma femme, ça ne va pas fort.

— Ce n'est pas mon problème.

— Je peux même te dire que si elle ne me voit pas revenir, elle n'en fera pas une maladie. »

Charles Lebruman rit à son tour. Désarmé, il accepte. Maurice fermera la marche.

La longue colonne s'ébranle dans la nuit. Pas question de prendre les routes, ni même les chemins connus des Allemands. Il faut couper sans cesse à travers champs, emprunter les « chasses », ces sentiers tortueux, presque invisibles, qui s'enfoncent entre haies et taillis, où l'on se perd comme dans un labyrinthe si on n'est pas du pays.

La lourde silhouette du château de Béthanie se découpe dans l'obscurité. Lebruman conduit sa troupe dans une grande prairie transformée en terrain de foot, fait passer les hommes un par un dans un trou du grillage. Ils se trouvent maintenant au bord de la route qui passe devant le château. Il suffit de traverser pour reprendre la course à travers champs. Charles part en éclaireur, prend quelques mètres d'avance. Accroupi dans le fossé, il vérifie si la voie est libre et s'aplatit dans l'herbe, le souffle coupé : de chaque côté de la chaussée et jusqu'à l'entrée du château, des soldats allemands sont placés en sentinelles et font les cent pas. Charles recule en rampant et rejoint les paras. Que faire ? A moins de revenir au point de départ et d'étudier un nouvel itinéraire, il faut obligatoirement traverser la route. Quelques mètres, seulement quelques mètres. Mais avec la Wehrmacht qui veille, c'est impossible. Le nez dans la luzerne, Lebruman, Hébert, le colonel et ses cinquante-deux paras attendent en silence de longues, d'interminables minutes. A moins d'un miracle, il va falloir rebrousser chemin.

Le miracle surgit. Sous la forme d'une estafette motorisée qui, sans aucun doute, arrive de Chef-du-Pont. De nouvelles consignes. En quelques secondes, les sentinelles quittent précipitamment leur poste : la voie est libre.

A nouveau les chasses, à nouveau les clos. Il faut contourner le château, se diriger dans le haut de Picauville, du côté de l'église, suivre de loin la route qui mène jusqu'à Gourbesville. C'est là : les Grandes Chasses, un coin perdu enfoui dans la campagne. D'autres parachutistes sont déjà au rendez-vous qui accueillent joyeusement les nouveaux arrivants. Congratulations, poignées de main chaleureuses, et paquets de Camel plein les poches. Charles et Maurice rentrent à « la vieille maison » par le même chemin. Crevés et assoiffés. Il est près de cinq heures du matin. Dans la cave, assis autour du tonneau, les deux jeunes Français boivent du cidre et fument leurs Camel. Avec volupté.

« Un moment, devant le château, j'ai cru qu'on n'allait pas s'en sortir, avoue Charles Lebruman.

— Bah tu vois, on en est revenu. »

Charles éclate de rire :

« C'est ta femme qui va être contente ! »

Depuis qu'il a quitté l'abri et la famille, le jeune Groult ne chôme pas. Il cavale dans les herbages, entre la voie ferrée et le Merderet, patauge joyeusement dans les terres boueuses où vient mourir le marais. Il vit cette nuit du 5 au 6 juin comme un western. En grand, en vrai, et en couleurs.

Vers 4 heures du matin toutefois, il se flanque une belle frousse. Paul Groult court dans le petit chemin qui monte et serpente jusqu'au hameau Le Mouchel où habite André Cousin, son meilleur copain. Dans un virage, à quelques mètres de la maison, deux hommes aux visages noirs comme de la suie surgissent de la haie, pointent leurs fusils sur lui, le mettent en joue. Instantanément, Paul Groult lève les mains, comme au cinéma, et bêtement, en allemand, s'écrie : « Franzose ! Franzose ! »

« Eh oui ! Franzose, gros malin. » Le rire de la fermière qui suit, Mme Lepaisant, le rassure tout de suite. Fasciné. Paul observe les deux hommes, un très grand et un autre plus petit. Tout cet équipement, ces fusils, ces poignards, ces grenades ; et puis, il note le petit drapeau étoilé sur leur épaule. L'épaule droite. Ce n'étaient pas des Anglais, ce n'étaient pas les « Tommies » dont ses parents, dont tous les adultes parlaient sans cesse.

« Des Américains, ce sont des Américains ! » annonce la fermière.

« Ah, les voilà », répond simplement Paul.

Il veut épater son copain, lui annoncer la grande nouvelle. Il en est pour ses frais : depuis une heure du matin, une bonne trentaine de paras sont passés par la ferme des Cousin. Ils ont, sans le savoir, frappé à la bonne porte. Cheminot et ancien combattant de 14-18, le père d'André est tout autant patriote qu'anti-allemand. Ces paras qui campent chez lui le remplissent de fierté, le guérissent de toutes ces années d'infamie. L'un d'eux est blessé à l'épaule et il lui remonte le moral à grands verres de calva, n'oubliant pas de trinquer en même temps à son bonheur retrouvé. Un peu plus tard, émoustillé par la « goutte », le para défilera, bras en écharpe et pas cadencé, dans la salle à manger, encouragé par les vibrants « gauche, gauche » du père Cousin en plein 14-Juillet...

Ils veulent tous aller à La Fière. Tous les parachutistes que Paul Groult et André Cousin retrouvent dans les champs. Sur leur carte, c'est un point sur la rivière. Mais pour Paul, cette carte, c'est de l'hébreu. Il y va les yeux fermés, à La Fière : c'est un peu plus haut, sur « les Terres noires » d'Hubert Leroux dont la ferme-forteresse bâtie en carré colle littéralement aux rives du Merderet. Mais il y a le pont surtout. Et la route, surélevée et au sec, seule voie praticable au milieu des marais inondés.

En route pour La Fière. Par la « chasse aux oies », sentier boueux où vient s'échouer « le petit marais », itinéraire pour braconniers enfoui dans la verdure, pratiquement invisible avec son encadrement de haies, de talus et de taillis. Il vaut mieux d'ailleurs, car cela « tape » dur aux abords du manoir, vraiment très dur. Nous sommes aux premières heures de la matinée du 6 juin, et la bataille pour le pont de La Fière a commencé.

Après les hommes, les munitions. Qui commencent à faire

cruellement défaut aux paras. Paul sait déjà que les munitions, c'est « le rouge », le parachute rouge[1]. De loin, il est capable en voyant tomber les corolles écarlates de savoir dans quel clos ils se trouvent. Avec son copain Cousin, tirant une petite voiture à bras, il ramasse les containers de munitions et remonte, toujours par la « chasse aux oies », vers La Fière. Les deux garçons ne vont tout de même pas jusqu'au pont. Ils s'arrêtent à deux ou trois cents mètres, quand les balles sifflent un peu trop près de leurs oreilles. Terrés dans leurs trous individuels, les paras s'emparent fébrilement des containers et avec de grands signes de la main font signe aux deux jeunes gens de s'éloigner en vitesse.

« Let's go, hurlent-ils, vous partir ! »

A Chef-du-Pont, ce n'est pas de tout repos non plus. Là aussi, il y a un pont. Et où il y a un pont, il y a affrontement. Après les paras, ce sont les planeurs qui atterrissent un peu partout. L'un d'entre eux, décroché au-dessus de la ferme des Groult, rase les toits, laisse tomber le filin avec fracas dans la cour et va s'écraser à quelques dizaines de mètres, dans un herbage, de l'autre côté de la route.

En fin d'après-midi, toujours le 6 juin, alors qu'ils sont en train « de faire collation » — « car il fallait bien manger quand même », dit Paul Groult — une Jeep surgit en trombe dans la cour de la ferme des Vindis et les paras demandent que l'on fasse place pour opérer l'un des leurs. Les Groult débarrassent la grande table sur laquelle ils mangeaient, la recouvrent d'un drap. Le blessé est étendu. Il a le dos déchiqueté. Balle explosive. Et médusés, leur quignon de pain à la main, les Groult et leurs amis Hébert assistent à l'intervention. Le lendemain, deux Allemands passeront, à leur tour, sur le billard improvisé.

Le 6 au soir, les Américains sont maîtres de la situation à Chef-du-Pont. Mais les Allemands, rejetés sur l'autre rive, ne sont guère qu'à quelques centaines de mètres et poursuivent un combat de guérilleros, envoient leurs snipers faire des cartons sur les envahisseurs, et quand ils se trompent, sur les civils.

La nuit du 6 ou 7 juin manque de tourner au massacre pour les

1. Les parachutes étaient de couleurs différentes selon leur utilisation. Pour les hommes, le dorsal (parachute principal) était vert camouflage et le ventral (parachute de secours) était blanc. Pour le matériel largué par containers : rouge pour les munitions, bleu pour les médicaments, jaune pour les vivres, vert pour l'armement.

Groult et les Hébert. Réfugiés dans leur abri, ils sont étendus à même la terre. Personne ne dort. Seule, la petite Annick Hébert, âgée de deux ans, bénéficie d'un peu de paille pour se reposer. Pressé par un besoin naturel, M. Groult père sort de la tranchée. Mais à peine dehors, il aperçoit un soldat qui se dissimule derrière un arbre. Allemand ou Américain ? Peu soucieux de poser la question, il rentre dans la tranchée. Tout le monde entend alors distinctement le bruit de culasse d'une arme. Jules Hébert attrape sa petite fille et la serre dans ses bras afin de la protéger. Subitement réveillée, la gosse se met à pleurer. Ces larmes d'enfant sauvent les occupants de l'abri.

« Oh baby, beautiful baby », soupire le soldat américain qui fait comprendre qu'à une demi-seconde près, persuadé d'avoir affaire à un tireur allemand isolé, il envoyait une rafale de mitraillette dans la tranchée.

« Ville-frontière » sur le Merderet, Chef-du-Pont voit les GI's arriver en force. Elle est du bon côté. Des centaines d'hommes font étape à la ferme des Groult et se régalent des produits « made in Normandie ». Car évidemment, et comme tous les cultivateurs de la région, les Groult ne peuvent plus écouler leur lait, leur crème, leur beurre. Tout est bloqué : il n'y a plus d'électricité, la laiterie est fermée, et il n'est pas question d'aller faire son marché sous les balles. Mais les dix-huit vaches de la ferme continuent de ruminer et il faut bien les traire. On regorge donc de lait et de crème, tandis que le reste du pays crève de faim. Le beurre se fait à l'ancienne, à la baratte à main, et la motte fait les délices des bidasses qui repartent avec leur beurre enveloppé dans une feuille de choux. Le cidre coule à flots et celui qui œuvre au tonneau se remplit les poches de cigarettes blondes.

Si l'armée allemande voulait bien se faire oublier, ce serait presque un début de vie normale : une reprise. Mais les canons germaniques tonnent, lesquels s'attirent la riposte de l'artillerie alliée. Le duel est incessant et martèle Chef-du-Pont. Durant dix-sept jours et dix-sept nuits, les Groult et les Hébert campent dans leur abri, encore qu'ils n'estiment pas l'endroit très sûr : les artilleurs américains n'ont pas trouvé mieux que d'installer une batterie de six canons juste derrière la tranchée. Si près que le filet de camouflage s'y accroche et qu'ils entendent la sonnerie précédant chaque détonation.

« Tiens, bouchons-nous les oreilles, v'là le petit réveil », plaisante souvent maman Groult.

On s'habitue à tout.

En fait, les libérateurs piétinent autour des deux rivières. Jusqu'au 10 juin, et à certains endroits jusqu'au 12, il n'y aura pas de ligne de front continue, d'avance ou de retraite généralisées dans le pays des marais. Seule certitude toutefois, et encore passablement schématique, les Allemands tiennent la rive ouest du Merderet, alors que les Américains, sans cesse renforcés par les troupes aéroportées, puis un peu plus tard par les troupes du débarquement d'Utah Beach, se massent sur la rive est. A partir de là, c'est une succession de coups de main, de villages encerclés, libérés, repris, puis à nouveau évacués, de batailles acharnées pour un verger, un talus ou une haie. La carte des opérations militaires est une peau de léopard à taches mouvantes où les civils, derniers renseignés, se trouvent quotidiennement piégés. Prompts à toutes les illusions, ils rêvent de libération à la simple vue de deux ou trois paras égarés en plein dispositif allemand, effacent en une étreinte des années de contrainte, et se retrouvent désemparés avec l'Ennemi dans la cuisine et l'Ami dans la salle à manger. Ils subissent alors le va-et-vient sanglant avec le simple souci d'éviter le mauvais coup ou la balle perdue. « Américains » un jour, ils se retrouvent « Allemands » quelques heures plus tard, ce qui est parfois gênant lorsqu'on fume des blondes et qu'on se balade avec un blouson de l'US Army sur le dos.

CHAPITRE II

Orpheline à Port-Filiolet

Dans la presqu'île du Cotentin, rien ne se passe donc comme prévu pour les soldats perdus de la 82e Airborne. Victimes d'un largage désastreux, égrenés dans les plaines inondées, ils se regroupent à tâtons, bivouaquent dans l'inconnu. La nécessité de survivre se greffe sur l'esprit de conquête. Isolés, totalement coupés de leur base, les paras improvisent, se débrouillent avec les moyens du bord. Il leur faut tenir en attendant les renforts.

Au petit jour, ils surgissent du néant. Comme dans un roman. Combien sont-ils ? Quinze, vingt, ou plus peut-être. Exténués, éreintés, vêtements trempés, couverts de boue, ils entrent dans la grande pièce, se débarrassent de leurs casques, posent leurs armes n'importe où, sur la table, contre le mur, se laissent glisser sur le sol. D'autres soutiennent les blessés, les installent du mieux qu'ils peuvent, sortent les pansements.

Yvette, vingt et un ans, et Adrienne, sa mère, préparent des boissons chaudes, tandis qu'Eugène Laisney, le père, tente de discuter, d'en savoir plus.

« American, American... »

Yvette ne comprend rien d'autre. Cela lui suffit. Elle songe au frère de son cousin qui, disait-on, était dans la résistance. En février dernier, il avait annoncé un débarquement imminent : « Et vous n'êtes pas dans le bon coin », avait-il ajouté. Personne ne l'avait vraiment cru, le soupçonnant de se vanter un brin.

Les parachutistes commencent à discuter avec, dans les conversations, des « ya, ya » en rafales. Yvette et sa mère sont saisies d'effroi : ce « ya », elles l'entendent depuis quatre ans...

« Maman, chuchote peureusement Yvette, et si c'était des Allemands déguisés ? »

Observateur, l'un des hommes prend conscience du malaise et se renseigne. Il connaît quelques mots de français. Yvette lui répond franchement : s'il est anglais remarque-t-elle, pourquoi prononce-t-il « oui » comme un allemand ?...

« No, répond le para en éclatant de rire. Nous, American, pas English. American, c'est " ya " pas " yes ". »

Yvette sort de la maison. Les brumes de l'aube flottent au ras du marais. A mi-chemin entre Chef-du-Pont et Picauville, minuscule îlot posé sur les terres inondées, le hameau de Port-Filiolet achève paisiblement sa nuit. Aucun voisin n'est dehors, aucune maison n'est ouverte. Tout le monde dort encore. Yvette est sidérée. Il s'est passé tant de choses étranges cette nuit. Ce n'étaient pas seulement les avions. Elle est même sortie en compagnie de sa mère pour se rendre au fond du jardin, jusqu'à la grange qui donne sur le marais. Là, elles ont vu des dizaines de petites lumières qui brillaient dans le noir, entendu des bruits bizarres, des sons nouveaux. Et elles sont vite rentrées.

Yvette se met à courir sur le chemin, jusqu'à l'autre bout du village, à cinq cents mètres. Elle s'arrête devant l'habitation de Mme Renoir. Pourquoi elle ? Elle ne sait pas. Peut-être parce que son fils est prisonnier en Allemagne. Rien. Le silence. Elle cogne à la porte, vigoureusement, joyeusement...

« Vous dormez ? Mais vous dormez ? crie Yvette. Vous ne voyez pas que c'est le débarquement, que les Américains sont là. »

Mme Renoir est à sa fenêtre, héberluée. Le débarquement ? Quel débarquement ?

« Es-tu devenue folle, Yvette ? »

Mais la jeune fille a déjà repris sa course. On ne la croit pas, c'est un peu fort.

Cinquante mètres plus loin, elle s'arrête net, paralysée par la peur. Un soldat surgit de derrière la haie comme un diable noir, et la menace de son arme :

« Où qu' tu vas toi ? »

Yvette est partagée entre la peur et le rire : on dirait l'accent d'un gars du pays.

Un Québécois. Qui demande où se trouvent les Allemands.

« Ici, il n'y en a pas, répond-elle. Ils sont à Pont-l'Abbé, sur Beuzeville, au château de L'Isle-Marie, à Chef-du-Pont, mais pas ici.

— On y va. T'en fais pas, on les aura », assure le parachutiste qui s'évapore dans la nature.

Yvette court toujours. Elle va voir les Chauvin, ses cousins. Ils ne dorment pas eux au moins. Si, ils dorment : « Mais c'est pas vrai ! » Yvette les secoue, leur assène la grande nouvelle :

« Qu'est-ce que tu racontes, Yvette ?

— Mais venez, habillez-vous, sortez. Je vous dis que les Américains sont là ! »

Abrutis de sommeil, ils posent trop de questions, mettent trop de temps à trouver leurs vêtements.

« Bah, vous verrez bien ! »

Yvette rentre à la maison. Il y a de plus en plus de parachutistes, de plus en plus de blessés aussi. On s'organise, on s'installe, on descend les matelas des chambres du premier étage. Une demi-douzaine de blessés dans l'habitation, une demi-douzaine dans une étable, d'autres encore à la « Pitoutrie », une ferme voisine. Des paras sont signalés un peu partout, perdus dans les marais. Yvette et son cousin de dix-sept ans, Auguste Chauvin, en ramènent un dans leur brouette. Jambe fracturée, embourbé du côté de Caponnet, un village proche. Il ne pouvait pas bouger. Les plus veinards arrivent par leurs propres moyens. Et par hasard. Sans le moindre repère, ils errent depuis des heures dans l'eau et la boue, marchent sur une terre qui leur colle aux pieds comme de la glu. Ils s'écroulent dans la cour de la ferme, heureux de se retrouver, réconfortés.

La journée du 6 juin se passe ainsi. Celle du 7 également. La ferme des Laisney est devenue poste de secours pour les parachutistes. Ce n'est pas du goût de tout le monde à Port-Filiolet...

« Et si les Allemands viennent ? Hein ? S'ils viennent, ils vont tous nous massacrer ! »

Les Allemands ? Partis les Allemands, disparus ! Depuis le parachutage, personne n'a vu le moindre uniforme vert-de-gris.

La famille Laisney balaie les craintes avec optimisme : la guerre n'est pas finie, mais Port-Filiolet est bel et bien libéré, on ne reverra pas de sitôt l'occupant. C'est un trop petit village. Ils ne passaient pratiquement jamais avant. Pourquoi changeraient-ils ? Ils sont bien trop occupés ailleurs. Et puis, il y a même un cameraman de l'armée américaine qui est venu les filmer, c'est dire s'ils se sentent en sécurité.

Dans la nuit du 7 au 8 juin, lorsqu'elle entend depuis sa chambre, le moteur d'un camion qui tourne au ralenti, Yvette ne s'inquiète toujours pas. Les cinq blessés qui reposent au rez-de-chaussée lui ont confié qu'ils attendaient des renforts. Déjà, dans la journée, près d'une centaine d'Américains, avec à leur tête un officier, s'étaient arrêtés à la ferme. L'officier était entré dans la maison, avait discuté avec les blessés avant de repartir. Les alliés tenaient solidement le terrain. Les amochés de Port-Filiolet n'étaient pas abandonnés. Confiante, Yvette ouvre la fenêtre de sa chambre, distingue vaguement des silhouettes de soldats dans l'obscurité, entend des voix sans comprendre ce qu'elles disent :

« Les voilà, les renforts. »

Mais l'infirmier américain qui monte l'escalier quatre à quatre, qui déboule dans sa chambre lui fait immédiatement comprendre son erreur :

« Germans ! Germans ! Il faut descendre. »

Et pas seulement descendre, partir aussi. Yvette et ses parents sortent de la maison par la porte de derrière, s'aplatissent dans un abri creusé tout près.

Cette fois, ils entendent distinctement les voix des soldats. Ils posent des mines sur la route, au carrefour des chemins, à la sortie de la ferme. Une fois leur travail terminé, ils font reculer leur camion dans la cour, le font tourner comme pour repartir... et le camion s'arrête.

Ont-ils des soupçons ? Disposent-ils d'un indice ? Un para s'est-il fait repérer ? Les Allemands font irruption dans la maison, débouchent directement dans la pièce où reposent les cinq parachutistes blessés et ceux qui les soignent. Entre ces quatre murs, c'est l'effroyable mêlée. Les hommes se battent au corps à corps, des blessés sont achevés à l'arme blanche. Le commando de paras qui campe dans un champ tout proche interrompt le carnage, intervient pour secourir les malheureux, se rue vers la ferme. Inférieurs en nombre, les Allemands remontent précipitamment dans le camion, mais avant de fuir, lancent plusieurs grenades incendiaires sur la maison...

Apocalypse. L'habitation explose, le feu se propage à tout le bâtiment. Les blessés se traînent pour échapper aux flammes. Leurs compagnons se jettent dans la fournaise pour tenter de les sauver, Yvette elle-même parvient à sortir un para du brasier. C'est l'infirmier qui, tout à l'heure, donna l'alerte. Poignardé, il souffre d'une grave hémorragie. On le transporte dans un champ voisin. Seule une transfusion peut le sauver. Mais tout le matériel sanitaire a disparu dans l'incendie, il n'y a plus de plasma sanguin, plus rien pour secourir, pour soigner. L'infirmier s'affaiblit de minute en minute. Il demande une cigarette. Rien ne peut enrayer la perte de son sang. Il meurt sous les yeux de ses copains impuissants.

La ferme continue de se consumer. Bientôt, il n'en reste plus rien. Yvette s'inquiète, ses parents ne sont plus auprès d'elle. Ni dans les parages. La dernière fois qu'elle a vu sa mère, c'est une valise à la main, la précieuse valise où se trouvaient tous les papiers de famille. Elle-même a voulu récupérer son livret de caisse d'épargne rangé dans un tiroir de sa chambre, mais elle a dû reculer devant la violence de l'incendie.

La panique s'apaise. Les blessés, les brûlés sont regroupés, puis emmenés dans une voiturette tirée par l'âne de la ferme vers le campement où cantonne le gros de la troupe américaine. Pour l'un des paras, c'est trop tard. On le retrouve mort alors qu'il tient encore dans ses mains un morceau de papier : la lettre, la dernière, qu'il tentait d'écrire à sa femme.

Une nuit en enfer. A l'aube du 8 juin, la maison familiale n'est plus qu'un amas de ruines calcinées. L'appréhension d'Yvette s'accroît. Elle n'a toujours pas retrouvé ses parents. Elle se hâte maintenant sur le chemin qui conduit à la ferme de ses cousins, les Chauvin. Elle ne se moque plus des pessimistes de Port-Filiolet : maintenant que les Allemands savent que l'ennemi est ici, ils vont revenir. Et en force...

Soulagement. Les parents sont chez les cousins. Des obus de mortier tombent aux abords du village. Déjà les Allemands. Tout le monde se hâte de descendre dans l'abri. Heureusement, les Chauvin ont vu grand : ils ont onze enfants, sans oublier que l'une de leurs filles, mariée, est mère de deux bébés. Au total, ils sont dix-huit à se serrer dans la tranchée.

« On ferait bien de la consolider », propose quelqu'un. Personne ne se fait prier. On va chercher de grosses bûches d'un mètre de long entreposées dans la cour pour constituer un toit. Les dernières sont à peine posées que les premières fusillades éclatent, que les premières balles chuintent au-dessus de la tête des civils. Il n'y a plus qu'à se baisser, qu'à se recroqueviller, qu'à prier.

En quelques heures, le rêve de la libération s'envole : l'assaut des troupes allemandes, montées de Saint-Sauveur-le-Vicomte enfonce le dispositif défensif des parachutistes américains qui doivent céder du terrain et s'éparpiller dans la campagne. La Wehrmacht bloque les issues, verrouille le hameau de Port-Filiolet[1].

Deux jours de calvaire. Sans pouvoir sortir de la tranchée, sans boire ni manger, si ce n'est les maigres réserves sauvegardées : quelques biscuits et un peu de farine. Les conditions d'hygiène deviennent vite éprouvantes. Mais moins encore que la menace qui pèse en permanence sur la vie des dix-huit enterrés de Port-Filiolet : l'angoisse des réfugiés de la ferme Chauvin se matérialise désormais sous la forme d'une mitrailleuse vissée sur son trépied, directement pointée sur leur abri. Les Allemands sont terriblement soupçonneux ; ils savent que les alliés ont trouvé de l'aide sur place, que la plupart des civils ont choisi leur camp. Ils sont exaspérés par l'hostilité qu'ils devinent autour d'eux, dans la manière même qu'ont les gens de ne pas les regarder, de les éviter. A Caponnet, le village voisin, Mme Marie et Séraphin Marion, deux malheureux civils qui allaient chercher leurs vaches pour les ramener à la ferme, ont été accusés d'avoir secouru les parachutistes : abattus sur place, contre la barrière d'un champ. Le

1. Port-Filiolet avait la malchance de se trouver à quelques centaines de mètres de la Colline 30, une hauteur occupée par le lieutenant-colonel John B. Shanley et des hommes du 508e dès la nuit du parachutage. Le 7 juin, les forces allemandes resserrèrent leur étau autour de la Colline 30. Le 8, la situation des paras assiégés devint désespérée : ils ne disposaient pratiquement plus de nourriture, l'eau commençait à manquer et les blessés mouraient faute de soins. Dans la nuit du 8 au 9, Shanley contre-attaqua pour rompre l'encerclement, ce qui donna lieu à une effroyable bataille. En fait, les paras du 508e, et les civils de Port-Filiolet avec eux, se trouvaient coincés dans une mini-poche avec les marais d'un côté et les Allemands de l'autre.

peloton d'exécution n'a d'ailleurs pas longtemps survécu à ses victimes. Aussitôt encerclé par un commando américain, il a été anéanti au même endroit.

Les Allemands pourraient tout aussi bien fusiller les Chauvin pour trahison. Ils font irruption dans la ferme, fouillent dans toutes les pièces. Sur la grande armoire normande, René Chauvin et sa femme ont stocké plusieurs parachutes. S'ils les découvrent, ils sont perdus. Les soldats ouvrent l'armoire à deux battants, inspectent les piles de linge, mais ne pensent pas à regarder au-dessus. Sauvés...

Les adultes souffrent, mais dans la tranchée, la situation devient gravissime pour les deux nourrissons. Grand-mère Chauvin n'y tient plus. Malgré le danger, elle tente de sortir :

« Il faut aller chercher du lait à la ferme d'à côté pour les petits », décide-t-elle.

Les sentinelles la repoussent. Elle insiste. Ils la repoussent encore, la piquent de leurs baïonnettes. Elle insiste toujours, bredouille les quelques mots d'allemand qu'elle connaît, montre du doigt les deux enfants qui pleurent dans l'abri. Les soldats se laissent fléchir. Plus tard, ce sera la fermière elle-même, Mme Poisson, qui apportera le lait jusqu'à la tranchée. Au péril de sa vie, elle passe au milieu du champ de bataille, entre les tireurs des deux camps, et voit au retour son seau transpercé par une balle :

« C'est pas grave, ironise-t-elle, il était vide. »

Dans l'après-midi du 9 juin, l'espoir étreint les réfugiés. Le PC allemand est installé tout près de l'abri, et l'un des cousins croit comprendre ce que le téléphoniste transmet aux autres soldats :

« Cette fois, je crois que c'est bon », proclame-t-il. Selon lui, la Wehrmacht a reçu l'ordre de plier bagages devant l'offensive américaine[1]. Effectivement, les soldats commencent à se retirer. Fausse joie : un officier surgit, qui injurie copieusement ses hommes pour abandon de poste de combat. Désespérés, les civils voient les fantassins reprendre leur place. Eux-mêmes doivent sortir de leur trou et regagner la maison. Avec ordre de ne plus en sortir.

1. L'ensemble de la situation le long du Merderet avait, à ce moment-là, tourné en faveur des alliés qui tenaient les deux passages de La Fière et de Chef-du-Pont. Craignant d'être encerclés, les Allemands qui assiégeaient la Colline 30 préférèrent se replier.

Encore et toujours des bruits de bataille. Puis le silence. Une nuit entière sans un coup de feu. Le 10 juin au matin, les forces américaines investissent Port-Filiolet.

C'est fini. Les villageois sortent de leur cachette, revivent. Cette fois, « c'est la bonne ». Eugène Laisney veut tout de suite aller revoir sa ferme. Âgé de quarante-cinq ans, il a laissé une jambe dans les tranchées de 14-18. Aujourd'hui, il s'en est sorti indemne :

« La maison, ce n'est pas grave, plaisante-t-il, je la reconstruirai. Le principal, c'est de se retrouver tous sains et saufs. »

Accompagné de René Chauvin et d'un autre ami, maçon à Gueutteville, Eugène va donc juger des dégâts. C'est vite fait : il ne reste plus rien. Seule, dans le fond du jardin, au bord du marécage, la grange a été épargnée. Les trois hommes entrent à l'intérieur, boivent un verre de cidre « au cul du tonneau » comme il est de tradition dans la campagne normande. Puis, ils ressortent.

Eugène Laisney marche devant. Coup de feu. Le père d'Yvette, touché d'une balle en pleine tête, s'effondre, tué net. Le maçon de Gueutteville, beaucoup plus grand, reçoit un projectile dans l'épaule et s'écroule à son tour. René Chauvin a le temps de se réfugier dans l'étable. Affolé, il hurle « Français, Français », aperçoit un parachutiste américain qui sort de la haie, l'arme au poing, à une dizaine de mètres. Il sort à nouveau de l'étable : « Français, Français ! » crie-t-il toujours, bras levés. Il va à la rencontre du para. Tous deux se retrouvent auprès du corps d'Eugène Laisney et de son ami, blessé à l'épaule, mais vivant. Conscient de sa tragique erreur, le parachutiste est consterné : il y a encore des soldats ennemis partout, explique-t-il, et il était persuadé que ces trois hommes étaient des Allemands déguisés en civils qui cherchaient à fuir...

Il faut enterrer Eugène. Mais avec quoi ? Il y a des morts partout et plus aucun cercueil. Et où ? Picauville, la commune la plus proche, est occupée par les Allemands. On se bat dans toute la contrée, y compris dans les cimetières.

M. Duchemin, un voisin, déniche quelques planches, confectionne une grossière caisse en bois. M. Sadoz, maire de Chef-du-Pont, prend tous les risques. Il vient lui-même chercher le corps d'Eugène Laisney, arrime la caisse sur la carriole, fait galoper son alezan roux à bride abattue sur la route de tous les dangers, la route de Prusse dont Américains et Allemands se disputent chaque mètre de bitume. Il passe sous la mitraille.

Eugène est enterré le mardi 12 juin [1].

Bernaville : la mort du général

Le général se décide à Coutances :

« Demi-tour, ordonne Wilhelm Falley à son chauffeur, on rentre. »

Le commandant de la 91e division aéroportée allemande basée à Picauville, dans le Cotentin, n'ira pas à Rennes. Le Kriegspiel décidé par le haut état-major du front de l'Ouest pour ce 6 juin se fera sans lui. Le thème de ces grandes manœuvres sur carte n'est pourtant pas inintéressant : comment faire face à une invasion de la presqu'île par air et par mer. Mais le général estime qu'il est un peu tard désormais pour jouer au débarquement autour d'un bureau : au-dessus de sa tête, le ciel s'est progressivement empli d'un énorme grondement, désormais presque continu. L'oreille exercée du spécialiste a décelé la présence d'une force aérienne considérable : des centaines de bombardiers, des centaines de chasseurs. Le grand cirque...

Ce n'est pas encore une certitude, mais c'est déjà plus qu'un pressentiment. Peu avant minuit pourtant, au moment de quitter son PC du Château-Haut, Wilhelm Falley avait fait taire ses inquiétudes : hier encore, la mer avait été mauvaise...

« Ils ne viendront pas, avait-il assuré au major Bartuzat, l'officier du 2e Bureau assis à ses côtés, à l'arrière de la voiture, c'est trop risqué. »

Le général a changé d'avis. Ornée de deux fanions noir-blanc-rouge sur ses ailes, la Horch fonce sur la route déserte, traverse Périers, remonte dans la presqu'île. Dans moins de trente

1. La famille allait être à nouveau durement éprouvée quelques jours plus tard : le 24 juin 1944, dans Carentan libérée, une cérémonie se déroule devant le monument aux morts. Âgée de quatre ans, la petite Danielle Laisney, la nièce d'Yvette, offre un bouquet de fleurs au général Maxwell Taylor, commandant la 101e Airborne. Embusqué dans le clocher de l'église qui domine l'église, un sniper allemand tente d'abattre l'officier américain. Il tire, mais c'est l'enfant qui est tuée d'une balle en pleine tête.

kilomètres, ce sera Pont-l'Abbé, puis tout près, Picauville. Au loin, de sinistres lueurs éclaboussent le ciel, se découpent comme un gigantesque arc de feu devant le pare-brise de la voiture : des bombardements, mais intenses, bien plus intenses que d'habitude...

« Plus vite, plus vite », commande le général Falley au caporal-chauffeur...

Suspendu à son parachute comme une marionnette à ses fils, le lieutenant Malcolm Brannen n'a que deux certitudes : il est tombé dans un arbre et il est indemne. Pour le reste, il est complètement paumé. Cela fait près d'une heure maintenant qu'il tente d'identifier les bruits, les voix qui montent jusqu'à son perchoir. Amis ou ennemis ? Dans cette campagne fantomatique, tous les sons, toutes les formes prennent un relief inquiétant : les Allemands doivent patrouiller un peu partout. Avec un sérieux avantage sur lui : ils savent où ils sont. Malgré la faible altitude (deux cents pieds, soit environ six cents mètres), Brannen est persuadé d'avoir été largué loin de sa « drop zone ». Perturbé par ce maudit brouillard et plus encore par la flak allemande, le pilote du « Pagliacci » n'a pas pu assurer. Les copains de son « stick » doivent être comme lui : Éparpillés dans la nature...

Brannen s'agite, coordonne ses mouvements, tire vigoureusement sur ses suspentes. Ça craque au-dessus de lui, et le moindre bruissement de feuilles lui fait l'effet d'une détonation. Mais d'autres rafales d'armes automatiques, des vraies celles-là, trouent l'obscurité. Le parachute glisse peu à peu et les pieds de Brannen touchent enfin le sol. Se débarrasser du harnais n'est plus alors qu'un jeu d'enfant.

Le lieutenant avance. A tâtons. Moins gêné par la nuit que par le labyrinthe infernal dans lequel il évolue : haies, talus, fossés, chemins creux, tortueux, presque souterrains sous les arbres et les bosquets d'aubépines. C'est une nature piégée. Brannen songe aux briefings des jours précédents, aux rassemblements prévus, aux rendez-vous étudiés sur carte. Dès l'arrivée au sol, chaque unité avait ordre de se regrouper en un lieu précis avant de marcher sur l'objectif. Maintenant, il n'y a guère que la boussole pour ne pas perdre le nord dans ce merdier.

Brannen ne se plaint pas longtemps. Il ne fait que de bonnes rencontres. D'abord deux hommes du 2e bataillon de la 508e, puis deux paras du génie de la 307e. Aussi perdus que lui. Au jugé, ils optent pour une direction nord-est, puis après avoir longé une haie sur plusieurs centaines de mètres, obliquent plein nord. Ils traversent une route, sabotent au passage des lignes téléphoniques, comme prévu dans leur mission, découvrent dans un champ plusieurs conteneurs. L'un d'entre eux contient un bazooka et une douzaine de rockets qu'ils emportent avec eux. Toujours des haies, toujours des fossés, toujours des talus. Le groupe tombe soudain en arrêt : juste devant eux, deux tentes, deux motos. Vides, abandonnées. Les paras se méfient, redoutent l'un de ces pièges minés contre lesquels on n'a cessé de les mettre en garde. Ils tournent autour des tentes, se contentent de crever les pneus des motos et repartent.

Nouvelle rencontre. Le lieutenant Harold V. Richard, du 508e régiment d'infanterie parachutiste et le sergent Hall, son radio, se joignent au groupe. Puis d'autres encore. Ils sont une bonne douzaine maintenant à errer sur la petite route poussiéreuse qui serpente à travers des rangées d'arbres. Ils sont fatigués, persuadés aussi qu'à force de se fier au hasard, ils finiront par tomber sur une patrouille allemande : les deux lieutenants décident de frapper à la porte de la première maison qui se présentera à eux. Elle n'est pas loin. A une cinquantaine de mètres, perpendiculaire à la route, se dresse un imposant bâtiment en pierre. Une ferme. Il est 3 h 30 du matin...

Au premier étage de La Minoterie, Marguerite et Bien-Aimé Lagouche ne dorment pas. Ou plutôt, ils ne dorment plus. L'infernal vrombissement des avions, les tirs des batteries anti-aériennes allemandes les ont jetés hors du lit. Derrière leurs volets, ils ont vu un spectacle fabuleux : des dizaines et des dizaines de parachutes qui flottaient, s'épanouissaient dans le ciel et qui tombaient partout, dans les champs, les vergers, les bois. Depuis, ils tournent dans leur chambre, s'adossent au mur, restent prostrés sur leur chaise ou au bord du lit, avant d'être à nouveau aimantés par ces volets de bois qu'ils n'osent pas ouvrir, effrayés par les bruits de bataille qu'ils entendent dans le lointain. Parfois, Marguerite Lagouche se rend dans la pièce contiguë pour revenir aussitôt, rassurée. Insensible au vacarme, sa petite fille âgée de trois semaines passe une bonne nuit.

Les coups violents qui ébranlent la porte d'entrée effraient les Lagouche. Les visiteurs de la nuit cognent avec les crosses de leurs armes. Bien-Aimé enfile précipitamment son pantalon, mais l'affolement lui fait perdre du temps...

« Open, open », hurle-t-on en bas.

« Voilà, voilà », répond Bien-Aimé Lagouche. Il descend l'escalier sans trop se presser cette fois. Il a tort. Une rafale de mitraillette transperce la porte en pointillés alors qu'il n'a plus que quelques marches à franchir pour se retrouver sur le palier. Malgré ses trente-quatre ans, Bien-Aimé se sent devenir subitement très vieux.

« J'arrive, j'arrive », répète-t-il machinalement comme s'il s'agissait d'ouvrir au facteur. Il actionne la serrure... Mais rien à faire, elle reste coincée. A moins qu'il ne sache même plus faire le simple mouvement de tourner une clef. Bien-Aimé se reprend. Au premier étage, il y a sa femme et son bébé. Il faut les tenir à l'écart, les protéger au maximum. Le cultivateur ouvre une fenêtre du rez-de-chaussée, saute dans la cour et se retrouve immédiatement cerné par un groupe d'hommes casqués, armés, aux traits effrayants. Bien-Aimé met quelques secondes à réaliser qu'ils se sont noircis le visage :

« Ce ne sont pas des Allemands », pense-t-il alors. Et si ce ne sont pas des Allemands...

« American... American. » Malcolm Brannen tente de se faire comprendre du Français qui reste devant lui, bras ballants. Il le sent bouleversé, prêt à toutes les effusions. Mais le lieutenant ne pense qu'à se repérer. Il sort son *French Guide,* le petit lexique distribué à tous les paras avant leur départ d'Angleterre, entraîne Bien-Aimé jusqu'au milieu du chemin, étale sa carte sur le sol et s'agenouille, lampe-torche à la main.

Le cultivateur pointe son doigt sur Bernaville. C'est le nom du bled. A mi-chemin entre Picauville et Étienville. Brannen est soulagé. Il est renseigné sur sa position. Maintenant, il sait à quoi s'en tenir.

« Il y a une voiture qui s'amène ! » prévient un para placé en sentinelle derrière un arbre quelques mètres plus haut.

« Il faut l'arrêter », ordonne Brannen. Il fait signe à Bien-Aimé Lagouche de s'écarter, lequel ne se fait pas prier, et rentre chez lui comme il en était sorti : par la fenêtre. En quelques secondes, les paras tendent leur embuscade, se mettent en position dans la cour, le long du mur de la ferme ou bien se camouflent de l'autre côté de la route, derrière un petit muret.

Premières lueurs du jour. La Horch de Wilhelm Falley est passée devant le château sans ralentir et s'engouffre dans le chemin cahoteux. Depuis la fin du mois d'avril, estimant que, sous les bombardements, cet édifice serait trop repérable et vulnérable, le général a transporté son véritable QG de campagne quelques centaines de mètres plus loin, sous les pommiers d'un verger. C'est là, depuis un véhicule de l'armée — « un tout beau car » disent les gens du pays — qu'il compte faire le point de la situation et donner ses ordres.

La voiture surgit. Malcolm Brannen se place résolument au milieu de la petite route, lève ses deux bras et hurle : « Stop ! Stop ! » Mais au lieu de ralentir, la voiture accélère à pleine vitesse. Brannen se jette sur le bas-côté, la fusillade éclate.

Tous les hommes ont tiré. Le pare-brise, la lunette arrière volent en éclats. Criblée de balles, la Horch fait une terrible embardée, quitte le chemin et s'écrase contre le mur de La Minoterie.

Les paras sortent de leur cachette. Juché sur un talus, de l'autre côté du chemin, son Colt 45 à la main, Malcolm Brannen domine toute la scène : il s'aperçoit que l'un des Allemands, après s'être glissé sous la voiture, tente de disparaître par un soupirail qui donne dans les sous-sols de la ferme. Il y parvient presque, s'enfonce jusqu'à la taille dans le trou, pousse désespérément sur ses avant-bras. Brannen lève son arme : l'Allemand s'effondre, l'épaule gauche fracassée.

Éjecté par le choc de la voiture contre le mur, un deuxième soldat gît au milieu du chemin. Il gémit, balbutie quelques mots incompréhensibles, lève les yeux sur Brannen et supplie en anglais : « Don't kill, don't kill. » Brannen hésite, mais l'officier rampe sur le sol, cherche à saisir son arme, un Lüger, dont il n'est plus qu'à deux ou trois mètres. L'officier tend le bras, Brannen tire : la balle atteint l'Allemand en plein front[1].

C'est fini. Brannen et les autres paras s'approchent de la Horch, et s'aperçoivent alors de la présence d'un troisième passager, affalé sur le siège arrière. Il est mort lui aussi, et la vision de son visage, horriblement mutilé, est difficile à supporter. Brannen remarque son uniforme avec épaulettes et feuilles dorées de chêne au col de la veste. La Croix de fer est tenue serrée autour du cou par un large ruban noir. Il prend la casquette, la retourne, et lit à l'intérieur : « Major général Wilhelm Falley. » « Tiens, c'est drôle, songe Brannen, j'ai aussi un " Fallet " dans ma section de combat... »

Les paras font l'inventaire de la voiture, se saisissent de cartes et de divers documents. Ils identifient le deuxième cadavre : major Bartuzat.

Les paras sont pressés de quitter les lieux. De loin en loin, des bruits de bataille, de canonnade leur parviennent, mais parfois ce sont aussi des détonations, des rafales de mitraillette bien plus proches. D'autres copains n'ont pas eu leur chance. « On va à Étienville », décide le lieutenant Malcolm Brannen. Ils emmènent leur prisonnier blessé, le caporal-chauffeur, qui peut marcher. Il est un peu plus de 6 h 30, les derniers voiles de brume se déchirent et il fait grand jour. La journée s'annonce belle et chaude. Une vraie journée d'été.

Depuis leur fenêtre du premier étage, les Lagouche n'ont rien manqué de la séquence sanglante. Traumatisés, apeurés également par les combats dont ils entendent les échos de plus en plus rapprochés, ils ne sortent pratiquement pas de leur ferme pendant trois jours, restent cloîtrés derrière des volets qu'ils gardent fermés. Mais plus extraordinaire encore, durant ces trois jours personne ne se préoccupe des cadavres des deux officiers allemands : le général Falley est toujours dans sa Horch et le major Bartuzat gît toujours sur le chemin.

1. Dans une correspondance, Malcolm Brannen révèle qu'au moment où il entendit le major Bartuzat le supplier, il songea qu'il n'était pas homme à tuer de sang-froid. Mais lorsqu'il le vit tout près d'atteindre son Lüger, il pensa : « C'est lui ou moi, ou l'un de mes hommes. » Et il tira. Il ajoute : « Le sang a jailli de son front comme d'une fontaine qui s'est tarie peu à peu. »

Retranchés dans l'enceinte du château, les soldats allemands ne s'aventurent pas jusqu'à La Minoterie. Ce n'est pas le cas de quelques villageois, inconscients du danger, qui continuent de vivre comme si la guerre ne les regardait pas. Ainsi, dans l'après-midi du 7 juin, Eugène Latrouille, le mal nommé, cultivateur au village du Buts-Doré, traverse les herbages avec insouciance pour rendre visite à ses amis Lagouche. Arrivé devant La Minoterie, il découvre le spectacle macabre, se renseigne auprès des Lagouche qui relatent leur incroyable nuit. Puis, après avoir arrosé l'événement, il se saisit de la casquette de Wilhelm Falley, s'en coiffe gaillardement et s'en va, de ferme en ferme, raconter la mort du général et du major...

En quelques heures, tout Bernaville est au courant. Pas les Allemands qui n'apprennent la fatidique nouvelle que le vendredi 9 juin [1].

Ce jour-là, vers 14 heures, Jean-Baptiste Laisney, un fermier voisin des Lagouche invite l'un de ses amis, Paul Villette, cultivateur lui aussi, à vider quelques verres de vin dans son cellier. Il fait chaud, « il fait soif », et les deux hommes ont plutôt tendance à pousser à la consommation. Au point qu'ils sortent du cellier sérieusement éméchés.

La demi-douzaine de soldats allemands qu'ils découvrent dans la cour de la ferme, assis sur un banc, ne parviennent même pas à ternir leur bonne humeur. Eux, par contre, n'ont pas l'air joyeux. Ils semblent abattus, désemparés. En temps ordinaire, Jean-Baptiste Laisney aurait poursuivi son chemin, ignorant, comme il le fait toujours, la présence de ces indésirables. Là, il s'arrête :

« Alors, les gars, attendons le dégel ?

— Qu'est-ce que vous dites, monsieur ? » répond en français un lieutenant, seul gradé du groupe.

Aimable, Jean-Baptiste répète :

« Attendons le dégel ?

1. La mort du général Falley, qui avait plus de dix mille hommes sous ses ordres, a sans doute eu une influence sur le déroulement des opérations dans cette partie du Cotentin. Totalement désemparés, les hommes de la 91e division aéroportée ont vainement attendu les ordres de leur chef. Selon des témoins civils, des chars qui stationnaient sous les arbres du château de Francquetot à Coigny et dans un verger d'Appeville, n'ont pas bougé jusqu'au soir du vendredi 9 juin.

— Nous attendons les ordres, réplique l'Allemand, imperturbable.

— De qui que vous attendez les ordres, mon gars ?

— Les ordres du général.

— Ah ! s'exclame le fermier. Ton général ! Mais il est kaputt, ton général ! »

Le « Kaputt, ton général » court le long du groupe de soldats allemands comme le feu sur une mèche d'amadou. Ils se lèvent affolés, s'interrogent entre eux, invectivent Paul Villette et Jean-Baptiste Laisney. Mais les deux Français n'en démordent pas :

« Mais oui, il est kaputt. »

Et pour preuve de leur bonne foi, ils se montrent serviables comme jamais ils ne l'ont été avec les fantassins de la Wehrmacht :

« Venez, venez, on va vous montrer. »

Il faut s'imaginer le tableau : en tête du cortège, deux joyeux drilles, vacillants sur leurs jambes, qui semblent sortir tout droit d'un banquet de noces et derrière eux, les six soldats, baïonnette au canon, qui crapahutent la peur au ventre, prêts à faire feu à la moindre alerte.

Le détachement parvient devant La Minoterie. Le cadavre du major Bartuzat qu'ils découvrent sur la route les soulage presque : ce n'est pas le général. Mais Laisney les entraîne vers la Horch où repose toujours le corps de Wilhelm Falley. Anéantis, les Allemands se mettent au garde-à-vous devant la voiture. L'un des soldats s'empare du bazooka laissé par les paras et de rage le fracasse contre le mur.

Un peu dégrisés par la tournure que prennent les événements, Laisney et Villette veulent s'éclipser, mais on leur ordonne de rester sur place. Bien-Aimé Lagouche doit également sortir de sa ferme et rejoindre les deux autres Français.

Une demi-heure plus tard, appelées par message radio, deux autos blindées à chenilles s'arrêtent devant La Minoterie. Le lieutenant commande aux Français de prendre les dépouilles des deux officiers et de les charger sur les véhicules. C'est alors que Jean-Baptiste Laisney, goguenard, lâche cette réplique jubilatoire demeurée fameuse encore aujourd'hui à Bernaville :

« Ah ! mes gars, c'est avec plaisir. »

« *Faut bien traire les vaches !* »

A l'autre bout du hameau, tandis que les Lagouche, encore sous le choc, se calfeutrent au premier étage de La Minoterie, Marthe Holé fait ce qu'elle a à faire chaque matin. Elle remplit son « triolet[1] » de seaux et de bidons et se rend à pied à l'enclos où paissent les vingt vaches de la ferme...

Son mari a pourtant tenté de la convaincre : ce n'est vraiment pas le moment avec tout ce qui se passe au pays depuis cette nuit. Mais Marthe n'a rien voulu savoir : ce 6 juin est comme le 5, comme le 4, comme le...

« Guerre ou pas guerre, faut bien traire les vaches ! »

Marthe est contrariée par tout le désordre de ces dernières heures : elle a vu les Allemands, qui occupent sa ferme de la Morlande depuis plusieurs mois, sortir leurs mitrailleuses dans la cour et tirer comme des forcenés sur les avions qui larguaient les parachutistes. Elle les a entendus pousser des hurlements de joie quand l'un des appareils est tombé en tournoyant comme une feuille morte derrière l'église de Picauville[2]. Vers 2 heures du matin, elle a vu également une douzaine de prisonniers américains poussés à grands coups de crosse par les Allemands. Ils sont même entrés dans la grande salle avant d'être enfermés un peu plus loin, dans un autre bâtiment. L'un des paras, qui avait une plaie horrible à la poitrine, lui a demandé d'un ton suppliant :

« Madame, pouvez-vous me donner de l'eau ? »

Mais quand elle s'est approchée, une carafe à la main, les gardiens l'ont brutalement repoussée : « Verboten ! Verboten ! »

Elle a vu, entendu. Elle sait aussi que ce n'est qu'un commencement. Il y a des fusillades, des mitraillages, des explosions partout dans la campagne. N'empêche :

« Faut bien traire les vaches ! »

Marthe avance donc d'un pas décidé sur la petite route qui mène à l'herbage de Barneville. Derrière elle, sa fille âgée de dix-

1. Une petite voiture à bras qui pouvait également être attelée.

2. L'avion explosa dans l'un des herbages appartenant à la famille Holé. Dans les débris de l'appareil, on ne retrouvera que des cendres et une vingtaine de casques calcinés.

sept ans et Raymond, son fils de vingt ans, tiennent la poignée de la remorque. C'est un costaud, Raymond, il dépasse d'une bonne tête tous les autres gars du pays, mais aujourd'hui, il voudrait être petit, tout petit : « J'étais mort de trouille », avoue-t-il cinquante ans après.

Tous les dix mètres, tapis dans le fossé, il y a des Allemands, qui, sous leurs casques, les regardent passer avec une drôle d'expression dans les yeux. Plus loin, dans l'herbage, de l'autre côté de la haie, Raymond croit apercevoir des silhouettes de soldats plus ou moins masquées par les feuillages.

Les vaches sont fidèles au poste, regroupées au même endroit, près de la barrière, comme elles le sont toujours à l'approche de l'heure de la traite. Chacun prend son seau, mais Raymond n'a pas le cœur à l'ouvrage. Il y a trop de soldats.

Un coup de feu, puis deux. Puis la fusillade, la vraie. On se bat autour de l'enclos, mais les balles, elles, ne font pas le détour. Elles traversent l'herbage, sifflent aux oreilles des Holé, se fracassent contre les troncs d'arbres, viennent mourir dans l'herbe. Les vaches s'énervent, Raymond panique, des branches de pommier lui tombent sur la tête. Cette fois, ça passe tout près, trop près :

« Mais maman ! On ne va quand même pas rester là ! »

Marthe est attentive à son travail. Elle lève à peine la tête, répète ce qu'elle ne cesse de dire depuis ce matin :

« Ah ! faut bien traire les vaches ! »

Entre accalmies et coups de feu, les vingt vaches sont soulagées de leur lait. Les Holé repartent avec leur remorque et leurs bidons remplis, sous le regard incrédule des Allemands toujours planqués dans le fossé le long de la route. Une fois rentrée à la Morlande, Marthe admet que l'expédition ne peut pas se renouveler chaque matin et chaque soir :

« Tu as raison, dit-elle à son fils, c'est trop loin et trop dangereux. On va aller les chercher et les mettre plus près de la ferme.

— Quand ?

— Bah, tout à l'heure, dans la matinée. »

Raymond est catastrophé : faut y retourner.

C'est le lendemain 7 juin, vers 11 heures du matin, que les Holé doivent quitter leur ferme et leurs vaches. Le Feldwebel ne leur a pas donné le choix :

« Les Américains vont bombarder ici. Il faut partir[1]. »

Marthe renâcle, mais cette fois, son mari ne cède pas : ils attellent le cheval, chargent la voiture, privilégiant lingerie et nourriture, et prennent la direction du village de L'Angle où ils logeront chez une grand-mère de Raymond. C'est à deux kilomètres plus à l'est, au bord du Merderet. Marthe est rassurée : elle pourra faire l'aller et retour deux fois par jour. Et traire ses vaches.

Le soir même donc, vers 17 heures, Marthe, sa fille, son fils, leurs seaux et leurs bidons sont de retour à la ferme. Mais la réception des Allemands qui occupent les lieux manque singulièrement de chaleur. A peine ont-ils franchi la barrière que deux fantassins les encadrent, les bousculent, les menacent de leurs fusils, leur crachent des insultes, vocifèrent :

« Fusiller, fulminent-ils, on va vous fusiller ! »

La stupéfaction des trois civils tourne vite à l'inquiétude : les deux excités ne plaisantent pas. Raymond tente le dialogue, mais avec une arme dans les côtes, ce n'est pas facile.

« Vous êtes des espions, vous renseignez les Américains ! »

Raymond a enfin compris. Ces deux imbéciles en transe sont persuadés que les allées et venues de la famille Holé ne sont destinées qu'à informer les alliés : il montre les bidons, explique, gestes à l'appui, que seules les vaches les intéressent.

« Nous venons les traire », clame Raymond. Il croit entendre sa mère : maudites vaches. Mais les deux autres ne le croient pas, ne l'écoutent même pas. Ils ricanent, tournent autour de lui : « Fusiller, répètent-ils, fusiller. »

Raymond a le verbe haut et la peur lui donne encore un peu plus de voix : « Nous, renseigner les Américains ? crie-t-il, mais nous n'en avons pas vu un seul. » Raymond entame des pourparlers serrés, refait l'itinéraire de la famille Holé, se montre si

1. Une heure après leur départ, les alliés bombardèrent effectivement les ponts de Pont-l'Abbé. Raymond Holé s'est toujours demandé comment un simple Feldwebel pouvait être aussi bien renseigné, allant jusqu'à penser qu'il s'agissait — comme ce fut plusieurs fois le cas dans la zone du débarquement — d'un agent allié infiltré dans les rangs de l'armée allemande.

persuasif que les deux énergumènes se calment peu à peu et acceptent enfin de le conduire au commandant de la compagnie basée à la ferme.

Amené devant l'officier, le jeune garçon reprend sa plaidoirie. Mais il est vite arrêté dans son élan :

« Vous ne serez pas fusillés. Nous allons surseoir à l'exécution. »

C'est toujours ça de gagné.

« Mais pas question évidemment de repartir. Vous restez ici, avec nous, et vous serez surveillés en permanence. »

Rester à la ferme ? Et son père qui les attend au village de L'Angle ? Et son petit frère de douze ans ? Et sa grand-mère ? Ils vont s'inquiéter.

Le commandant balaie les arguments d'un geste las. Toutes ces histoires de civils l'ennuient profondément. Ce n'est pas son métier.

« C'est la guerre, jeune homme... »

Commence alors la « détention » de Marthe Holé, de sa fille Mathilde et de son fils Raymond : deux jours et trois nuits. Flanqués de leurs deux gardiens, les trois Normands vivent dans l'isolement le plus complet. Ils n'ont aucun moyen de communiquer avec l'extérieur, de prévenir la famille, ne savent rien de ce qui se passe hors des limites de la ferme :

« Ils doivent nous croire morts », se plaint Marthe. Les soldats ne les quittent pas un seul instant. Y compris dans l'habitation, y compris lorsqu'ils vont traire les vaches dans l'enclos.

Samedi 10 juin, 8 heures du matin :

« Défense de sortir, ordonne l'un des deux gardiens.

— Mais il faut aller traire, s'entête Marthe.

— Vous ne pourrez pas traire. Les Américains sont autour de la ferme. »

La révélation laisse Marthe sans voix. Pour une fois, les vaches devront attendre.

Et longtemps. A 8 h 30, le combat s'engage. Regroupés dans les herbages, les alliés donnent l'assaut. Mais les Allemands, solidement retranchés dans les bâtiments de la ferme, ne cèdent pas. Coincés dans la grande salle du rez-de-chaussée, les Holé se tiennent loin des fenêtres et de la porte, se contentent d'écouter le terrifiant tohu-bohu. La journée se passe dans l'ignorance la plus totale des événements qui se déroulent à quelques mètres, avec ses moments de crainte, d'espoir. De découragement aussi.

Vers 16 heures enfin, la situation paraît évoluer. Des Allemands font brusquement irruption dans la pièce. Raymond les compte : ils sont sept. Bandes de munitions autour du cou ou sur l'épaule, ils portent une mitrailleuse et plusieurs caissettes de fer. Ils traversent la maison, montent l'escalier qui mène au grenier. Raymond s'alarme encore un peu plus : s'ils s'installent là-haut, cela risque de faire des dégâts. Il s'approche d'une des fenêtres, aperçoit une colonne de soldats américains. Il tapote sur le carreau : s'il pouvait les prévenir. Grossière erreur : ils se retournent, prêts à tirer, reconnaissent de justesse un civil, lui ordonnent d'un geste de se reculer, de se cacher.

Raymond a compris.

« Allons dans la laverie », propose-t-il. Là encore, l'idée n'est pas fameuse. A peine sont-ils installés qu'une rafale de mitraillette hache le mur.

« Je suis tuée, je suis tuée », hurle sa sœur. Panique, horreur. Raymond se précipite, la gamine se relève toute seule. Elle n'a rien. Seulement, très peur. Le tireur, un Américain, s'est rendu compte de son erreur. Mais il est déjà dehors.

Les Holé commencent à s'affoler. Où qu'ils soient, où qu'ils aillent, ils risquent de se faire tuer. Ils décident de revenir dans la grande pièce du rez-de-chaussée.

La nuit est tombée. Les combats ont cessé. Assis sur le banc, face à la grande table familiale, les Holé n'osent pas bouger. Au-dessus de leur tête, ils entendent les pas des sept soldats qui martèlent le plancher du grenier.

Vers 3 heures du matin, un Allemand marche dans la cour. Tête nue, il ne porte ni arme, ni ceinturon. Hagard, il va au hasard, passe et repasse, puis disparaît dans la seconde cour de l'exploitation :

« En voilà un qui veut se rendre », estime Raymond. Quelques jours plus tard, il retrouvera son cadavre éventré sous des balles de foin.

5 heures. Toujours le silence. Raymond Holé n'en peut plus d'attendre. Il faut faire quelque chose, bouger. Ce calme ne peut pas durer :

« Maman, il faut que nous partions tout de suite. »

Marthe ne veut pas sortir. Au moins ici, elle est chez elle. Qui sait ce qui les attend dehors.

« Mais le jour se lève. Les combats vont reprendre, et avec les Allemands dans le grenier, ça risque d'être terriblement dangereux. »

Marthe n'en démord pas. Ici, il y a des murs, ils sont à l'abri.

« Écoute, maman, concède Raymond conciliant, je vais faire un tour dehors. Si tout va bien, je reviens vous chercher et on y va. »

Elle proteste encore plus fort. Mais son fils refuse de l'écouter et sort. Rien. Pas le moindre uniforme. Il traverse la cour au sprint, entre dans une étable qui se trouve en bordure de la route, enjambe le cadavre d'un cheval, observe par la petite lucarne qui donne sur l'extérieur. Macabre spectacle : des corps jonchent le sol.

Raymond attend une dizaine de minutes. Toujours rien. Il revient à l'habitation :

« Je t'assure maman, on n'entend pas une mouche voler. Mais ça ne va pas durer. C'est maintenant qu'il faut partir. »

Marthe cède enfin. Mais au moment de suivre sa fille et son fils, elle a un dernier sursaut.

« Mon café ! J'ai du café quelque part ! Je veux l'emmener. »

Raymond croit rêver : après les vaches, c'est le café !

« Ce n'est pas le moment, maman, allez, viens !

— Ah ça non ! Je veux mon paquet de café. »

Le fils abdique, laisse chercher sa mère. Elle l'a si bien caché, ce café, qu'elle ne sait même plus où il se trouve. Elle l'extirpe enfin du placard, triomphante. Ils peuvent sortir.

Drôle de dimanche. Marthe Holé, Raymond et sa sœur marchent sur la route déserte, se dirigent vers l'église de Picauville, bras levés au-dessus de la tête. En bordure de la ferme Leseigneur, ils croisent la troupe américaine. Un colonel les arrête, les fait fouiller. Il parle un français impeccable, ce qui permet à Raymond de s'expliquer et de révéler surtout que sept Allemands bien armés les attendent dans le grenier[1].

Marthe Holé et ses enfants peuvent rentrer au village de L'Angle. Marguerite Lecomte, une voisine qui habite dans le bas du hameau, est la première à les apercevoir. Plantée au milieu de la route, les mains sur les hanches, elle les observe comme s'il s'agissait de trois revenants. Elle a de la voix, Marguerite. Dans son entourage, c'est même un sujet de plaisanterie. De loin, Raymond l'entend qui crie et qui prévient tout le monde :

« Ben, voyez-vous, ils sont pas morts. Les v'là ! »

1. Raymond Holé se rendit à la mairie de Picauville avec les officiers américains afin de leur montrer le plan de sa ferme. Il leur expliqua également comment investir les lieux sans être pris sous le feu de la mitrailleuse installée dans le grenier. Quelques jours plus tard, quand ils rentrèrent chez eux, un spectacle d'épouvante attendait les fermiers : « Il y avait du sang partout, raconte Raymond Holé, jusque dans le lit de mes parents. Mais le pire, c'était au rez-de-chaussée. Jusqu'à la fin de mon existence, j'aurais devant les yeux la vision de ces deux soldats qui s'étaient embrochés avec leurs baïonnettes et qui étaient figés, face à face, contre la porte de la cuisine. »

CHAPITRE III

Du sang sur la chaussée

C'est un modeste pont de pierre que l'on franchit en une petite douzaine d'enjambées. Mais à l'aube du 6 juin, la guerre confère au pont de La Fière une taille de géant. C'est, avec Chef-du-Pont, l'un des deux points de passage sur la rivière le Merderet, et pour en garder la maîtrise, parachutistes américains et soldats de la Wehrmacht vont se battre sauvagement.

Le lieutenant William Oakley et le sergent Oscar Queen longent le muret qui borde le Merderet, parviennent à se glisser sur les arrières du manoir. Ils abattent les servants d'une mitrailleuse enfouie dans un herbage, balancent une grenade sur l'un des bâtiments annexes d'où tirent d'autres Allemands. Sans succès. La grenade explose contre le pignon d'un mur. Les deux paras ne s'arrêtent pas, foncent dans la cour, s'engouffrent dans une porte basse qui donne sur la cave, et sillonnent tout le sous-sol en mitraillant le plafond à tout va. Les défenseurs du rez-de-chaussée se sauvent dans les étages. L'assaut qui suit n'est plus qu'une simple formalité : plus découragés que débordés, les fantassins de la Wehrmacht hissent le drapeau blanc.

Ainsi s'achève au premier jour du débarquement, vers midi, le sanglant western de La Fière, première partie[1].

1. La bataille pour la prise du pont de La Fière est très significative du désordre qui régna parmi les parachutistes américains à l'aube du 6 juin dans les marais du Merderet. Largués par erreur au voisinage du pont et du manoir dominant la rive est de la rivière, des « sticks » du 505e, 507e et 508e se reconstituèrent en groupes au hasard des

D'où ils se trouvent, les nouveaux maîtres du Merderet découvrent un paysage de carte postale. Posée sur le marécage comme un pont-levis baissé, la chaussée bordée d'arbres trapus s'avance d'un trait rectiligne jusqu'au pied de l'autre versant. Huit cents mètres. Elle laisse alors sur sa droite, plantés dans la prairie comme des jouets dans un décor de carton-pâte, une chapelle minuscule, un cimetière aux tombes oubliées et quelques grosses fermes alignées. Cauquigny. Puis se divise en deux routes qui virent doucement sur les hauteurs : Gueutteville d'un côté. Amfreville de l'autre.

C'est le terrain à conquérir. Le terrain où mourir.

Quand l'aube du 6 juin se lève sur le miroir des plaines inondées, on y trouve, note un chroniqueur militaire, « plus de paras égarés que de vaches dans les prés [1] ». Commencée avec des pièces dispersées, tout le reste de l'affaire n'est que puzzle mal assemblé. Regroupés par petits paquets, les conquérants s'arrachent au marais, tournent en rond dans les vergers, s'embusquent dans les fossés, s'enterrent dans le cimetière. La Fière étant tombée, ils croient avoir gagné, s'être rendus maîtres de la chaussée. Jusqu'au moment où les Allemands déboulent avec leurs blindés. La suite, aux abords de Cauquigny, est un massacre de trois journées. Des deux côtés.

---

rencontres au sol et convergèrent de toutes les directions pour attaquer La Fière. Le pire est que chacun de ces groupes, progressant à l'abri des haies et des fossés, ignora longtemps la présence des autres alors qu'ils n'étaient séparés souvent que par quelques centaines, voire quelques dizaines, de mètres. De plus, le matériel radio avait été englouti dans le marais, ce qui rendait impossible toute communication. L'attaque des commandos s'effectua donc à l'aveugle et en ordre dispersé. Ce qui permit aux vingt-huit fantassins allemands retranchés dans le manoir de leur opposer une farouche résistance. Il s'ensuivit une mêlée incohérente et sanglante qui provoqua de nombreuses pertes dans les rangs des paras.

1. Parmi eux, le brigadier général James Gavin, futur ambassadeur des États-Unis en France, surnommé alors « Slim Jim » (Jim l'élancé), commandant la Force A. Tombé dans un verger au milieu des vaches, entre Amfreville et Cauquigny, Gavin rassemble ses paras et tente, sous le feu des Allemands, de récupérer du matériel dans les conteneurs et les planeurs. Puis, toujours avec sa troupe d'environ trois cents hommes, il traverse le marais jusqu'à la voie ferrée qu'il longe ensuite pour atteindre La Fière. James Gavin « couvrira » alors le secteur entre Chef-du-Pont et La Fière. Et c'est vers 8 heures du matin, le 6 juin, que Paul Groult et Jules Hébert le croiseront. « J'étais en train de ramasser des cigarettes laissées un peu partout par les parachutistes, raconte Jules Hébert. Tout à coup, je vois un grand type qui passe à travers une haie. Il portait une étoile sur son casque. C'était Gavin. A ce moment-là bien sûr, je l'ignorais. »

A Amfreville, la bagarre s'engage aussitôt. Alertées par le largage des paras qui leur tombent pratiquement sur la tête, les patrouilles se lancent sur la piste d'un gibier tombé du ciel. Lequel n'est jamais aussi vulnérable qu'au moment de toucher le sol : empêtré dans son harnais et dans ses suspentes ou, pis encore, accroché par sa voilure à un arbre, le malheureux n'a aucune chance de s'en tirer. Les soldats allemands le savent. Comme ils savent qu'ensuite, débarrassé de son harnachement et lâché dans la nature, l'ennemi est autrement redoutable. C'est donc la course contre la montre, la nuit de la grande traque, traversée de cris et de fusillades.

René Ferey a noté l'agitation nocturne sans trop s'émouvoir : exercices de nuit sans doute [1]. Comme tous les autres villageois, il s'est calfeutré chez lui, et c'est sans la moindre angoisse qu'à 7 h 15, le 6 juin au matin, il sort de sa maison. A peine a-t-il refermé la barrière de son jardin, que sa voisine, encore sous le choc, lui annonce qu'elle a reçu la visite « d'un soldat noir » qui cherchait des Allemands. Il est entré chez elle, a fouillé dans toutes les pièces et s'est éclipsé en révélant qu'une attaque se préparait.

« Mais où allez-vous donc ? » demande la voisine d'un air toujours aussi paniqué à René Ferey.

« A la messe.

— Soyez prudent », conseille-t-elle en refermant sa porte.

René Ferey hoche la tête. Grand mutilé de 14-18, amputé d'une jambe, il est bien placé pour savoir qu'à la guerre, ce n'est pas toujours la prudence qui fait la différence. En chemin toutefois, il s'étonne de croiser des Allemands l'arme au poing et le casque couvert de feuillages. Ils progressent en file indienne, rasent les murs, se mettent sans cesse à couvert comme s'ils craignaient l'embuscade à tous les coins de rue. L'étonnement de René Ferey s'accroît encore lorsqu'il entre dans l'église. Il est seul. Seul avec monsieur le curé. Même l'enfant de chœur n'est pas là. Pour une messe...

1. C'est le 6 juin 1945, après avoir assisté aux premières cérémonies commémoratives du débarquement allié, que René Ferey décida de faire par écrit le récit des événements d'Amfreville. Aujourd'hui, sa fille Juliette conserve précieusement le cahier d'écolier dans lequel son père relate ses souvenirs.

Le curé, qui loge des officiers allemands au presbytère, est bien renseigné : il a passé la nuit derrière les fenêtres de sa chambre à regarder tomber des parachutistes de tous les côtés. Bon chrétien, René Ferey estime toutefois qu'aujourd'hui la messe peut attendre. Il fait un détour par la cantine scolaire au toit marqué d'une énorme croix rouge : les Allemands ont établi leur unité sanitaire à Amfreville. Pour justifier sa présence, le Français raconte qu'il a aperçu des lambeaux de parachute dans un arbre et qu'il a même trouvé un poignard sur le sol — ce qui est vrai —, mais se rend rapidement compte que tout le monde se fiche éperdument de sa découverte. Et pour cause : il y a déjà des morts et des blessés dans la salle de la cantine, des infirmiers qui soignent, des chirurgiens qui opèrent.

René Ferey rentre chez lui, au bout du village, dans la dernière rangée de maisons bordées de plaines et de vergers qui eux-mêmes descendent vers le marais. En bas, c'est Cauquigny.

Mises au courant, sa femme et sa fille Juliette s'interrogent, s'inquiètent. Comme on s'inquiète d'un événement aux contours encore vagues que l'on attend, que l'on redoute, sans réellement en mesurer la portée. Car Amfreville est relativement calme, à peine troublée par quelques explosions ou quelques coups de fusils perçus dans le lointain. Si calme que Juliette Ferey décide de partir normalement à son travail. Agée de vingt-trois ans, elle est secrétaire de mairie, mais secrétaire de mairie en exil. Depuis que les Allemands ont annexé l'hôtel de ville, Juliette a ouvert son bureau à la ferme du Moulin, chez Bien-Aimé Digeon. C'est à l'autre extrémité d'Amfreville. Tout en marchant, Juliette remonte un long, un interminable convoi militaire allemand stationné le long de la route : depuis le monument aux morts jusqu'aux abords de la ferme du Moulin.

Bien-Aimé Digeon n'en sait pas plus que les Ferey. Il faut dire qu'il a d'autres préoccupations intimes. Marié à Marguerite depuis le 31 mai, il est en pleine lune de miel, et n'apercevra, comme il dit, « son premier parachutiste » que le 7 juin en fin de journée, à demi carbonisé, affalé sur la clôture d'un de ses herbages. Dans l'après-midi du 6 cependant, il lui arrive une drôle d'aventure : alors qu'il se trouve dans un champ avec d'autres cultivateurs, Bien-Aimé Digeon découvre un étrange objet rectangulaire gainé de cuir, rempli de cadrans, d'aiguilles et de boutons. Curieux de nature, il tourne des boutons au hasard et tandis qu'un de ses copains actionne une manivelle, porte la paire d'écouteurs à ses oreilles. Affolé, il les rejette aussitôt : malgré le grésillement, Bien-Aimé a entendu des voix étrangères.

L'instant d'émotion passé, les cultivateurs décident de prendre l'émetteur-récepteur tombé du ciel et de le cacher dans « le cuiseur » de la porcherie, un énorme chaudron en cuivre destiné à préparer la nourriture pour les cochons. Bien-Aimé Digeon enlève la couverture qui recouvre le chaudron, se penche et pousse un cri de frayeur : un soldat allemand se trouve au fond du récipient, recroquevillé et terrorisé. C'en est trop pour Bien-Aimé et ses amis. Ils lâchent leur trésor et s'enfuient.

A Amfreville, les premières heures du 6 juin s'écoulent ainsi : floues et incertaines. La guérilla court le long des haies. Plus ou moins involontairement infiltrés dans le dispositif de défense allemand, les paras jouent un cache-cache mortel avec un ennemi perturbé, qui finit par se croire encerclé, en position de garnison assiégée. C'est d'ailleurs vrai pour une petite part : après avoir erré dans le marais entre La Fière et Amfreville, et ramassé au passage plusieurs dizaines de recrues perdues, le lieutenant-colonel Charles J. Timmes, commandant le 2e bataillon du 507e, s'est finalement posé dans un verger entre le bourg et le bord du marais. Depuis, il fait le coup de feu contre les défenseurs allemands terrés en face, dans leurs trous individuels.

Au milieu de cette atmosphère mouchetée de tirs, de rafales et d'explosions, croisant au hasard morts, blessés ou prisonniers, les civils ressentent peu à peu la désagréable impression de vivre sur une poudrière qui, à la première étincelle, pourrait s'enflammer. Ils vont être servis.

En début d'après-midi, le convoi remarqué par Juliette Ferey stationne toujours dans Amfreville. A cause, paraît-il, du camion de tête tombé en panne. Dissimulé dans un arbre près du monument aux morts, un parachutiste balance une grenade sur le camion en question. Il est aussitôt abattu, mais le véhicule prend feu ce qui provoque au sein de la troupe allemande une belle pagaille : la cible touchée par le para est bourrée de dynamite. Quelques minutes plus tard, une formidable explosion secoue la commune : des centaines d'éclats brûlants arrosent les maisons et leurs habitants ; les fenêtres et les portes sont arrachées, les vitres pulvérisées.

Même s'il ne s'agit là que d'une coïncidence, cette explosion résonne comme un coup de gong. Début du round pour Amfreville : vers 18 heures, les premiers obus de l'artillerie américaine pleuvent, la Croix-Rouge allemande plie bagages et laisse la place à de vrais combattants qui entrent dans le bourg comme on monte en première ligne. Avec leurs blindés et leurs canons. Le 7 juin, des affrontements ont lieu un peu partout dans les hameaux proches : La Pesquerie, Le Sy, Les Helpiquets et d'autres lieux encore sont le théâtre d'affrontements féroces. Amfreville devient une place forte où les renforts affluent, où les cadavres s'alignent de plus en plus nombreux, où les prisonniers américains sont rassemblés par dizaines. C'est à partir de cette hauteur que la Wehrmacht veut stopper l'ennemi dans les marais et reprendre le contrôle de La Fière et du Merderet.

Dans la matinée du 7 juin, une fillette de dix ans est amenée à l'infirmerie de la cantine scolaire par son père, M. Le Marinel, cultivateur dont la ferme est à quelques dizaines de mètres de la chapelle de Cauquigny. A l'entendre, c'est l'enfer dans la plaine : parachutistes américains et fantassins allemands se battent avec sauvagerie : dans les « chasses », le marais, les fermes, le cimetière, dans l'église même. La fillette se cachait sous l'escalier du presbytère lorsqu'elle a été grièvement blessée par un éclat de grenade : « En bas, il se passe des choses. »

C'est peu dire. En fait, les affrontements de Cauquigny tiennent à la fois et successivement de *Règlement de comptes à O.K. Corral* et de la tuerie de masse.

A 6 h 30 du matin, tandis qu'à huit cents mètres de là, les premières escarmouches s'engagent autour de La Fière, le jeune Auguste Viel, vingt-deux ans, part traire ses vaches.

« Il y a des Américains dans tous les coins », prévient Le Marinel, son voisin, dont la fillette sera blessée quelques heures plus tard. Mais la nouvelle n'arrête pas Auguste. Il continue son chemin jusqu'au champ qui se trouve à deux ou trois cents mètres, de l'autre côté de la patte d'oie, le long de la route qui mène à Gueutteville et à Pont-l'Abbé. Auguste commence à traire en écoutant d'une oreille distraite la fusillade qui devient de plus en plus nourrie. Au point que sa mère s'inquiète. Au bout d'une demi-heure, elle l'appelle : il doit rentrer.

Peu après midi pourtant, le jeune fermier retourne finir son travail : il faut absolument soulager les bêtes de leur lait, les changer d'herbage également, car elles sont « au tiers »[1]. Mais quand Auguste veut rentrer, il se heurte à un rideau de soldats allemands qui le repoussent en hurlant des « Nicht ! Nicht ! » dont il a depuis longtemps appris la signification. La bagarre s'est engagée durement sur la chaussée arpentée en toute confiance par les alliés, maîtres précaires de La Fière, jusqu'au moment où la Wehrmacht, embusquée, s'est réveillée. Auguste n'a d'autre ressource que de trouver l'hospitalité chez Marcel Ferey, à moins de huit cents mètres de sa ferme. Il y restera bloqué trois jours, sans avoir la possibilité de rentrer chez lui. Déjà, aller traire quotidiennement les vaches relèvera de l'exploit :

« Avec d'autres cultivateurs, raconte-t-il, on s'obstinait. Mais on devait parfois s'interrompre précipitamment car les soldats se battaient trop près de nous. Les balles sifflaient de partout. Dans ces cas-là, on s'enfuyait en remontant le clos par le fond des fossés. »

A Cauquigny, sur quelques centaines de mètres carrés, c'est la fournaise : restés une dizaine d'hommes dans le cimetière, les paras sont délogés par les blindés. Dans le même temps, les Allemands contre-attaquent à plusieurs reprises pour reprendre possession de La Fière. En vain.

La mêlée dure trois jours et trois nuits. Hachée par les tirs d'artillerie, les tirs de mortiers et les rafales de mitrailleuses, Cauquigny devient une arène de feu. Tous les bâtiments brûlent. Chassés, les cultivateurs se réfugient les uns chez les autres, vont d'une ferme à l'autre, tandis qu'à quelques mètres, dans les maisons abandonnées, chez Lapierre ou chez Viel, dans les chemins et les taillis, les soldats se font sauter à la grenade, s'égorgent au couteau, s'étripent à la baïonnette.

Le 8 juin enfin, les troupes aéroportées américaines donnent l'assaut final. Un peu avant midi, Cauquigny tombe entre leurs mains. Une trentaine d'Allemands, retranchés dans la chapelle, se

1. « Mettre les bêtes au tiers » consistait à les enchaîner dans un herbage. Il fallait les changer de place plusieurs fois par jour pour qu'elles puissent se nourrir.

rendent. La bataille se déplace un peu plus haut, toujours aussi féroce, dans le hameau de Mottey. Le lendemain, la Wehrmacht tente une dernière contre-attaque qui échoue. Le 10, les alliés entrent dans Amfreville.

Les villageois sont heureux. Le matin.

L'après-midi, ils déchantent. Le bourg est pris sous un déluge d'obus. Les maisons brûlent, s'effondrent. Les habitants fuient à travers champs. René Ferey, sa femme et sa fille, balluchons à la main, se pressent dans les herbages, pataugent dans le marais. A la nuit tombante, les tirs et les bombardements deviennent si effroyables qu'ils doivent s'arrêter, se réfugier dans la « chasse au Pied d'enfer » qui longe la chapelle de Cauquigny. Ils sont quatorze à se blottir dans les fossés. Et là, c'est l'horreur.

« Nous sommes tombés dans un véritable charnier, se souvient Juliette Ferey. Il y avait deux cents, peut-être trois cents corps entremêlés, entassés, certains horriblement mutilés. Beaucoup d'Allemands. Pendant des heures, nous sommes restés parmi tous ces cadavres, mélangés à eux, les yeux sur leurs yeux vides, grands ouverts, à contempler leurs visages figés dans d'affreux rictus, à respirer l'odeur, l'épouvantable odeur de la mort... [1]. »

La famille Ferey parvient jusqu'à la ferme des Viel où elle passe la nuit. Puis, toujours à pied, Juliette et ses parents prennent la direction de Sainte-Mère-Église. Ils ne sont pas les seuls. Les habitants de Gueutteville sont également sur la route. Après quatre jours de cauchemar.

Massacre au café de Gueutteville

Au soir du 5 juin, Louis Marion, le fils de la maison âgé de dix-sept ans, ne dort pas. Il est debout dans sa chambre, l'œil collé à sa fenêtre. Estimant que décidément ce soir, « l'air ronronne sec », il tente d'apercevoir les avions. Louis a eu une journée peinarde, enfin presque. Comme d'habitude, son père l'a envoyé à sa place « planter les asperges ». Comme d'habitude, et sans trop se fatiguer, Louis et d'autres civils réquisitionnés ont creusé les trous

1. Ces deux ou trois cents cadavres allaient être « triés » quelques jours plus tard dans la cour de la ferme Viel. Auguste se souvient les avoir vus alignés côte à côte, « le visage noirci, desséché par le soleil ».

pendant que les Allemands abattaient et sciaient les arbres. Ils se sont bien amusés aussi. A chasser à coups de cailloux et de mottes de terre un essaim d'abeilles accroché dans un hêtre. Rendues furieuses, les bestioles se sont vengées sur une demi-douzaine de soldats méchamment piqués. La farce a failli mal tourner, mais après quelques engueulades bien senties, tout s'est finalement arrangé. Ensuite, Louis et son père sont revenus récupérer l'essaim pour le compte des grands-parents qui possèdent plusieurs ruches. Ils ont délogé les abeilles à l'aide d'une grande gaule, et celles-ci ont reformé leur essaim autour du bout de bois. Le temps d'aller les mettre à la ruche et Louis et son père sont rentrés à la maison. Vers 23 h 30.

Drôle de bruit sur le toit : « Comme si un truc rabotait les ardoises », se dit Louis Marion dont la chambre se trouve à l'étage. Mouvement de recul : « le truc » lui passe sous le nez, glisse le long de la façade, tombe dans la cour. Juste devant l'entrée. De derrière ses carreaux, Louis voit « le truc » se remettre très vite sur pied et trifouiller dans ses cordages pour larguer sa voilure : un parachutiste.

Louis ouvre sa fenêtre et se penche. Quelques mois auparavant, il a déjà vu deux parachutistes descendre du ciel, leur avion avait été abattu par la flak allemande. Ça recommençait : les Boches avaient eu le zinc et le pilote avait sauté. Bouche bée, les yeux écarquillés, Louis découvre son erreur : des dizaines et des dizaines de parachutes se balancent dans l'air et atterrissent en douceur autour de la maison.

« Rentre ! mais rentre donc ! »

C'est la voix d'Émile Marion, son père, qui a tout compris. Mais Louis ne parvient pas à s'arracher au fabuleux spectacle. Il en prend plein les yeux, plein son imagination aussi. Jusqu'au moment où les premières rafales de mitraillette le font revenir sur terre. Il obéit.

A quelques centaines de mètres de là, la famille Leridez est déjà en pleine panique. Depuis six mois, la ferme est occupée par les Allemands, soldats-bureaucrates de la compagnie. Guère virulents d'ordinaire, la vision des parachutistes dans le ciel les rend fous : ils tirent dans tous les sens et sur n'importe quoi.

Maurice Leridez et ses deux enfants, Jean-Pierre, dix-sept ans,

Port-Filiolet, juin 1944. Mme Laisney pose (ci-contre) avec un soldat américain.
1946, Sa fille, Yvette, épouse Gaston Alexandre. La mariée porte une robe taillée dans un parachute américain du 6 juin 1944 (ci-dessous).
1984. Yvette retrouve un des libérateurs du hameau (en bas). Tommy Horne tient le portrait du père d'Yvette, tué le 10 juin 1944 par un parachutiste américain, au cours d'une tragique méprise. *(coll. M. et Mme Alexandre)*

Yvette Alexandre a ressorti la « robe parachute » qu'elle avait elle-même confectionnée.
(Ph. Antoine Lorgnier)

Les hommes des marais : c'est dans une barque comme celle-ci, dissimulée au village de Feugrey, que Paul Mauger transportait les paras américains égarés dans les marais du Cotentin. Sur l'autre rive, Charles Lebruman (ci-contre) assurait la relève et guidait les alliés jusqu'à leur point de ralliement. *(Photos Antoine Lorgnier)*

Entre Chef-du-Pont et La Fière, la voie ferrée surnageait au-dessus de l'eau et servait de repère aux paras. C'est dans ce secteur que Paul Groult « courait » après les munitions larguées par conteneurs, pour ravitailler les paras de la 101e Airborne. *(Ph. Antoine Lorgnier)*

Marguerite Lagouche, devant La Minoterie, à l' endroit même où le général allemand, Wilhelm Falley, fut abattu par les hommes de Malcolm Brannen. *(Ph. Antoine Lorgnier)*

Prise par un correspondant de guerre, cette photo portait la légende suivante : « Un GI de la 82e Airborne aide une jolie jeune femme à porter ses affaires. » Il s'agissait de Mme Digeon et du petit Jacques Birette qui, le 8 juin, profitent d'une accalmie pour évacuer Sainte-Mère-Eglise. Malgré le danger, les Américains ont souvent fait preuve d'une étonnante décontraction. *(Ph. US Army. Coll. Floréal)*

Sainte-Mère-Eglise, nuit du 5 au 6 juin. Réfugiés dans leur tranchée, au fond du jardin, M. Monnier (ci-contre), vétérinaire, sa femme et sa fille (en bas) furent les témoins d'un étonnant face-à-face entre un soldat allemand et un parachutiste américain. *(Coll. M. et Mme Flais)*

Les retrouvailles, quarante ans plus tard, entre Maughan, le parachutiste, et Georgette, la jeune fille de la tranchée. *(Coll. M. et Mme Flais)*

7 juin 1944. Pique-nique improvisé à Sainte-Mère-Eglise, en compagnie de soldats américains, dans le jardin de la maison Simon, en partie détruite par les tirs d'obus. Le père Simon est en arrière-plan ; devant lui, son fils, Michel, qui allume une cigarette. Les deux jeunes garçons sont Henri-Jean et Paul, les fils du maire de l'époque, Alexandre Renaud. A droite, Mme Simon et sa fille.
(Ph. US Army. Coll. Floréal)

Sainte-Mère-Eglise. Plusieurs prêtres concélèbrent la messe au cimetière américain. *(Ph. US Army. Coll. Floréal)*

Au lendemain du débarquement, plusieurs magazines américains parurent en France. Ainsi *Voir, Images d'aujourd'hui.* Cette photo, publiée dans un des premiers numéros de *Voir,* portait cette légende : « Des morts américains reposent ici. Des Français ont pieusement recueilli les noms de ceux qui sont tombés. » Il s'agit du docteur Rivière et de sa fille dans un des cimetières de Sainte-Mère-Eglise. *(Coll. Bernardin Birette)*

La restauratrice de Sainte-Mère, Jeannette Legoupillot-Pentecôte *(Ph. Sylvain Fillastre)*, reconnaît sa sœur et ses amis sur ce cliché pris par les Américains le 14 juillet 1944. Elle-même se trouvait à côté du photographe et n'osa pas poser en compagnie des autres enfants qui entourent la batterie de la fanfare américaine. Parmi eux : Mimi Legoupillot, Michel Lemière, Eliane Lecœur, Yvette Brichet, Irène Jamard, Julienne Jouan, Jacqueline Simon. Ainsi que Mmes Juliène Lemière et Crestey. *(Ph. US Army. Coll. Floréal)*

et Anne-Marie, treize ans, se ruent dans la cour, s'engouffrent dans l'abri creusé sous le gros acacia, tirent la grande tôle au-dessus de leur tête et se font tout petits. Ça ne suffit pas. Dans un fracas épouvantable, un parachutiste tombe sur l'acacia, dérape sur la tôle et se retrouve dans le trou, au milieu des réfugiés. Frayeur. La maison grouille de soldats allemands et l'abri n'est qu'à une dizaine de mètres de la porte d'entrée. Maurice Leridez tente d'expliquer à l'Américain dans quel guêpier il s'est fourré. Pas facile : le para ne comprend pas le français et lui-même ne connaît pas le moindre mot d'anglais. Si les Allemands le trouvent lui et ses enfants avec un parachutiste, ils ne feront pas la différence. Mieux vaut encore rentrer dans l'habitation. Les trois civils se hissent hors du trou, s'apprêtent à pénétrer dans la cuisine, mais stupéfaits, s'aperçoivent que le para les suit. Il n'a rien compris ! Maurice Leridez est désespéré. S'il fait irruption dans la cuisine, ils courent droit au carnage. Il prend l'Américain à bras-le-corps, le pousse dans le jardin. C'est là qu'il doit se cacher. Cette fois, le para obtempère, disparaît dans la nuit. Il ne fera pas trente mètres sur le sol français : après avoir poignardé un soldat allemand surpris dans le jardin, il sera abattu à son tour.

La famille Marion reste enfermée le reste de la nuit dans la ferme. Les premières lueurs du jour rendent les ombres moins inquiétantes et les bruits plus distincts ; bientôt ils les voient : regroupés à une bonne douzaine dans un petit champ de quarante ares à peine. Les paras ne recherchent aucun contact, ne demandent aucun renseignement, ne donnent aucune explication. Ils tournent autour des bâtiments, entrent dans la cour, ressortent par le jardin, patrouillent sur quelques dizaines de mètres de bitume, font sauter un poteau électrique, semblent être en position d'attente. Les Marion aussi. Qui ne bougent pas pendant plusieurs heures, restent cloîtrés. Quand ils se risquent enfin à faire quelques pas dehors, c'est pour constater qu'apparemment il n'y a plus aucun soldat allemand dans les parages.

Ils ont tort. Leur ferme — un ancien moulin, le moulin d'Ebecquigneul — se trouve dans le « bas » du village de Gueutteville, au bord de la route. Nous sommes à deux kilomètres du pont de La Fière, à mille mètres de Cauquigny. Ce que les Marion vont vite découvrir, et les autres villageois avec eux, c'est que Gueutteville est coupée en deux : les Américains dans le bas, la Wehrmacht dans le haut. Dans l'après-midi du 6 juin, les renforts allemands surgissent. Appuyés par quatre chars, quatre vieux Renault, ils viennent de La Haye-du-Puits pour repousser l'envahisseur au-delà de La Fière. Le décor et les acteurs sont en place. La tragédie peut commencer.

Mardi 6 juin

Tôt le matin, le café-épicerie du père Touroude a été transformé en infirmerie. C'est un modeste bistrot de campagne, installé dans le bas du pays lui aussi, tassé au fond d'un chemin qui descend vers les marais après avoir quitté la grand-route. L'un des planeurs de la 82e Airborne s'est planté dans une prairie toute proche, à une centaine de mètres du troquet. Il y a eu de la casse, et une douzaine de paras, membres brisés, ont été transportés par leurs camarades valides dans la salle du café où ils gisent, alignés, à même le sol.

Certains blessés, grièvement touchés, endurent un véritable martyre. Au point que l'aumônier-infirmier estime en conscience qu'il ne peut les laisser dans cet état, que certains d'entre eux vont mourir s'ils ne sont pas secourus.

« Les Allemands disposent-ils d'une infirmerie dans les parages ? » demande-t-il au père Touroude.

Pas d'infirmerie, répond le patron du café. Par contre, le QG de la compagnie allemande basée à Gueutteville se situe dans une ferme, un peu plus loin, en haut de la côte. L'aumônier n'hésite pas. Sous les yeux des civils héberlués, il s'engage franchement sur la route, déterminé à demander l'aide d'un médecin de l'armée allemande. Désarmé, sans casque, son brassard de la Croix-Rouge bien visible, serré autour du bras.

Quelques minutes plus tard, l'aumônier revient accompagné d'un commandant allemand. Ils entrent tous deux dans le café, et après avoir fait constater la gravité des blessures de plusieurs hommes, l'Américain demande à l'officier l'assistance d'un médecin. L'Allemand reste évasif, paraît vouloir prendre un temps de réflexion. Mais plusieurs civils notent qu'il accorde une attention soutenue au matériel que les paras ont extrait de leur planeur et entreposé dans l'épicerie qui jouxte le bistrot : il y a là un émetteur-récepteur radio, des armes, des munitions.

Les deux hommes sortent du café, marchent ensemble sur la route et se séparent en haut de la côte, non loin du QG. L'aumônier revient seul vers le café. Il n'a pas fait trente mètres qu'il est abattu dans le dos. Sous les yeux horrifiés de plusieurs habitants, les soldats allemands se dirigent tranquillement vers le cadavre et le poussent dans un fossé rempli de purin.

Vers 15 heures, c'est le déclenchement de la contre-offensive allemande. Les blindés progressent, puis s'arrêtent à quelques mètres du café. Entre-temps, les habitants ont fui. Les Touroude et leur fils Bernard ont quitté leur établissement où il ne reste plus désormais que la douzaine de parachutistes blessés.

Les chars font feu à trois reprises. Trois coups au but. La toiture de tuiles rouges vole en éclats, les murs en terre battue s'écroulent, la maison s'effondre. Nuage de poussière, silence pesant. Puis, sous les décombres, des gémissements, des hurlements. Il y a encore des vivants.

On se bat maintenant férocement tout autour de Gueutteville. Dans les marais, les vergers, les pâturages. C'est une guerre d'Indiens, une guerre de coups de main et de guet-apens où l'on se tue à bout portant. Tout en creux et bosses, l'espace est haché d'une multitude de parcelles, de clos minuscules cernés de haies vives, de murs d'aubépines. Dans les champs, les foins ne sont pas coupés. L'ennemi est invisible, et quand il vous tombe dessus, il est souvent trop tard.

La famille Marion met quelque temps avant de se rendre à l'évidence. On ne croit pas facilement ces choses-là. Ça n'arrive qu'aux autres. Ou alors dans les livres, les films, ou les cauchemars. Mais se retrouver dans un stand de tir, sur la trajectoire des balles, finit par vous assombrir le caractère. Les Marion sont coincés dans un périmètre de sang et de mort, bringuebalés dans une mêlée guerrière inextricable. Où sont les vainqueurs et les vaincus ? Qui avance et qui recule ? Trop occupés à sauver leur peau, ils n'approfondissent pas la question.

Et puis, il y a les bêtes. Guerre ou pas guerre, on ne peut les abandonner. Malgré le père Touroude qui les conjure : « N'y va pas Émile, n'y va pas, tu vas te faire tuer ! », Louis et son père vont chercher leurs vaches dans un herbage situé à deux kilomètres de la ferme. Deux kilomètres, c'est trop éloigné, il faut les rapprocher. Quand ils reviennent, poussant le troupeau devant eux, ils tombent en pleine bagarre : les Allemands sont à leur gauche, dans les jardins, et les Américains à droite, dans les fossés. Le troupeau entre dans le clos. Après vingt mètres, une vache s'écroule, foudroyée par une balle. Grand galop. Pour les animaux et pour les hommes. « Je n'ai pas pris la peine de refermer la barrière derrière moi », dit Louis Marion.

La famille Marion quitte le moulin d'Ebecquigneul trop exposé. Elle passera désormais ces nuits plus haut dans le village, dans la ferme qui servait de QG à l'état-major germanique. Celui-ci s'est regroupé dans les anciens bureaux administratifs, à la ferme Leridez [1]. Mais les Marion reviendront chez eux le lendemain, au jour. Pour travailler.

Mercredi 7 juin

Tôt le matin, Louis et ses parents sont donc de nouveau au moulin. Les Allemands sont redevenus maîtres du terrain, occupent la totalité de la ferme, jusqu'à la chambre à coucher des propriétaires où les deux officiers qui commandent le détachement dorment à tour de rôle. Un détail frappera le jeune Louis : dans les jours qui suivront, et malgré les circonstances, les Marion trouveront toujours leur lit impeccablement fait.

Les seuls Américains qui restent au moulin d'Ebecquigneul sont des prisonniers : quatre-vingts environ, parqués dans la grande étable, assis par terre, chaussures enlevées, dépouillés.

Toute la nuit, les villageois de Gueutteville ont entendu les plaintes des blessés qui survivent toujours sous les décombres du café Touroude. Mercredi matin, après un premier refus, les civils reçoivent l'autorisation de les secourir. A condition que les rescapés soient transportés au moulin d'Ebecquigneul et mis avec les autres prisonniers.

Émile Marion et son fils attellent leur âne à une carriole et se rendent sur place. Sauvés de l'écrasement par l'enchevêtrement des poutres, plusieurs parachutistes vivent encore et peuvent être dégagés. Mais pour le plus grand nombre, il n'y a plus rien à faire. Pour le jeune Louis qui déblaie gravats et éboulis avec les autres civils, c'est le premier contact physique avec la mort. Il n'oubliera

1. Selon Louis Marion, l'officier allemand responsable de la mort de l'aumônier américain eut la gorge tranchée par un parachutiste alors qu'il se rendait à la ferme Leridez.

jamais : « Soudain déséquilibré, je dus faire un pas en arrière pour ne pas tomber. Mon pied passa au travers des pierres, tomba dans un trou et s'enfonça dans quelque chose de mou : c'était un corps. »

Les bêtes. Maintenant qu'elles se trouvent dans un clos tout proche, le danger paraît moins grand. Émile et Louis commencent à traire tranquillement leurs vaches. La patrouille allemande qui arpente la route ne les inquiète pas trop, mais la vingtaine de parachutistes qui, masqués par la haie, s'apprêtent à attaquer, si. Cette fois, Louis prend peur. Ils vont se trouver au cœur de l'affrontement. A force de tenter le diable, ils finiront par le fréquenter d'un peu trop près.

« Eh terminé ! lance-t-il à son père qui ne s'est encore aperçu de rien. Je ne sais pas si tu vois ce qui se passe là-bas, mais si on reste là, on va passer à la casserole ! »

Les deux cultivateurs laissent tout tomber. Les vaches, les seaux, le lait. Ils ne reviendront plus traire.

Jeudi 8 juin

La famille Marion est toujours « allemande », mais les paras n'ont pas décroché, continuent de se battre, de harceler l'ennemi. Dans la seule journée de jeudi, le père Travers les côtoie à plusieurs reprises, et de très près. Il ne le fait pas exprès. Ce vieux paysan de soixante-dix ans continue de nourrir ses trois vaches dans la tradition : « au tiers ». Il les change fréquemment de place. Mais outre ses vaches, il trouve dans l'herbage un commando de paras américains embusqués qui cherche à extorquer quelques renseignements au brave homme. Lequel ne comprend absolument rien aux questions des parachutistes. Il est là pour changer ses vaches de place, il les change de place, le reste...

Mais le lieutenant allemand à qui le père Travers doit théoriquement demander la permission de se rendre dans son champ n'en croit rien. Toutes ces allées et venues ne sont qu'un prétexte pour communiquer avec les Américains. Il trahit.

« Vous connaissez le monsieur qui habite la maison juste après notre bureau ? » demande le lieutenant au couple Marion.

« Le monsieur âgé ?

— Oui... Eh bien j'ai donné l'ordre de le fusiller ! »

Le lieutenant donne ses raisons ; les Marion sont atterrés : le père Travers est incapable de transmettre le moindre renseignement aux Américains, plaident-ils : c'est un vieux bonhomme totalement illettré, qui se fout de la guerre, des Allemands ou des Américains. Seules comptent pour lui la terre et ses bêtes.

L'officier ne veut rien savoir. Il sera fusillé. Une patrouille se met en route. Parvenus devant la maison du condamné, les soldats enfoncent la porte à coups de crosse. Émile Marion et sa femme entendent des coups de feu. Ils sont catastrophés, persuadés que le vieil homme a été abattu.

Une dizaine de jours plus tard, ils reverront le père Travers en pleine forme, sans la moindre égratignure !

« J'étais pas chez moi, rigolera-t-il. Et puis, ils avaient peur, ils voyaient des Américains partout. Ils n'ont pas traîné ! »

Vendredi 9 juin

Aux avant-postes de Gueutteville, le moulin d'Ebecquigneul est devenu camp retranché. Les Allemands tiennent bon. Cela se joue à quelques maisons, à quelques hectares de terre, à quelques haies, quelques talus conquis ou abandonnés. Les patrouilles qui, toutes les dix minutes, sortent de la ferme, ne vont pas bien loin. Éparpillés dans le bocage, les paras les attendent. Mais les paras, ce n'est rien : ils se sont accrochés au terrain, ont défendu âprement chaque pouce de terrain pour tenir leur tête de pont. Ils vont désormais être relayés par les renforts aéroportés, arrivés par planeurs. Et derrière encore, l'infanterie, débarquée à Utah Beach, trace sa route, avec ses chars et son artillerie. La troupe américaine piétine sur les rives du Merderet. Le moulin se trouve aux premières loges. Dans le lointain, on entend quelques coups de canon. Plus proches, quelques rafales de mitraillette et quelques grenades qui explosent. Sur la route, Louis presse le pas. Ce matin encore, avec sa mère et une employée, il vient travailler à la ferme. C'est une journée ordinaire.

Les fumigènes qui tombent dans la cour apportent la preuve du contraire. En quelques secondes, un brouillard suffocant enveloppe le moulin. Aveuglés, Louis, sa mère et l'employée refluent vers l'habitation, butent sur l'un des deux commandants de la place forte qui s'apprête à sortir. Il vient de descendre du dernier étage, de sa tour de guet. Par une petite fenêtre, il a vu s'avancer sur la route le désastre annoncé : l'infanterie américaine donne l'assaut.

Il est calme, prévenant, s'exprime d'une voix posée :

« Il faut partir ou vous coucher. Car grand danger pour vous ici. »

Il n'a pas terminé sa phrase que déjà la bataille s'engage. Fuir. Mais de quel côté ? Les obus de mortier pilonnent les bâtiments, les champs, la route, les trois civils se sentent pris au piège, tournent dans la cour, cherchent désespérément une sortie. Des séquences de mort se fixent à jamais dans l'esprit du jeune Louis : il voit un soldat allemand tomber de l'arbre d'où il tirait. En entend deux autres, cachés dans le poulailler avec leur fusil-mitrailleur qui leur crient :

« Non, non, ne sortez pas ! »

Ils font demi-tour, contournent la maison. Derrière, c'est la débandade pour les hommes de la Wehrmacht. Un pont qui s'effondre leur coupe la retraite. Ils abandonnent leurs blindés légers à chenillettes, plongent dans le marais avec des fagots de bois auxquels ils s'accrochent. D'autres courent carrément au suicide, se découvrent sur la route où les tireurs américains les ajustent un par un.

Louis et les deux femmes passent à travers les clos et à travers les balles, déboulent dans le grand abri de la ferme Dumouchel, creusé derrière le garage. Une vingtaine d'habitants s'y trouvent déjà, qui tous, croyants et incroyants, s'abîment en prière. Les chapelets s'égrènent à une vitesse folle : « Tous les signes de croix étaient déchaînés », se souvient Louis Marion.

Les heures qui suivent sont terribles. A tout instant, au milieu des hurlements et des vociférations des guerriers, les réfugiés attendent l'obus ou la grenade qui va les tuer.

Les forces américaines submergent Gueutteville. Repoussés dans le haut du village, les Allemands résistent avec acharnement, se battent pied à pied, jusque dans les maisons, d'une pièce à l'autre.

Vaincus, les Allemands sont pourchassés, traqués. Gueutteville est « nettoyée ». Les pleurs et les cris du jeune soldat qui s'effondre au pied de l'escalier menant à sa chambre s'incrustent dans la mémoire d'Anne-Marie Leridez et de ses treize ans :

« Anne-Marie, Anne-Marie, laisse-moi monter ! J'ai des enfants moi aussi. J'ai peur, j'ai peur... »

« Cinquante ans après, avoue-t-elle, j'ai toujours ses mots dans la tête. »

Le cauchemar s'achève. Mais Gueutteville n'en a pas encore fini avec la guerre. Le dimanche soir 11 juin, vers 20 h 30, les GI's ordonnent aux habitants de vider les lieux. Motif : des francs-tireurs allemands continuent de harceler la troupe, il faut évacuer.

« Vous devez partir, annonce brutalement le porte-parole de l'armée américaine. Direction Sainte-Mère-Église. Tous les civils qui seront trouvés ici à partir de 22 heures seront fusillés ! »

Les villageois se rassemblent, partent à pied pour Sainte-Mère où l'église les accueillera pour la nuit. C'est la route de l'exode. Il n'y a pas seulement les habitants de Gueutteville, mais également ceux d'Amfreville, des dizaines de familles chassées de leurs hameaux et de leurs fermes : on y retrouve la famille Ferey, Bien-Aimé Digeon et sa jeune épouse :

« Amfreville-Sainte-Mère à pied, se souvient-il, vous parlez d'un voyage de noces ! »

Abasourdis, ils découvrent la route de La Fière comme ils ne l'ont jamais vue, comme ils ne la reverront jamais plus. C'est la route des morts. A Cauquigny, autour de la chapelle. Sur le Merderet, autour du pont. Le marais est un cimetière...

« Nous étions hébétés, raconte Louis Marion, comme doivent l'être des prisonniers qui sortent du cachot et qui revoient le jour. Nous avions vécu toute cette folie sur cinq cents mètres, entre deux ou trois fermes. Hors de cette enceinte, nous ne savions rien, nous ne pensions à rien. Et maintenant, il y avait tous ces cadavres devant lesquels nous défilions lentement en cortège. Pour la première fois, nous eûmes conscience que l'enfer n'avait pas été que pour Gueutteville, que les villages voisins avaient forcément connu le même sort. »

Ils vont à Sainte-Mère-Église dont ils ignorent l'épopée.

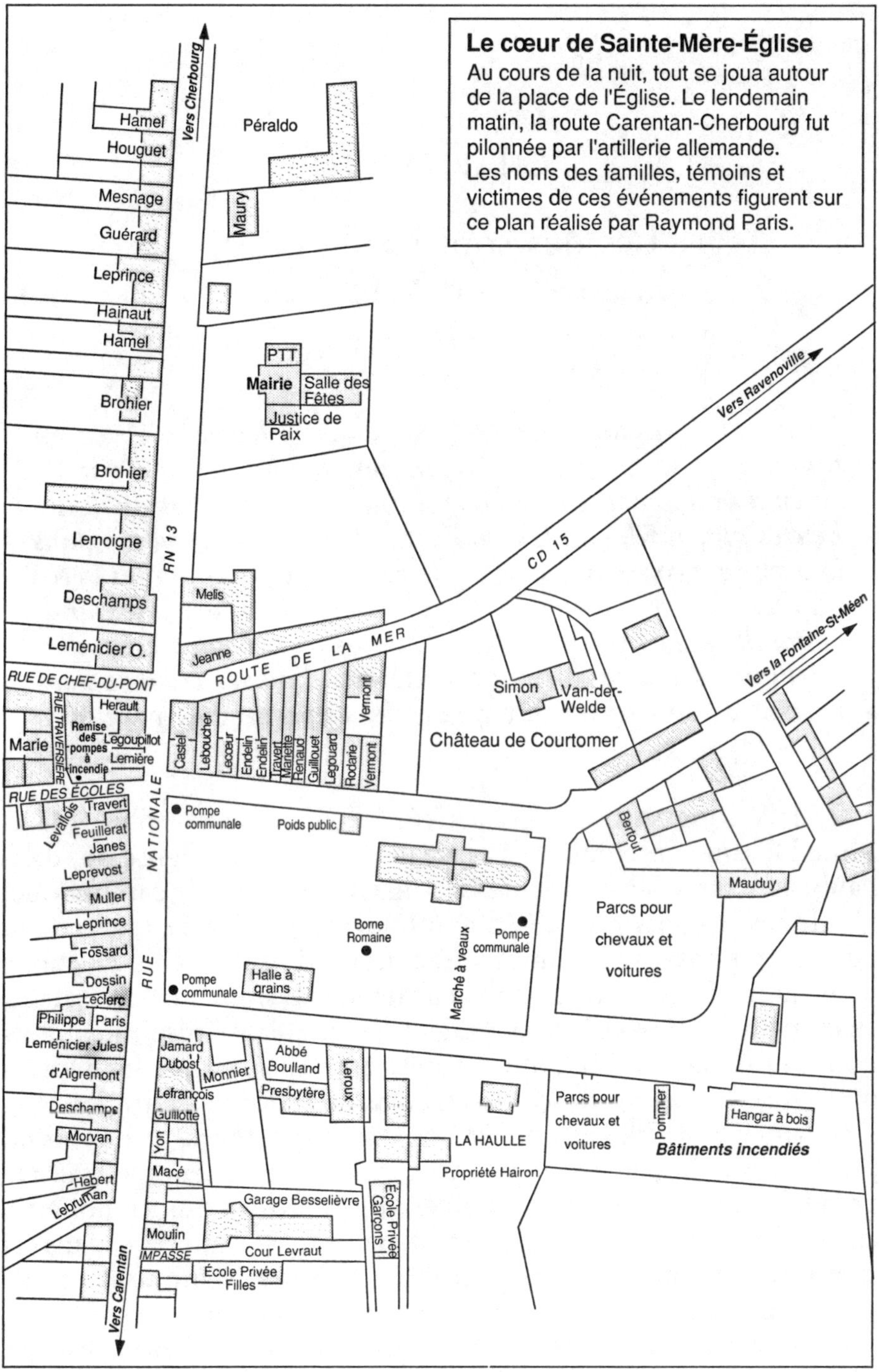

Le cœur de Sainte-Mère-Église

Au cours de la nuit, tout se joua autour de la place de l'Église. Le lendemain matin, la route Carentan-Cherbourg fut pilonnée par l'artillerie allemande. Les noms des familles, témoins et victimes de ces événements figurent sur ce plan réalisé par Raymond Paris.

CHAPITRE IV

Les dés sont sur le tapis, la guerre sur Sainte-Mère

Sainte-Mère-Église entre de nuit dans la légende. Avec un fourre-tout d'images hallucinantes, immortalisées par le cinéma hollywoodien de Darryl Zanuck. Mais c'est quelques heures plus tard, en plein jour, que le cauchemar surgit dans la première commune libérée de France : chassés par les héros tombés du ciel, repliés à Fauville, les artilleurs allemands endeuillent la liesse populaire. Tandis que, depuis Neuville-au-Plain, distante de cinq kilomètres, d'autres troupes s'apprêtent à reprendre coûte que coûte la petite ville perdue.

« Mais comment sont-ils arrivés ? » A peine réveillés, M. et Mme Dossin contemplent la place de Sainte-Mère-Église où, dans l'aube naissante, se baladent des soldats à semelles de caoutchouc. Quelques instants plus tôt, Raymond Paris et Pierre Leclerc ont fait irruption dans la chambre du couple. Il était à peine 5 heures, le 6 juin. Sainte-Mère était en liesse. Les habitants riaient, chantaient *la Marseillaise,* sortaient les drapeaux, respiraient l'air nouveau de la liberté. Tout à coup, on s'aperçut que les Dossin n'étaient pas là. « Si ça se trouve, ils dorment toujours », s'exclamèrent les voisins. C'est comme ça que Pierre et Raymond prirent l'échelle pour grimper, côté cour, jusqu'à leur fenêtre. De grands coups aux carreaux réveillèrent M. Dossin qui, en liquette, alla ouvrir. Sans un mot, les deux intrus sautèrent dans la chambre. On imagine la réception : « Voyous, venir nous réveiller comme ça, à cette heure-là... C'est une honte.

— Regardez dehors », firent simplement les visiteurs, sûrs de leur effet. Mais le couple ne voulait pas bouger. Refusait d'obéir à ces deux énergumènes excités.

Les « énergumènes » finirent pas lâcher l'info :

« Les Américains !

— Vous n'êtes pas un peu fous ! »

Raymond et Pierre durent insister pour qu'ils s'approchent enfin de l'autre fenêtre. Celle qui donnait directement sur la place.

« Mais comment sont-ils arrivés là ? » murmurèrent les Dossin. Comme si ces nouveaux hommes venaient d'une autre planète...

En quelques instants, cette nuit-là, Sainte-Mère-Église a changé de « nationalité ». Flash-back...

22 heures, le 5 juin. Un clerc de notaire de vingt ans est allongé sur son lit. L'air est doux, la fenêtre ouverte[1]. Mains croisées derrière la tête, Raymond Paris laisse vagabonder ses pensées. Cette soirée a pour lui quelque chose de magique. Antonin Maury, l'électromécanicien, lui avait confié fin 43 :

« Si à la BBC tu entends " Les dés sont sur le tapis ", le débarquement sera imminent. » A l'écoute de son petit poste à galène, Raymond Paris a espéré pendant des mois. En vain.

Jusqu'à ce soir.

« Les dés sont sur le tapis... »

Comme un fou, il s'est précipité vers ses parents :

« Ça y est, ça y est !

— Mais quoi ? a demandé son père.

— Le débarquement ! »

Discussion passionnée sur trois thèmes : où ? quand ? comment ? Puis, fatigués d'aligner les hypothèses à l'infini, les parents sont allés se coucher. Raymond, lui, s'est jeté tout habillé sur le lit pour se perdre dans ses rêveries.

L'appel de ses amis, Marcel Mauduit et André Blandin, le fait sursauter : « Raymond ! Raymond ! »

Le jeune homme se rue à la fenêtre :

« Viens vite, il y a le feu chez Julia. »

Les arbres touffus masquent la maison, mais il distingue très nettement les lueurs de l'incendie, de l'autre côté de la place. Le

1. A cause du vent d'ouest, la mer était agitée. Mais à l'intérieur, les civils sont unanimes : il faisait bon... pour des Normands.

cœur du bourg a la forme d'un grand rectangle. Une arène de plein air pour les jours de marché ou les sorties de messe. Les rues qui l'entourent n'ont pas de nom propre : elles sont sur la place et ça leur suffit. C'est ici que tout se joue aux premières heures du jour J.

Il y a le feu chez Julia Pommier, une vieille demoiselle. Raymond en oublie tout, le message, la BBC, le débarquement.

Le jeune homme dévale l'étage qui le sépare de la chambre de ses parents. Il réveille son père, pompier volontaire.

Un autre sapeur, Marcel Marie, est alerté à son tour : il court sonner le tocsin à l'église. Puis les hommes récupèrent une des deux pompes à bras entreposées dans le local « incendie » rue des Écoles. M. Castel arrive en renfort. Ils sont alors cinq à pousser et à tirer la pompe. La rue monte, le petit groupe avance pourtant au pas de charge, tourne le coin de la place. Et là, s'arrête un instant pour souffler. L'engin pèse son poids.

Roulement énorme. Les avions surgissent au-dessus de leurs têtes. Ils volent tellement bas qu'ils paraissent sortir de derrière les maisons. Raymond Paris et ses amis se jettent au sol contre la barrière de M. Monnier, le vétérinaire. Ils ont le temps de voir pour la première fois les bandes blanches sur les ailes[1]. Les appareils sont en formation serrée. Ils vont sûrement lâcher leurs bombes. Peut-être même sur Sainte-Mère.

De l'autre côté du mur, la famille Monnier éprouve la même crainte. Georgette, seize ans, est avec ses parents, « enfoncée » jusqu'aux épaules dans la tranchée creusée au fond du jardin. Tout à l'heure, ils ont vu Werner, leur locataire allemand, ouvrir soigneusement les fenêtres du couloir, pour éviter que les carreaux ne cassent. Depuis il a disparu.

Quinze jours auparavant, Sainte-Mère comptait encore de nombreux Allemands. Une armée disparate de fantassins et d'artilleurs. Composée de Germaniques mais aussi d'étrangers, Mongols et Géorgiens, au comportement inquiétant. Ils campaient aux alentours, sillonnaient sans cesse les rues de la ville. Puis tout ce déploiement de force s'était déplacé, ne laissant qu'une centaine de soldats de la flak, logés chez l'habitant. La

1. Trois bandes blanches sur les ailes : le signe de reconnaissance des avions alliés.

plupart d'entre eux rentraient du front russe, usés, souvent malades, parfois éclopés. Le lieutenant Werner avait survécu au cauchemar glacé. Il était tout le contraire d'un seigneur de la guerre : discret, effacé même, il se comportait en étranger bien élevé, se contentant de rentrer le soir dans sa chambre réquisitionnée.

La maison Pommier flambe, la cloche sonne, les avions vrombissent. Georgette pense aux confidences de la religieuse. La veille encore, elle était au pensionnat du Bon-Sauveur à Saint-Lô. Un professeur l'avait raccompagnée. Officiellement, parce qu'elle avait terminé les épreuves du baccalauréat. Mais au moment de descendre de voiture, la sœur lui avait soufflé : « C'est ce soir le débarquement[1]. »

Les cinq pompiers se relèvent et stoppent la machine près de la maison en flammes. Ameutées par le tocsin, surveillées par des soldats en armes, une soixantaine de personnes font déjà la chaîne entre le brasier et la fontaine qui coule sur la place.

Deuxième vague d'avions au ras des toits. Les Allemands s'affolent, tirent en l'air. Comme par magie, la chaîne s'immobilise. La panne des esprits, des énergies, dure quelques secondes. Puis la lutte reprend. Troisième vague, deux minutes après. Cette fois, les flammes éclairent un fabuleux spectacle. Par les portes ouvertes, des formes basculent, s'épanouissent et se multiplient dans le ciel rougeoyant. Français et Allemands comprennent en même temps. La stupéfaction paralyse les civils et électrise les soldats.

Raymond Paris se secoue, monte sur un muret. Des dizaines de parachutistes tombent sur la place, dans les rues et dans les cours. Il se redresse et crie : « C'est le débarquement ! »

Un para fait son roulé-boulé juste à côté de la fontaine. Maury et son copain Delœuvre l'aident à se dégager. Un Allemand pointe son arme dans leur direction. Instinctivement, Raymond abaisse le canon du fusil et hurle : « Nicht civils ! »

Miracle : le soldat ne tire pas et le para disparaît.

1. La religieuse était membre de la résistance.

Scènes de folie, scènes de tueries : dans un bruit de branches cassées, un para se perd dans un arbre et reste suspendu à deux mètres du sol. Les Allemands le repèrent : abattu.

Quelques secondes plus tard, un autre s'accroche dans un acacia : abattu. Un troisième s'emmêle dans les fils électriques près de la maison du photographe : abattu. Tout comme celui qui tombe sur le toit de l'abattoir du boucher : les Allemands, dans la cour intérieure, le guettent, l'attendent, le visent.

La place est devenue un théâtre hallucinant, traversé d'ombres furtives. Un théâtre de fureurs, de clameurs, où claquent les armes et gémissent les blessés. Avec, pour marteler la mêlée sanglante, le lugubre tocsin à deux tons.

« Les dés sont sur le tapis », la guerre sur Sainte-Mère-Église.

Le ciel est en son et lumière. Fascinée, Georgette Monnier fixe l'homme qui oscille, grossit, descend à travers les balles traçantes. Il va tomber tout près. Dans la cour du garage ou le jardin des Monnier ? Le para « choisit » le jardin. Il ripe sur le bord de la tranchée, bascule sur les épaules du vétérinaire. Son parachute est resté coincé sur le mur, il coupe les suspentes avec son couteau.

Les Monnier n'ont pas le temps de se réjouir. Werner, le « locataire » allemand, jaillit de la nuit. Le nez au ras de la terre, ils ne voient d'abord que ses bottes, puis le fusil pointé vers le parachutiste, prêt à faire feu.

« Ne tirez pas », crie M. Monnier en allemand.

Sur fond de tumulte, un silence de quelques secondes. Puis :

« Alors, il est mon prisonnier », décide Werner. Il s'adresse au vétérinaire qui traduit en français. Georgette, elle, passe le message en anglais. Dialogue en trois temps.

Tout le monde sort de la tranchée.

Sans précipitation l'Américain vide ses poches. L'Allemand confisque armes et grenades. Puis, tout aussi tranquillement, le para déplie une carte, demande où il se trouve.

« Sainte-Mère-Église, lui indique Georgette.

— C'est bien là que je voulais aller. » Il remercie chaleureusement M. Monnier pour son intervention et ajoute :

« Je savais que si je réussissais à atteindre Sainte-Mère, je serais sauvé. » Ensuite, commence la distribution : cigarettes pour les deux hommes, chocolat et chewing-gum pour tout le monde.

Au cœur de la mêlée, derrière la barrière comme derrière un rideau, se joue alors un stupéfiant huis clos :

« Nous étions vraiment dans un monde à part, se souvient aujourd'hui Georgette. Dans une bulle. »

Les heures passent, presque irréelles. Face à face, l'Allemand et l'Américain communiquent par Français interposés. Un échantillon de guerre sur quelques mètres carrés.

Aux premières lueurs de l'aube, Werner décide d'aller aux nouvelles. L'Américain lui a affirmé, sûr de lui : « Nous devons prendre Sainte-Mère-Église. Un régiment de ma division est en route. D'ici quelques heures tout sera terminé. »

Le para bluffe-t-il ? Werner traverse la maison, observe la place depuis la porte d'entrée. Il revient et, sans émotion apparente, il admet : « Il n'y a que des Américains. Les rôles sont inversés, je suis maintenant votre prisonnier. »

Georgette traduit, l'Américain désarme l'Allemand, casse son fusil. Le soldat demande au para de se comporter comme il vient de le faire lui-même et de l'épargner. Puis sollicite une faveur :

« Je ne suis pas bien habillé. J'ai dans ma chambre ma tenue de sortie et j'ai aussi un litre de lait. Avant de partir je voudrais mettre ma tenue et boire mon lait.

— Okay, répond l'Américain. Mais je vous accompagne et Monsieur aussi. »

Ils montent : le soldat, le para, le vétérinaire. Werner s'habille et boit, derniers gestes d'homme libre. Le para emmène le prisonnier. A cet instant, le vétérinaire a le réflexe de regarder son nom cousu sur le blouson. Il s'appelle Maughan.

« C'est un Todt [1] qui l'a abattu. » La mère de Raymond Paris a vu la scène. Le jeune clerc vient de buter dans un corps étendu. Il rentre chez lui en compagnie de son père et d'un voisin, Jules Leménicier. Quelques instants plus tôt, en plein chaos, le maire, Alexandre Renaud, a donné le signal de dispersion. La chaîne a

1. Les habitants de Sainte-Mère appelaient les Allemands les « Todt » — allusion à la formation paramilitaire allemande, chargée de l'exécution, dans le Reich et les territoires occupés, des travaux d'équipement et de fortification, ou les « Caca d'oie », en référence à la couleur des uniformes.

donc été rompue. Le corps barre la route face à la boutique de M. Jamard, le coiffeur.

« C'est un parachutiste, un noir, il est mort. » Les trois Normands transportent le cadavre un peu à l'écart, sur l'aire cimentée du marché aux poissons où sont garés des camions gazogènes. Ils le déposent dans un des véhicules et le recouvrent de son parachute.

Raymond monte dans la chambre de ses parents. De la fenêtre, tous trois contemplent la maison qui brûle toujours[1]. Mais il règne désormais sur la place un calme étrange. Plus un tir, plus un cri. Plus un para. Seules des voilures vertes, rouges, bleues, jaunes pendent des arbres.

Quelques Allemands courent dans ce désert, se croisent, font résonner le fer de leurs bottes. Ils se regroupent à l'angle sud-ouest de la place, tournent devant la maison des Paris et disparaissent sur la route de Fauville. Le jeune homme jubile : cette fois, ils ne chantent pas.

4 h 30. Les Paris sont descendus dans la cour intérieure où ils retrouvent les familles Leclerc, Philippe et Mme Dubost, la boulangère. Cette dernière décide de retourner chez elle, de l'autre côté de la place. Quelques pas dans le couloir et elle revient aussitôt : « C'est plein de soldats. Mais c'est pas des Allemands. »

Les autres veulent voir pour y croire. Ils montent au premier chez « le père Leclerc ». Traversent la grande salle, ouvrent les fenêtres. C'est pourtant vrai : les paras sont sur la place. Silencieux.

« Extraordinaire : on ne les entend pas marcher. » Et les Normands respirent à pleins poumons cette odeur de tabac blond qui monte vers eux. Depuis le temps qu'ils fument des feuilles de topinambour. Dans la même rue, M. Muller et son fils entrou-

1. Les causes de l'incendie de la maison Pommier (propriété Hairon) demeurent un mystère. Pour les civils, il aurait été allumé par les éclaireurs américains. Toutefois, les rapports militaires précisent que les paras ne devaient pas sauter directement sur la commune, mais entre elle et la rivière, le Merderet. Ceux qui se sont retrouvés sur la place auraient donc été légèrement isolés du reste de la troupe. Les paras se sont ensuite regroupés à l'extérieur. Dans l'intervalle, les Allemands se dirigèrent sur Fauville. La prise américaine de Sainte-Mère-Église se fit donc ensuite en douceur.

vrent les volets du « Tabac-chaussures »[1]. De drôles de gars étendus sous les arbres discutent, cigarettes aux lèvres. Un petit drapeau est cousu sur leur manche. Quelques fenêtres plus loin, une jeune fille, Mimi Levallois, cherche dans le dictionnaire. Elle met le doigt sur le drapeau étoilé : ce sont des Américains !

Les paras font des signes d'amitié. Les Leclerc, les Philippe, les Paris dévalent l'escalier, traversent le couloir. Eux aussi révisent leurs connaissances : ces soldats alliés ne sont pas anglais mais américains ; et ils ne sont pas noirs mais « blancs barbouillés ».

Les Normands veulent leur parler, mais aucun ne connaît l'anglais. Pas question pourtant de s'exprimer en français. Alors, après quatre ans d'occupation, les seuls mots « étrangers » qui leur viennent sont allemands. Vexés de ce lapsus, ils préfèrent se taire. MM. Paris et Leclerc pères trouvent la solution : ils courent chercher des bouteilles de calvados, campent tous deux devant leur porte et offrent à boire.

Au début, les paras refusent... Avant de craquer. Selon les consignes, ils demandent d'abord aux deux Normands de goûter. Puis trouvent ça « delicious ». Rapidement, une longue file se forme sur le trottoir. MM. Leclerc et Paris ne peuvent faire autrement que de lever leur verre à la victoire. A force, ils commencent à chauffer sérieusement...

Même scène de joie à quelques mètres de là. Jeannette Legoupillot, seize ans, fille du boucher et de la restauratrice, a passé la nuit dans la cave avec ses parents et ses deux sœurs. Eux aussi, au petit matin, découvrent les libérateurs. Papa Legoupillot fonce vers sa réserve, cuvée « spécial débarquement ». Il ouvre plusieurs bouteilles, des voisins trinquent joyeusement. Sous les rires indulgents, deux vieilles demoiselles en oublient leur sobriété habituelle.

Des gradés se joignent à eux : ils cherchent la maison de M. Maury.

Les rues s'animent. Un peu partout les civils fraternisent avec les paras. Sainte-Mère-Église vit ses premières heures de liberté avec ivresse. C'est à ce moment-là que les fils, Raymond Paris et

1. Il n'y avait pas de tabac à Sainte-Mère. Personne ne voulait répondre aux sollicitations de la Seita. Finalement, le marchand de chaussures accepta. D'où ce magasin étonnant, moitié chaussures, moitié bureau de tabac, qui existe encore aujourd'hui.

Pierre Leclerc vont réveiller le couple Dossin. Ils n'ont rien vu, rien entendu. Ils ne sont pas les seuls...

Vers 5 heures en effet, la famille Monnier accueille de nouveau « son » Américain. Il est accompagné d'un autre para.

« C'est mon meilleur ami, explique-t-il. Lui aussi a réussi à s'en sortir. Mais nous sommes fatigués et nous aimerions nous reposer dans un jardin ami. »

Les deux hommes se couchent dans l'herbe, s'enroulent dans leur parachute blanc ventral. Ils donnent un fusil à M. Monnier, lui demandent de monter la garde et s'endorment aussitôt.

Un peu plus tard, le doyen ouvre ses volets, une des fenêtres du presbytère donne sur le jardin. La présence du vétérinaire, assis avec une arme à la main, le surprend :

« Ben dites donc, M. Monnier, vous êtes déjà debout ? C'est pas votre habitude.

— Ils sont là, répond la “ sentinelle ”.

— Mais qui ?

— Les Américains.

— J'arrive, j'arrive. »

Le grand-père de Mimi Levallois ne s'est pas réveillé non plus : il est un peu sourd. A 6 heures, il trouve tout le monde debout autour d'un grand gaillard qui, en tombant, a saccagé les fraisiers !

« Je ne suis pas rasé, je remonte », dit simplement le vieil homme en guise de bienvenue.

La fête continue, mais Raymond Paris n'a pas oublié le soldat transporté au cours de la nuit. Il faut sans doute l'inhumer. Le jeune homme soulève le parachute. Dessous, il ne voit qu'un crayon bille, le premier de sa vie, et un petit calepin. Assis sur le marchepied d'un autre véhicule, un parachutiste se tient le bras gauche. Il interpelle Raymond en français. Un français mâtiné de patois normand.

« Pourquoi parlez-vous notre langue ? ne peut s'empêcher de demander le clerc.

— Parce que je suis de la Louisiane. Qu'est-ce que tu cherchais ?

— Hier soir, avec mon père et un voisin, on a transporté un de vos camarades qui a été tué. »

Le para est mort en effet, mais de rire :

« C'était moi. J'avais pris une balle dans le bras. Si j'avais bougé, l'Allemand m'aurait achevé. Ensuite, quand vous êtes arrivés, je ne savais pas qui vous étiez, alors j'ai continué. »

Raymond Paris s'éloigne, se dirige vers la maison incendiée. Les deux paras pendus dans les arbres sont toujours là. Un autre gît près de la pompe, à demi calciné. Le jeune clerc poursuit sa route, s'éloigne du centre. Dans un champ il découvre un planeur et comprend : après le tumulte de la place cette nuit, il avait aperçu un appareil glisser silencieusement dans le ciel.

8 heures. Raymond revient par la rue de Chef-du-Pont. Au carrefour, un para tente de lui parler. Le jeune homme ne saisit pas le sens de la phrase, mais croit entendre un mot : « Attaque. » Retranchés à quinze cents mètres, sur la commune de Fauville, les Allemands font donner l'artillerie. Le premier obus tue deux civils. Le rêve de Sainte-Mère-Église s'interrompt brusquement. Prisonniers sous le déluge les habitants se terrent, s'enferment, se calfeutrent dans les sous-sols, les tranchées, une fosse de garage ou un cellier.

Chez Mimi Levallois, on vient de mettre le couvert pour le petit déjeuner. La table restera dressée pendant huit jours.

Les Paris courent vers la tranchée creusée la semaine précédente sous la houlette du père. Comme en 14-18, longue, étroite et en zigzag. Plusieurs voisins se pressent déjà dans le boyau. Celui qui s'était moqué d'eux, lorsqu'ils peinaient la bêche à la main, s'est allongé derrière la petite sœur du jeune homme dont il se sert comme d'un bouclier. Combien sont-ils dans ce trou ? Raymond n'en sait rien. Tout le monde s'entend mais personne ne se voit à plus de deux ou trois à la fois.

Effaré de son propre calcul, Raymond compte cinquante obus à la minute. La terreur submerge l'abri. Accroupis, à genoux, plaqués contre les parois, les réfugiés récitent à l'unisson prières et chapelets.

Les Paris ont pris quelques couvertures, un peu de ravitaillement et leurs économies. Mais au bout d'une demi-heure, ils réalisent qu'ils ont oublié le lait pour le dernier-né de la famille âgé de seize mois. Tout à l'heure, un éclat d'obus a effleuré l'épaule de l'enfant. Maintenant il pleure parce qu'il a soif. Le frère aîné se dévoue. Fonce dans la maison, trouve le lait dans une casserole, le verse dans une bouteille. Terrible explosion. Tous les carreaux dégringolent. Un éclat se fiche dans le bois de la table à dix centimètres de la cuisse du jeune homme qui, dans le même temps, entend un hurlement terrifiant.

« Ça vient de chez les Jamard. » Raymond tente de voir à travers la porte aux vitres pulvérisées. Mais il doit faire demi-tour. Il se rue dans la cour commune, traverse le jardin du voisin et le sien. Une centaine de mètres, sous la tourmente. Raymond plonge dans l'allée centrale, devant une planche de pois mange-tout. Un obus explose, quinze mètres derrière lui, dans un poirier aussitôt déchiqueté. Raymond repart, sa bouteille à la main. Il ne fait pas dix pas : nouvel obus, nouveau vol plané. Il regarde derrière lui : les petits pois se sont volatilisés.

Raymond saute dans la tranchée. La bouteille est intacte. Mais le jeune homme tremble, comme pris soudain d'un terrible accès de fièvre. Impossible de se maîtriser. Jusqu'à ce cri désespéré de Mme Leménicier : « Raymond, au secours, Jules est mort ! »

Le jeune homme bondit. Malgré leur grande différence d'âge, Jules, le quincaillier, est son ami. Écolier, il passait ses jeudis dans la boutique, et ses dimanches à jouer aux petits chevaux. Parfois aussi, le garçon allait soigner ses bêtes. En plein désarroi, Mme Leménicier fait appel à Raymond comme à un fils aîné.

Jules a été tué par l'obus dont un éclat frôla Raymond. Bras droit arraché, poitrine ouverte, il est étendu sur le sol de son magasin. Le beau-père du quincaillier, quatre-vingts ans, fixe le cadavre. La moitié de la boîte crânienne a sauté, projetant de la cervelle à plusieurs mètres. Il demande à Raymond d'aller chercher les bonnes sœurs pour la toilette mortuaire, puis de prévenir le maire et le curé. Raymond ne répond pas : le vieil homme n'a plus le sens des réalités.

Il traîne son ami dans la pièce voisine et l'allonge sur le divan. Mais il ne peut laisser ainsi les débris de matière cervicale éparpillés dans la boutique. Il ne sait pas comment s'y prendre. S'armant de courage, il ramasse les morceaux à l'aide des éclats de verre de la vitrine, jette le tout dans un saladier. Et ce saladier de malheur, il le cache sous le divan.

M. René Jamard est mort lui aussi. Un éclat d'obus lui a traversé la bouche, arrachant la langue. Il est décédé quelques minutes plus tard. Voici la terrible explication du hurlement entendu dans la cuisine par le jeune homme.

Autre victime : l'oncle de Jean Macé, le fils du boulanger. D'abord regroupée dans le fournil, la famille doit abandonner le corps pour se réfugier chez le garagiste voisin, M. Besselien. Une douzaine de personnes se retrouvent alors dans la fosse avec, au-dessus de leurs têtes, des voitures et des réservoirs d'essence. Mais personne n'y songe.

Un vent de panique souffle sur Sainte-Mère.

Mercredi 7 juin

L'inquiétude de deux paras attise encore l'angoisse des occupants de la tranchée des Paris. Ils apprennent que les alliés ont débarqué. Mais la jonction tarde et les munitions commencent à manquer. Les deux Américains s'assoient dans un fossé, à l'extrémité de l'abri. C'est là qu'ils sont tués. Cette double mort crée un choc parmi les civils horrifiés. Raymond Paris prend sa décision : « Si nous restons là, nous allons tous mourir. A la prochaine trêve, on y va. »

Il a déjà une idée de la destination : la ferme de M. Marie à Vaulaville, hameau situé à un kilomètre environ.

Ses parents sont d'accord mais hésitent au moment de partir et se laissent influencer par ceux qui prêchent la prudence.

Raymond grogne : « A la prochaine occasion, je pars. Même seul. »

En fin de journée, nouvelle accalmie. Raymond quitte la tranchée suivi de ses parents et de sa sœur. Comme tous les habitants de Sainte-Mère, la famille se sauve, sous les obus, à travers la campagne piégée : les alentours de la commune sont truffés de mines. But de l'expédition : une ferme à l'abri.

Ils sont nombreux à faire halte au hameau de Vaulaville. Parmi les réfugiés, Raymond retrouve son oncle, réfractaire du STO, recherché par la police depuis plusieurs mois. Sa photo a même été placardée sur les murs des communes du Calvados où il s'était d'abord caché. Pour lui, Raymond a fait de faux papiers. Avec son écriture administrative de clerc de notaire, il excelle dans cet exercice. Sa mère lui ramenait les cartes vierges de Carentan et il les remplissait, rajeunissant bon nombre de copains pour leur éviter un voyage en Allemagne.

Pour la nuit, la famille de Raymond se case dans un grand trou, sous un tas de fagots. Le jeune homme se laisse entraîner par son oncle dans l'écurie. Ils se couchent sur la paille, une vingtaine d'autres personnes sont déjà là.

Cinq minutes plus tard, le propriétaire des lieux fait une entrée remarquée. Sa main droite tient une grande bouteille de cidre, la gauche une pile de galettes de sarrasin.

« Voilà des bonnes galettes et du... » L'explosion termine sa phrase. L'écurie est envahie de fumée et de poussière : un obus vient d'éclater dans le grenier. Affolement général, tout le monde veut sortir en même temps. C'est la débandade. Bousculé, M. Marie ne lâche pas pour autant ses victuailles.

Imitant son oncle qui affiche un calme olympien, Raymond n'a pas bougé. Les deux hommes enfin se redressent, s'examinent : ils sont indemnes. Raymond pose la main sur un objet qui le brûle méchamment : c'est la fusée de l'obus. Elle est tombée entre eux deux. Nouvelle peur rétrospective et nouvelle décision : on va dormir ailleurs. Les deux hommes creusent un trou près du tas de fagots. Sous les bombardements, les civils se jettent à terre à plusieurs reprises. Raymond est fébrile. Dans sa précipitation il donne un énorme coup de genoux dans le visage de son oncle, lui casse ses lunettes.

Et il passe la nuit avec cette conviction : pour s'en sortir vivant il faut encore s'éloigner.

Jeudi 8 juin

L'intensité des tirs diminue. Le moral des Français remonte instantanément. La vie reprend aussitôt le dessus. Dans la ferme du père Suzanne, les réfugiés se livrent à d'intéressantes découvertes culinaires : le pâté en boîte que l'on ramasse un peu partout, le citron en poudre, tout comme le café et même... le vin. Enfin, certains appellent ça du vin car Raymond Paris y cherche désespérément le goût du raisin. En revanche, l'unanimité se fait sur le chocolat. Mais les Normands ignorent la face cachée de cette sucrerie : des barres de vitamines enrobées. Un carré suffit pour la journée. Les Normands les avalent par tablette. Résultat : une furonculose générale et carabinée.

Parfois, la nuit, les bombardements allemands reprennent : des avions lâchent les bombes papillons[1]. Mais dans la journée, un calme apparent permet aux habitants de retourner à Sainte-Mère. La ville est dans un état pitoyable. Tout un côté de la rue principale a été détruit. Les maisons ne sont plus que ruines ou carcasses calcinées. Dans les chaussées défoncées, s'accumulent pierres, bois, tuiles, morceaux de gouttières, fils électriques. Sur la place, les civils doivent enjamber les soldats et les chevaux morts.

Les Muller père et fils vont chercher du bois dans leur jardin pour masquer le trou béant, indécent de la vitrine du tabac.

Dans la Cayenne[2], Raymond Paris découvre quatre paras tués, dont un a été coupé en deux à hauteur de la ceinture. Les parties du corps ont été projetées à cinq mètres l'une de l'autre.

Aux abords de Sainte-Mère, Jeannette Legoupillot et une amie s'arrêtent soudain de marcher, saisies d'effroi. Devant elles, un Allemand, debout contre une haie, les vise avec sa mitraillette. Il est immobile : deux petits trous dans la tête, l'Allemand est mort debout. Les civils errent dans les rues, se rencontrent, échangent des nouvelles, apprennent encore le décès d'amis, de voisins... Jusqu'à l'affreuse découverte de la famille Viel.

Le 6 juin, ils sont descendus dans leur garage. Se sont tassés entre la paroi et des matelas érigés en mur de protection. Un obus est tombé sur une moto. Tout a explosé. On les retrouve trois jours plus tard. Macérant dans le cidre d'un tonneau éventré, couverts de plumes et de sang. Scène insoutenable et odeur pestilentielle. Pour les dégager, les volontaires portent des masques à gaz.

Le transport des cadavres s'organise. Dans des camions, jusqu'au petit cimetière. Plusieurs jeunes gens passeront ainsi plus d'une semaine à ramasser les morts tout autour du bourg.

Jeannette Legoupillot vient tous les jours, avec son père, ouvrir la boucherie. Des gens apportent des bêtes tuées dans les champs. Le boucher débite afin de procéder à la distribution. Au carrefour, Jeannette voit souvent passer des GMC où s'entassent les corps de soldats allemands. Des hommes aux gants écarlates,

1. Les bombes papillons sont à étages. Dans les étages, des bombinettes à ailettes se dispersent à l'ouverture de la bombe porteuse. Le résultat est impressionnant, étourdissant et imprévisible.

2. Il s'agit d'une rue. Appelée la Cayenne, du nom d'une maison qui, autrefois, accueillait les compagnons du Tour de France.

rouges de sang, manipulent les corps. A chaque tressautement sur la route défoncée, le camion dégage une insupportable puanteur [1].

On enterre, on répare, on survit. Et les familles se regroupent la nuit dans la campagne : de nombreuses maisons de Sainte-Mère sont inhabitables. Sur son vélo, le curé de la commune passe de ferme en ferme réconforter ses ouailles. Et le dimanche, c'est toujours lui qui se déplace pour dire la messe.

Les fermes sont surchargées. Les plus anciens émigrent pour laisser la place à d'autres. C'est ainsi que la famille Paris se dirige vers Turqueville. C'est encore Raymond qui a eu l'idée : la ferme d'un frère de M. Marie. Il demeure à l'entrée du village. Et le groupe médusé contemple la propriété ou plutôt ce qu'il en reste. Seule la maison est encore debout. Tous les autres bâtiments de l'exploitation ont été détruits.

Un voisin explique : « Les bombes, cette nuit. »

Demi-tour : les Paris se remettent en marche avec chacun la même pensée en tête : « Si nous étions arrivés la veille, nous aurions dormi dans un de ces bâtiments... » Que faire maintenant ? A la grande ferme de La Londe, ils sont déjà trois cent cinquante. Et ailleurs...

« N'allez pas plus loin, venez à la maison, on va vous trouver une chambre. »

A Écoquenauville, M. et Mme Heuze ouvrent leur porte.

Claudine à l'hôpital

Ils sont juste de l'autre côté du mur. La famille Maury au grand complet : le père, électromécanicien ; la mère, institutrice et leurs trois filles âgées de dix-neuf, dix-sept et onze ans. Réfugiés depuis le 8 juin chez les Révérent. Antonin Maury avait préparé la fuite et le repli. Comme il avait, à sa façon, préparé le débarquement.

Discret, courtois, un tantinet vieille France, ce petit homme inspire d'instinct la confiance. Les Allemands ne se sont jamais méfiés de ce père tranquille. Mais les chefs de la lutte clandestine l'ont repéré et apprécié, au point qu'il est devenu responsable

1. Les Américains ramassaient et enterraient eux-mêmes leurs morts. Trois cimetières provisoires US et un cimetière allemand seront ouverts près de Sainte-Mère-Église.

local de la résistance. Sa mission : renseigner les alliés sur les positions et la puissance des batteries allemandes, le long de la côte, vers Sainte-Marie-du-Mont. Future Utah Beach. En plus de ses sentiments patriotiques et gaullistes, Antonin Maury offre deux qualités essentielles : il connaît parfaitement le coin et possède un laissez-passer permanent sur le secteur interdit. C'est lui qui a électrifié toute la région, depuis son arrivée à Sainte-Mère, dans les années vingt. Et en cas de problème, il doit pouvoir intervenir à tout moment sur n'importe quelle ligne. D'où cet « Ausweis » dont Antonin Maury se met soudain à abuser. Comme de son vélo.

Sur les routes qui serpentent le long de la mer, l'électromécanicien compte ses tours de pédale. De retour chez lui, il marmonne des chiffres, se dirige directement dans son atelier et fait des multiplications. Son développement par le nombre de tours. Il inscrit les résultats sur des feuilles de papier à cigarettes qu'il transmet ensuite à Caen. Ainsi, Antonin Maury donne avec exactitude les distances qui séparent les pièces de la batterie de Varreville. Il réussira même à connaître le calibre de canons en feignant plusieurs fois l'admiration devant les Allemands qui contrôlent son « Ausweis ».

Dès 1943, Antonin Maury attend la phrase de la BBC qui doit mettre son réseau en alerte. « Les dés sont sur le tapis... » Et il confie à Raymond Paris un morceau de son secret. Il ne dit rien de ses activités. Mais transmet l'espoir comme on fait un cadeau : « Quand tu entendras cette phrase... »

Fils de petit artisan, Raymond est fier d'être considéré comme un ami de la famille. Il l'est plus encore lorsque M. Maury lui demande un service.

Une fois de plus, l'électromécanicien est dans son atelier, le jeune clerc de notaire en de face lui. Il sait que l'étude du patron de Raymond, Me Lenoir, est partagée en deux : le notaire et son employé travaillent au rez-de-chaussée ; les Allemands ont envahi le premier étage. Mais les archives antérieures à 1920 se trouvent dans un grenier, au deuxième. Pour les compulser, il faut donc traverser le domaine des gratte-papier du Reich.

D'où la question de M. Maury :

« Tu peux entrer facilement dans le bureau des Allemands ?

— Bien sûr, répond Raymond. Et avec le changement d'heure, je peux même être seul [1].

— Si tu vois quelque chose d'intéressant, pas directement en évidence, mais un peu en dessous, tu me l'apportes. »

Raymond ne sait pas pourquoi, mais il accepte.

Dans la nuit du 5 au 6 juin, Antonin Maury est comblé : son secteur se trouve aux avant-postes de l'invasion. Et à peine arrivés sur le sol français, des officiers américains le cherchent. Lui, l'homme de confiance. Le contact se fait rapidement. Antonin Maury renseigne les alliés sur les effectifs, les cantonnements des forces allemandes autour de Sainte-Mère. Il part en reconnaissance à La Fière. Pendant ce temps-là, sa femme et ses filles sont dans son atelier, sous l'établi. Pendant deux jours et demi. Sans boire ni manger : elles avaient emporté une casserole de lait, un éclat d'obus est tombé dedans. Dans la matinée du jeudi, dégagé de ses responsabilités vis-à-vis des alliés, Antonin Maury parle de départ. Il organise sa petite troupe qui refait enfin surface et s'adresse à l'une de ses filles :

« Je marche devant, ta petite sœur me suit, maman derrière, puis Monique et toi, Claudine, tu fermes la marche. »

Claudine, c'est l'enfant du milieu. Position habituellement peu valorisante. D'autant que l'aînée des Maury, bonne élève, la joue intellectuelle. La petite, beaucoup plus petite, reste petite et on s'occupe d'elle, tout simplement. Difficile, pour Claudine, de se situer. Jusqu'à ce jour où son père, soudain, lui donne un rôle important. Il lui fait confiance. Elle doit veiller sur les autres. C'est le signe que Claudine, inconsciemment, attendait.

En file indienne, les Maury traversent la campagne défigurée. Dépouilles humaines, cadavres d'animaux gonflés, odeur suffocante de la mort.

« Ce n'est pas possible, on ne pourra jamais arranger tout ça, se dit Claudine. Rien ne sera plus comme avant. »

La famille arrive vers midi à Écoquenauville dans la ferme des Révérent qui, pour les réfugiés, ouvrent leur maison et leur garde-manger. D'autres les rejoignent le lendemain comme M. Tardif qui a été blessé. Claudine le connaît bien : il est marchand de

1. Les civils de Sainte-Mère-Église répugnent à appliquer l'heure officielle (soleil plus deux heures) et vivent donc à l'heure nouvelle (soleil plus une heure). Ainsi, lorsque les Allemands de l'étude vont déjeuner, il n'est que 11 heures à la montre du jeune clerc.

beurre dans sa rue, à Sainte-Mère. Pour lui, elle doit préparer un lit, dans la maison de la grand-mère, de l'autre côté de la cour.

Il pleut ce vendredi matin. Un morceau de bâche de camion en guise de capuchon, les bras chargés de draps, la jeune fille traverse la ferme, salue au passage les Américains qui remontent le long de la route. Elle fait le tour de la petite maison et sursaute : deux Géorgiens se tiennent devant la porte. Pâles, le regard perdu, ils viennent d'émerger d'un fossé où ils se cachaient depuis deux jours. Claudine comprend tout à la fois leur désarroi et leur intention : ils veulent se rendre. La jeune fille les fouille, ou fait semblant. Apparemment, ils n'ont pas d'armes. Elle leur fait signe de s'asseoir par terre, puis leur parle en détachant bien les mots : « Ne bougez pas. Je vais chercher les Américains. On ne va pas vous tuer. »

Claudine court sur la route, aborde le premier soldat venu, explique. L'Américain accepte de l'accompagner, mais il n'a pas confiance. Il colle sa mitraillette sous l'omoplate de la jeune fille et la fait avancer devant lui. A proximité de la maison, il la pousse brutalement et tire une rafale sur la porte.

Le souffle coupé, la rage au cœur, Claudine entend un ordre bref : « Vas-y. »

La jeune fille marche à nouveau devant l'Américain : il veut récupérer les Géorgiens qui se sont enfuis dans la maison. Au premier étage, ils retrouvent les deux hommes. Le premier a six trous au bas des poumons, le second est terrorisé. Claudine est anéantie.

Le samedi, un soldat américain se présente aux Maury. Il vient donner des nouvelles du Géorgien blessé dans la petite maison :

« Il a été soigné, explique-t-il, et a embarqué pour l'Angleterre. » La démarche est pleine de tact, mais Claudine est absente. Le docteur Delarue l'a envoyé chercher. Elle a suivi des cours de secourisme et le toubib a besoin de bras. Au château de M. et Mme Touraine à Fauville, il a organisé le premier hôpital civil. D'autres suivront comme celui de l'hospice de Sainte-Marie-du-Mont animé par le docteur Rivière.

Pendant trois semaines, Claudine travaille aux côtés du médecin et d'une autre femme, Mme Gallin. Elle reçoit les blessés, refait les pansements, assure les gardes.

Au début, les plaies sont désinfectées à l'eau de Javel ou au grésil. Puis, les Américains fournissent des produits et du matériel. Par moments, l'affluence est telle que Claudine se désespère. Tapis dans les abris, certains ont trop attendu. Lorsqu'ils arrivent à l'hôpital, il est trop tard. Comme cet homme au bras arraché, mort quelques jours plus tard de la gangrène.

Claudine accepte mal toute cette souffrance. Elle voudrait être partout à la fois et à tout moment. Mais pour qu'elle rentre régulièrement à la ferme, ses parents ont chargé Raymond Paris de la chaperonner. Alors Claudine allonge des journées déjà interminables en juin : sur sa route, à l'aller comme au retour, il fait toujours nuit.

La jeune fille se dévoue dans cet hôpital jusqu'au 3 juillet. Ce soir-là, elle doit retourner pour la première fois chez elle, à Sainte-Mère. Au milieu de la salle à manger, une grande table est dressée, couverte de cadeaux. La famille Maury au complet a invité des amis américains. Lorsque Claudine ouvre la porte, ils entonnent un retentissant « Happy Birthday » !

La jeune fille éclate en sanglots. Le décalage entre cette fête et la douleur des autres, là-bas. L'émotion aussi et la fatigue. Claudine vient d'avoir dix-huit ans. En quelques jours, elle est devenue adulte.

Mêlée ouverte à Neuville-au-Plain

Deux kilomètres plus au nord, à Neuville-au-Plain, les parachutistes de la 82e Airborne sautent avec infiniment plus de discrétion que sur la grand-place de Sainte-Mère-Église. Mais tout de même.

« André, André...

— Hein ! Qu'est-ce que t'as ?

— Dans le jardin de M. Duchemin, André, il y a quelque chose qui flotte.

— Quelque chose qui flotte. Qu'est-ce que tu racontes ?

— J' te jure !

— Tu m'embêtes, laisse-moi dormir. »

André Laisné se fourre la tête dans l'oreiller. Pour une fois qu'il passe la nuit dans son lit, qu'il ne grelotte pas dans un trou humide, sa femme le réveille parce qu'elle croit voir un fantôme.

« C'est tout blanc, viens voir ! »

C'est ça, un fantôme. André Laisné ouvre un œil, observe sa femme postée devant la fenêtre. Elle a vraiment l'air d'y croire, ma parole...

« André ! »

Il se lève, accablé. Et ce qu'il aperçoit dans le jardin de M. Duchemin ne fait qu'accentuer sa mauvaise humeur...

« Ben quoi ! C'est un drap ! Il a dû se décrocher de la corde à linge et atterrir dans l'arbre ! Tu parles d'une histoire.

— Un drap... », répète Mme Laisné, peu convaincue. Mais son mari s'en moque. Il va se recoucher. A 4 heures du matin, c'est la moindre des choses.

« M. Laisné, Mme Laisné... Vous entendez ? Ça bombarde de plus en plus fort, il faut descendre dans l'abri. »

Les Osmont maintenant. Bien sûr que ça bombarde, comme la semaine dernière, comme il y a trois jours, comme presque toutes les nuits.

André Laisné couve son lit du regard. Pas question...

« M. Laisné ! C'est dangereux ! Il faut descendre ! »

Ils sont gentils les Osmont, n'empêche que cette nuit, il voudrait les savoir à mille kilomètres. Mais ils sont là et bien là. Envoyés par M. Duchemin. Et on ne refuse pas un service à M. Duchemin, châtelain, maire de Neuville-au-Plain, de surcroît propriétaire de la ferme où ils logent. La famille Osmont, venue de Ravenoville, s'est donc casée avec ses meubles au rez-de-chaussée et les Laisné se sont réservé le premier étage. Fâcheuse coïncidence : Osmont était le nom d'emprunt choisi par André Laisné pour échapper au travail obligatoire en Allemagne. C'était d'un pratique. Enfin, à la guerre comme à la guerre...

« Ils ont raison André, il faut descendre. »

André Laisné soupire avec résignation. Sa nuit est fichue...

Tout le monde dans l'abri. Creusé à une cinquantaine de mètres de l'habitation. En forme de U, avec un escalier rudimentaire pour mieux y descendre. Le tout surmonté de grosses solives, elles-mêmes tapissées de fagots. Bref ! un bel abri, modèle standard, reproduit à des centaines d'exemplaires dans le pays. Évidemment, ce n'est pas d'un confort extra, mais André doit admettre que lorsque les bombes se font trop câlines, qu'elles font vibrer toute la maison, la tranchée rassure. Par contre, il rit au nez de tous ceux qui vantent son utilité dans l'éventualité d'un débarquement anglais sur la côte. Il n'y croit pas, il n'y a jamais cru.

André Laisné estime qu'il a déjà bien assez de soucis comme ça. Réfractaire au STO, il ne cesse de se faufiler comme une anguille entre les contrôles allemands : il avait commencé par se camoufler chez un oncle à La Haye-du-Puits, mais quand ce dernier avait reçu une lettre anonyme menaçant de le dénoncer, il avait pris peur. André était alors rentré chez lui. Clandestinement. Raymond Paris, le clerc de notaire de Sainte-Mère-Église, lui avait fourni une fausse carte d'identité et lui-même s'était écrit des lettres. D'abord postées à destination d'un autre oncle de Rouen qui les lui renvoyait à Neuville-au-Plain. Le facteur était heureux d'apporter des nouvelles à sa femme, tandis qu'il se planquait derrière la porte. Et quand ce n'était pas le facteur, c'était monsieur le curé, ou un voisin, ou le châtelain. Située en bordure de la nationale qui mène vers Valognes et Cherbourg, Neuville-au-Plain se serre autour de l'église et du château. On se tend la main par-dessus les murs et les clôtures, on se croise sur des chemins enfouis sous la verdure, on se rend chez le copain en poussant la porte du jardin. A moins de moisir au fond d'un cellier comme un emmuré, il était difficile d'échapper au regard des autres. Ce n'était pas une vie...

Lassé de jouer les taupes, André Laisné avait donc décidé de sortir au grand air. Raymond Paris, encore lui, avait bricolé un ordre de permission libérable rédigé en allemand et tamponné d'un cachet de la Kommandantur que le clerc de notaire avait réussi à « emprunter ». Pour qui n'y regardait pas de trop près, c'était la preuve qu'André était allé travailler en Allemagne et qu'on l'avait renvoyé. Fort de cette marque d'honorabilité, l'astucieux Normand était parti secrètement de chez lui en pleine nuit pour se rendre jusqu'à Sainte-Mère-Église. Puis, le lendemain, en plein jour il était revenu comme un permissionnaire, ses deux valises à la main, saluant au passage les connaissances de Neuville-au-Plain.

Restait à éviter les contrôles de l'armée allemande. André Laisné contournait les secteurs sensibles, empruntait des chemins détournés, passait au travers des marais avec de l'eau jusqu'à la ceinture. Mais à plusieurs reprises déjà, il avait failli se faire épingler. Quelques jours plus tôt, deux Feldwebel irascibles avaient été sur le point de l'embarquer. Il s'en était tiré de justesse : grâce à deux cigarettes que les bouledogues en uniforme avaient fumées avec délice avant d'aboyer un miraculeux « Raus » ! Mais un jour, à coup sûr, la baraka le laisserait tomber, il se retrouverait à la Kommandantur, et un bureaucrate de l'armée allemande un peu plus zélé que les autres vérifierait et se rendrait compte qu'il n'existait pas d'André Osmont né à Saint-Sauveur-le-Vicomte en 1925.

« M. Laisné ! M. Laisné ! »

La voix de René Duchemin, le châtelain. Excitée, surexcitée même. André sort de l'abri. Son propriétaire est monté sur ressorts, il sautille, ne tient pas en place. Intrigué par cette danse du scalp, il demande :

« Mais qu'est-ce qui vous arrive ? »

L'autre rit aux éclats, jubile. C'est un tel délire qu'il est incapable de parler. Il sort une cigarette de sa poche, la lui colle d'autorité entre les lèvres. André Laisné reconnaît d'emblée le parfum d'une blonde.

« Mais c'est une anglaise...

— Non, hurle René Duchemin, pas une anglaise! Une américaine! Les Américains, les Américains! Les Américains sont là ! Viens avec moi ! »

Le tutoiement du bonheur. Le maire de Neuville-au-Plain tire André Laisné par le bras, l'entraîne vers le parc du château, juste derrière le muret : dans l'aube grisonnante, une aube chiffonnée, ils sont quarante parachutistes américains qui reprennent leur souffle sur la grande pelouse ronde. L'euphorie gagne André Laisné. Il tombe à son tour dans les bras de René Duchemin, lequel brandit maintenant un drapeau tricolore, sert des mains au hasard, discute, rigole, alors qu'il ne comprend pas un traître mot de ce qu'on lui raconte. Un para, le bras ceint d'un brassard de la Croix-Rouge, tente pourtant de se faire entendre avec plus de sérieux. En vain.

« Il te demande si tu veux bien nous donner un coup de main pour aller chercher les blessés dans les champs. »

André Laisné se retourne, estomaqué. C'est du patois normand, presque du pur jus, et pourtant le para n'a rien d'un fermier du cru.

« J' suis canadien. Québécois. »

Encadrés par deux soldats américains, les volontaires se mettent en route. Outre André Laisné, il y a Suzanne Duchemin, la fille du maire, qui est infirmière, et François Beaune, un garçon de Valognes, réfractaire lui aussi, réfugié au château. Équipés d'un brancard, ils ramènent les blessés qui gisent dans les herbages. Bientôt, dans la cuisine et la salle principale du château, ils sont une bonne vingtaine d'éclopés qui attendent, allongés contre le mur.

« Il y en a encore un. Là-bas dans le fossé... »

C'est un gamin qui livre le renseignement. La colonne de secouristes se remet en route et trouve effectivement un para blessé. Jambe cassée à l'atterrissage. Vilaine fracture. Grâce à sa seringue personnelle, il s'est injecté lui-même une dose de morphine. Mais il y a plusieurs heures de cela, et il souffre à nouveau. Les brancardiers prennent le chemin du retour, passent devant le presbytère de l'église où logent les parents d'André Laisné. C'est à ce moment-là que la fusillade éclate :

« Mais, mais... on se fait canarder ! »

Panique ! Tout le monde se rue sur les bas-côtés du chemin, se jette dans le fossé avec le brancard et le blessé qui hurle de douleur. Dix minutes à plat ventre dans l'herbe. Les Allemands, bien sûr les Allemands. André les avait déjà oubliés. Les paras ripostent, le calme revient, la petite troupe peut rentrer à pas pressés au château.

Le commando para ne paraît guère se soucier de l'alerte et les Français retrouvent vite leur optimisme du lever du jour. André notamment : il a oublié l'escarmouche, n'en finit pas de discuter avec « son » Québécois, fait les demandes et les réponses, tente de lui faire partager sa joie :

« Tu ne sais pas le bonheur qu'on peut avoir ! Depuis quatre ans qu'on est sous l'occupation allemande... Et vous v'là, tombés du ciel ! Tu te rends compte ? »

Le Canadien se rend compte avec une retenue, une discrétion qui pourrait troubler le Normand. Mais celui-ci est sur son nuage. Il lance une invitation :

« Tiens ! Tu vas venir avec moi au presbytère, chez mes parents. Je vais te faire goûter un vrai cidre normand, et un jambon aussi, le seul qui nous reste.

— Ach' t' heure, temporise le para, la guerre n'est pas finie, tu sais. Elle ne fait que commencer... »

André Laisné prend conscience de l'air sombre de son libérateur. Il lui semble même que ses mains tremblent.

« Oui, mais enfin, il n'y a plus d'Allemands. Il n'y a plus rien à faire pour eux, vous êtes partout.

— Crois pas ça, nous ne sommes pas partout... »

Pas gai, le Québécois ! André se sent l'âme compréhensive : la nuit du soldat a été dure, il faut lui changer les idées, chasser les vilaines pensées.

« Viens, je vais te montrer quelque chose... »

Le Français entraîne le para près du presbytère. Là, les Allemands ont fait creuser de longues et étroites tranchées en zigzag à ses compatriotes réquisitionnés. Des boyaux. Comme en 14-18. Une curiosité.

Laisné livre les renseignements au Canadien qui les traduit aussitôt à un officier. L'officier rigole. Apparemment, il les trouve marrantes ces tranchées.

« Qu'est-ce qu'il dit ? interroge le Français.

— Que ça ne sert plus à rien, transmet le Canadien comme à regret, que les Allemands sont partis, qu'ils ne reviendront plus.

— Bah, tu vois... »

Comme promis, il veut entraîner son compagnon chez ses parents : cidre et jambon, le menu est alléchant... Toujours aussi peu en verve, le Québécois refuse. Ça ne fait rien, André trouve une autre « victime » et l'embarque pour la collation.

L'invité aime le cidre et le jambon, mais seulement après que les Français y ont goûté. Le père Laisné fronce un peu les sourcils : on ne lui a jamais fait un tel affront, mais se radoucit quand il comprend que le para ne fait qu'exécuter les ordres : un soldat est un soldat... Cette formalité remplie, la glace est vite rompue : on discute surtout avec les mains car le parachutiste ne connaît pas dix mots de français. Mais quand il sort de la poche de son blouson un billet de cent francs d'avant-guerre sur lequel il a inscrit les grandes étapes de ses campagnes d'Afrique et d'Italie, on le congratule comme un enfant du pays.

La mitrailleuse lourde qui crépite stoppe net la rigolade. Elle n'était pas invitée à la fête. Le parachutiste prend André par la main, l'entraîne dans la cour. Tous deux se ruent dans le cellier à bois. L'Américain ordonne au Français de regarder sur la route. André s'exécute avec prudence, mais ne voit rien. Il est si perturbé qu'il distribue toute une série de « Nicht, nicht, nicht » germaniques.

Pourtant, la fusillade redouble de violence. Les deux hommes ressortent, se rendent jusqu'aux tranchées, font le tour du presbytère, reviennent sur leurs pas. André Laisné suit le para comme son ombre. Il le voit sortir son revolver, tirer deux coups de feu au hasard, dans la nature, puis enfourche le vélo allemand avec lequel il se déplaçait depuis le matin. L'Américain a le sourire ; il embrasse André Laisné sur le front et s'élance. Ébahi, le Normand le regarde s'éloigner sous le feu, s'attend à le voir tomber à chaque seconde. Mais il roule, roule et disparaît dans le virage. André reprend ses esprits : le presbytère est sur la ligne de tir, les balles ricochent contre les façades, les carreaux dégringolent. Il entre dans la maison, veut tout de suite repartir. Sa mère, affolée, le retient. André attend.

Deux heures de bataille. Puis plus rien. Le silence. André Laisné laisse s'écouler une quinzaine de minutes, puis décide de repartir. Il est inquiet pour sa femme restée à la ferme.

André est accroupi derrière le petit muret du cimetière, lequel s'avance en pointe jusqu'au carrefour. L'église est derrière lui, le château à sa droite, et parmi les fermes qui lui font face, il y a la sienne. Deux cents mètres de course, pas plus, et il est chez lui... Mais le mitraillage reprend, plus terrible encore que tout à l'heure. André résiste à la tentation de s'allonger entre les tombes, saute le muret, se jette aussitôt dans un fossé : les balles le frôlent, lui sifflent aux oreilles, des obus de mortier éclatent un peu partout.

Il rampe dans les orties, se faufile le long de la haie, décide de se réfugier à la ferme la plus proche : celle des Annecourt. A peine en a-t-il franchi le seuil qu'il se trouve plongé en pleine démence. Toute la famille Annecourt s'est glissée sous l'âtre monumental qui trône dans la salle. Serrés les uns contre les autres, ils pleurent, prient, se lamentent. Terrorisés, les gosses hurlent...

« Qu'est-ce qui se passe ? » demande mécaniquement Laisné.

On le dévisage comme un spectre.

« Ils sont là...

— Qui ? Les Allemands, les Américains ?

— Les deux ! Ils se battent dans la maison. »

Les hurlements redoublent. André Laisné rejoint ses voisins sous la cheminée. Il voit des portes s'ouvrir, des hommes en uniforme courir en tous sens, entend des cris, des coups de feu, comprend qu'il s'est jeté dans la gueule du loup.

Ne pas rester ici. Faire n'importe quoi, mais sortir. Il n'a que la petite route à traverser pour atteindre la porte basse qui donne sur le parc du château. Il fonce, ouvre la porte, s'aplatit au pied d'un bosquet. Sa ferme n'est pas loin. En s'arrêtant d'arbre en arbre, il devrait pouvoir y parvenir. André Laisné respire à fond, prend son élan... et ne fait pas deux mètres. Un cliquetis d'armes le paralyse et plus encore les deux canons de fusil braqués sur lui. Bras levés, il crie, toujours en allemand : « Hier, Franzose, hier, Franzose ! » Mais les deux types qui tiennent les fusils demeurent invisibles dans les fourrés : « Hier, Franzose ! » panique André.

« Mais qu'est-ce que tu fous là ! »

Le Français sent ses jambes se dérober sous lui. Ce n'est plus du soulagement, c'est de la béatitude. Il voit le visage de « son » Québécois apparaître à travers les feuilles. Le pessimiste et qui avait raison de l'être.

« Je dois rentrer à la ferme. Il y a ma femme là-bas...

— Ta ferme ! T'es fou ! Elle est tenue par les Allemands ! »

L'angoisse étreint André Laisné.

« Et le château ?

— On y est toujours. Viens, on t'y emmène. Tout seul, tu te ferais descendre par les copains. »

Le château est toujours « américain ». Il y a toujours les blessés allongés au rez-de-chaussée, et toujours les Duchemin qui se dévouent sans compter. André Laisné est à peine arrivé qu'il veut déjà repartir. A sa ferme. C'est devenu une idée fixe.

« Attendez un peu que ça se calme, conseille René Duchemin... Tenez, on va leur servir un vieux calvados. Cela fera du bien à tout le monde. »

André verse le hors-d'âge dans les timbales, puis revient dans la cuisine. Cette fois, c'est décidé, il s'en va. Machinalement, il jette un coup d'œil par la fenêtre et remarque au loin plusieurs dizaines de casques posées dans l'herbe. Mais ces casques avancent. Et sous les casques, il y a des hommes. Il appelle le châtelain :

« Mais ce sont des Boches ! »

Qui s'approchent, qui cernent le château, qui vont donner l'assaut. Les guetteurs américains les ont aperçus, déjà les premiers coups de feu éclatent.

« Montons ! » crie René Duchemin. Il entraîne André au premier étage, dans sa chambre où se trouvent déjà son fils Jacques, sa fille Suzanne, le jeune François Beaune et une employée de maison. La fusillade devient infernale, les balles pulvérisent les deux fenêtres qui donnent sur le parc. Tout le monde se colle contre le mur, s'efforce d'être le moins visible possible. André Laisné jette son chewing-gum. Depuis l'aube, il n'arrête pas de le mastiquer, il en a la mâchoire fatiguée.

« Mais il ne faut pas que vous restiez dans cette tenue ! »

André sent peser sur lui le regard du maire de Neuville-au-Plain. Un regard de reproche. »

« Votre blouson ! »

André baisse les yeux. Qu'est-ce qu'il a son blouson ? Il est vert, d'un vert un peu passé.

« Mais de loin, on peut vous prendre pour un Américain. Vous allez vous faire tirer dessus ! »

André l'enlève précipitamment, le jette au loin. Il a raison le maire ! Peut-être même que depuis ce matin, tous ses avatars sont venus de là ! René Duchemin slalome jusqu'à une grande armoire normande et en tire une vieille veste noire qui appartenait à son grand-père. Le jeune Laisné l'endosse. C'est un petit gabarit, la veste est beaucoup trop longue pour lui : « Je dois avoir l'air d'un épouvantail à moineaux », songe-t-il...

Son souci de l'esthétique passe vite au second plan : les Allemands donnent l'assaut au château, font sauter la grande porte d'entrée. On se bat au corps à corps dans les pièces du rez-de-chaussée. Claquement de bottes dans l'escalier de pierre.

« Les Allemands », chuchote René Duchemin.

Ils sont dans le couloir. Le châtelain se tourne vers François Beaune :

« Toi qui parles allemand, dis-leur que nous sommes français. »

Le jeune garçon passe devant, ouvre la porte de la chambre, lève les bras vers le plafond et se met à crier :

« Wir sind Franzosen, wir sind Franzosen... »

Il est dans le milieu du couloir maintenant. Face aux soldats de la Wehrmacht qui, fusils pointés, sont prêts à tirer. André Laisné voit les jambes du jeune Beaune, qui porte des culottes courtes, prises de violents tremblements. Tous les autres crient ensemble : « Franzosen, Franzosen ! » Un officier passe devant ses hommes, ramène les civils dans la chambre. Il a l'air ennuyé : ces Français l'embarrassent. Comme pour se donner une contenance, il ouvre l'une des deux fenêtres qui donnent sur le parc et manque de se faire tuer : deux balles de fusil Garand dans le cadre. L'alerte précipite sa décision. Ou plutôt sa non-décision. Il repart, redescend avec ses hommes au rez-de-chaussée, et laisse les Français se débrouiller tout seuls.

Fin de journée. La fusillade a singulièrement diminué d'intensité ; seuls désormais quelques coups de feu sporadiques éclatent dans Neuville-au-Plain. C'est rassurant, mais les Français n'ont pas le moral pour autant. La Wehrmacht occupe massivement le château. Les derniers Américains aperçus sont des prisonniers qui traversent le parc, mains croisées sur la nuque, pour être enfermés dans les étables et les écuries. Passée dans le camp adverse, la grande salle du rez-de-chaussée sert toujours d'hôpital. C'est désormais un médecin allemand qui soigne indifféremment compatriotes et parachutistes ennemis.

Des soldats allemands montent dans les étages. Ils cherchent des volontaires pour aller traire les vaches. Les civils se regardent : personne ne sait traire. Les bidasses s'en retournent, dépités. C'en est presque comique.

Le calme revenu, André Laisné veut à nouveau rentrer chez lui. Accompagné de François Beaune, il tente de passer et ne va pas plus loin que le rez-de-chaussée. Ses explications, son inquiétude sur le sort de sa famille n'y changent rien. Les sentinelles le repoussent brutalement avec leurs fusils :

« Franzose en haut ! » hurlent-ils, et ils font mine de mettre les deux jeunes gens en joue.

« Si vous partir, pan ! »

On s'installe pour la nuit. Mais René Duchemin décide de changer de pièce :

« Avec ses deux fenêtres qui donnent sur le parc, estime-t-il, ma chambre est trop exposée. Si les Américains attaquent, nous allons encore être aux premières loges. Il faut aller ailleurs. »

Tout le monde reflue vers la chambre de la bonne. Plus exiguë et moins confortable, mais située de l'autre côté du bâtiment.

Rien à boire, rien à manger. Rien à faire, si ce n'est tenter de dormir. Et attendre.

Matinée du 7 juin. Le parc fourmille de soldats allemands. Il ne fait aucun doute maintenant qu'ils tiennent à nouveau Neuville-au-Plain. Mais la fusillade qui a repris dès le lever du jour indique que les Américains ne sont pas loin. René Duchemin craint pour sa cave dont l'entrée est dissimulée derrière un tonneau :

« S'ils trouvent mon alcool, pronostique-t-il, ils vont boire comme des cochons, devenir fous et nous tuer. »

Mais le soldat qui surgit dans la chambre est calme. Ce qu'il veut, lui c'est du lait, et une nouvelle fois, il vient chercher quelqu'un pour traire les vaches.

Cette fois, André Laisné accepte. Et François Beaune avec lui. Ils ne savent pas plus traire les vaches que la veille, mais tout vaut mieux que de rester enfermé dans cette chambre. Ils descendent l'escalier, franchissent le hall d'entrée rempli de soldats, vont chercher des seaux dans la buanderie, puis traversent le parc au milieu d'une cohue d'uniformes. Ils s'éloignent du château, personne ne s'occupe d'eux, François souffle à l'oreille d'André :

« Moi, je passe par le jardin, je contourne le château par l'arrière, et vous, foncez jusqu'à votre maison. A trois : un, deux, trois. »

La ferme est à moins d'une centaine de mètres. Sprint éperdu. André lâche les seaux et court comme il n'a jamais couru.

Il est chez lui.

« Mama, mama... » Allongé en travers de l'escalier d'entrée, un para américain agonise, abandonné de tous. André enjambe le malheureux, le cœur serré. S'il y a ce blessé, c'est qu'on s'est battus ici. Il ouvre la porte. Le rez-de-chaussée est désert. Entre dans son bureau. Personne. Monte à l'étage. Personne. Seuls les gémissements de l'Américain déchirent le silence, accentuent encore un peu plus l'angoisse d'André Laisné. Il redescend au rez-de-chaussée. Il a oublié une pièce, la dernière : la chambre de la famille Osmont.

Ils sont tous là. Tassés contre le mur, assis par terre : sa femme, les Osmont et leurs enfants. Il y a M. Bihel aussi qui, lui, se tient debout, et pour cause. Un éclat d'obus lui a entaillé la fesse. Rires, larmes, mais les premières effusions passées, André Laisné se fait copieusement engueuler. Où était-il ? Que faisait-il ? Pourquoi n'a-t-il pas rejoint la ferme plus tôt ?

« On croyait tous que tu avais été tué, explique sa femme. Surtout lorsque ta mère est venue ici. Tu étais parti du presbytère pour nous rejoindre paraît-il. Aussi quand elle a vu que tu n'étais pas là, elle s'est mise à crier : " Il est mort, il est mort ! ", et elle est repartie, a traversé la place de l'église alors que ça tirait de partout. Personne n'a pu la retenir. »

André raconte ses heures passées au château. Mais il abrège au maximum. Dehors, la fusillade a repris. Plus inquiétant encore, les Allemands déploient leur artillerie légère, leurs voitures-chenillettes et leurs mitrailleuses devant la ferme. Un avion de reconnaissance US tourne dans le ciel au-dessus de Neuville-au-Plain, échappe aux tirs et fait demi-tour. Dès qu'il a disparu, les Allemands se déplacent, se remettent en position un peu plus loin, dans un champ voisin. Quand les premiers obus passent au-dessus de la ferme, André Laisné comprend les raisons de ce jeu de cache-cache : le « mouchard » livre ses renseignements à l'artillerie, et les Allemands se pressent de décamper pour échapper aux bombardements.

Mais les civils sont prisonniers entre leurs quatre murs. Or, les obus s'abattent maintenant en pluie autour d'eux, tombent de plus en plus près. Les Américains ajustent leurs tirs.

« Le prochain est pour nous », murmure Charles Osmont.

Il est pour eux. L'obus fusant explose au-dessus de la maison et retombe en éclats perforants. Panique, poussière, fumée. Tout le monde s'appelle, crie, pleure. La fille Osmont s'affole, pique une violente crise de nerfs. On la calme. Elle prie : « Je vous salue Marie »... André Laisné se lève, tâte ses membres. Indemne. Tout le monde est indemne.

« Regardez, regardez ! L'obus, c'est l'obus ! » Ce n'est que la bouillotte d'aluminium déchiquetée qui a atterri au milieu de la pièce. La fumée se dissipe, laisse apparaître un spectacle de désolation. La chambre est dévastée, le dos du lit est criblé d'éclats, les murs troués comme un gruyère.

Deuxième obus. Plus précis encore. Nouveau miracle : personne n'est touché.

« Ne restons pas là, sinon, on va y passer. »

André Laisné a son idée. La chambre communique directement avec un cellier par un escalier. Avec Charles Osmont, il descend les marches, se rend dans le cellier. Tous deux dégagent des fagots, aménage une espèce de creux, de grand trou où ils installent les femmes et les enfants. Reste M. Bihel qui descend en boitant, qui se plaint de sa blessure à la fesse. Il parvient enfin au bas de l'escalier, passe devant un silo à lard vide. Troisième obus : le souffle de l'explosion est formidable, pulvérise le silo à lard, projette le retardataire à plusieurs mètres.

« Le père Bihel est mort ! »

Charles Osmont et André Laisné se précipitent, s'attendent au pire. Le père Bihel est allongé, face contre terre. Mais il se redresse, visage couleur farine, roule des yeux effarés.

L'artillerie s'est tue. Les hommes se battent à nouveau. Décimés, les parachutistes de la section Turnbull ont laissé la place à des renforts qui contre-attaquent depuis Sainte-Mère-Église et prennent pied dans Neuville-au-Plain[1]. Les Osmont et les Laisné sont à nouveau dans la chambre, à nouveau plaqués contre les murs pour échapper aux balles, à nouveau en danger de mort. Et ça s'éternise.

La porte qui donne sur le cellier s'ouvre à grand fracas. La silhouette d'un GI se profile dans l'encadrement. Il s'avance vers les civils, serre les mains qui se tendent. Il demande :

« Le Boche ? Le Boche ?

— Dehors, dehors, mais pas dans la maison. »

Il prend du chocolat dans ses poches, tend également deux tartines de pain noir, du pain français d'occupation :

« For the baby », précise-t-il.

Il ouvre l'autre porte qui donne sur l'escalier menant aux pièces du rez-de-chaussée, s'arrête sur le palier :

« I come back. »

La porte s'est à peine refermée, que celle du cellier s'ouvre à nouveau. Un Allemand !

1. Forte de quarante-deux hommes, la section du lieutenant Turnbull engagea le combat vers 10 heures et résista durant sept heures à l'assaut allemand avant de se replier. Ce qui évita aux parachutistes en place à Sainte-Mère-Église d'être attaqués par le nord.

Le lieutenant Turnbull, un métis qui avait du sang cherokee dans les veines, fut tué le 8 juin par un éclat d'obus.

« Tommies ! Tommies ! »

Il est menaçant, met tout le monde en joue, ordonne aux civils d'ouvrir l'armoire, regarde sous le lit. André pense au GI qui vient de descendre l'autre escalier, qui se balade à quelques mètres et que personne n'entend se déplacer sur ses semelles caoutchoutées. L'Allemand quitte la pièce. Et disparaît. Par le même chemin que l'Américain.

Cette folie dure des heures. Cette fois, les alliés ont le dessus. Définitivement. André Laisné et Charles Osmont n'en peuvent plus d'attendre. Ils veulent aller aux nouvelles, se renseigner, savoir... En fin d'après-midi, ils sortent, découvrent le désolant décor de guerre. Neuville-au-Plain est jonché de cadavres. Il y en a partout : dans les fossés, sur les chemins, dans les champs. Des équipes font le tri, ramassent les morts américains ; les corps des Allemands, eux, resteront plusieurs jours là où ils sont. Au milieu de la place de l'église, un MP (Military Police) oriente les convois qui montent du littoral. Arrivés par la route de Baudienville, une quinzaine de chars américains se postent dans le village. Les deux premiers ont été stoppés par les Allemands : l'un a sauté sur une mine, l'autre a été touché par un « panzerfaust ». André Laisné aperçoit l'un des servants. Il a le visage en sang.

« Vous êtes blessé ? demande-t-il, prêt à l'aider.

— No, no. My friend... »

Le « friend » n'a plus besoin de personne. Il a la tête tranchée. C'est son sang qui a giclé sur son compagnon.

Parfois, une pluie d'obus s'abat sur le village. Parfois aussi, des tireurs embusqués reprennent un combat désespéré. Les derniers sursauts qui obligent à courir dans les fossés, à s'aplatir dans l'herbe. Mais les irréductibles ne peuvent enrayer l'avance américaine.

Une épaisse fumée s'élève au-dessus du presbytère, si épaisse qu'elle masque l'église. Ses parents...

« Mon Dieu, ils ont été tués ! »

André Laisné saute par-dessus le mur du cimetière, contourne le presbytère, trouve la porte grande ouverte. Tout en appelant ses parents, il fonce vers l'abri creusé dans le jardin. Derrière l'écran de fumée, il distingue la tête de son père qui se dresse hors de la tranchée :

« Eh ben ! D'où c'est que tu sors, toi ? On te croyait mort ! »

Lui aussi...

Charles et André poursuivent leur tournée, recherchent voisins et amis. Ils poussent des portes, entrent dans les maisons. Personne. Toutes les demeures sont désertes. A croire que la plupart des habitants ont quitté Neuville-au-Plain. Tout de même, ils trouvent Marcelle Hamel, l'institutrice qui, la veille, a guidé les parachutistes à travers champs jusqu'à la chasse des « trois ormes ». Ils entrent aussi « Au bon accueil », le café-épicerie. Dans l'arrière-boutique, ils découvrent le vieux Roupsard, le patron du bistrot, tranquillement assis devant la cheminée où crépitent les flammes.

« Qu'est-ce qu'il y a ? rugit le bonhomme...

— On vient voir si vous n'avez besoin de rien ?

— Besoin de quoi ?

— Bah, on ne sait pas. Où est votre famille ?

— Ah ! Ils sont partis depuis longtemps.

— Et vous alors ?

— J'ai fait la Grande Guerre, moi ! Et j'en ai vu d'autres !

— Vous voulez venir avec nous ?

— Venir avec vous ? Pour aller où ? Je suis chez moi ici, et je suis très bien. »

Les deux hommes se résignent. Ils laissent le père Roupsard à son petit Verdun personnel. Une fois dehors, après des heures et des heures d'angoisse et de panique, André Laisné s'offre un dernier luxe : « la peur de sa vie », avoue-t-il encore aujourd'hui. Un soldat allemand est là, à genoux dans le fossé, fusil pointé vers lui, qui le fixe de ses yeux grands ouverts.

Un mort. Un de plus. André est pris d'un fou rire nerveux. Cette fois, c'est bien fini...

CHAPITRE V

Bénouville-Ranville : trois femmes sur le pont

Ce n'est pas le Cotentin, mais le Calvados. Ce ne sont pas des Américains, mais des Anglais. Pourtant, à quatre-vingts kilomètres de distance et à la même heure, la mission des hommes de la 6e division aéroportée britannique ressemble comme une sœur jumelle à celle des paras de la 82e Airborne US : désorganiser les arrières du mur de l'Atlantique, protéger le flanc de la zone de débarquement, tenir ou saboter les voies de communication pour empêcher l'arrivée d'éventuels renforts ennemis, prendre intacts les ponts de Bénouville et Ranville, seuls passages au-dessus du canal de Caen et de l'Orne. Avec, dans les marais de la Dives, le même scénario-catastrophe que du côté de la Douve et du Merderet.

Avec, également, son lieu de légende : un pont, un simple pont de métal gris. C'est là que les « paras ailés » du major Howard signent leur exploit : à Pegasus Bridge.

« Fais les carreaux Suzanne. Pour les Anglais.

— Maman, tu rêves ! »

Au château du Heaume à Ranville, la mère est catégorique. Un pressentiment : les Anglais arrivent. Dès fin mai, en leur honneur, elle se soucie de la propreté des vitres.

Le Heaume, élégante gentilhommière à façade claire et toit d'ardoises noires, a été acquis par la famille Doix en 1929. Pour se mettre au vert. Traumatisée par les affres de la Grande Guerre, la grand-mère avait voulu quitter la région parisienne. A plusieurs reprises, elle avait supplié ses enfants :

« Je vous en prie, allez chercher une propriété plus loin. Où vous voudrez, mais qu'on ne voie plus ça. »

Lorsque la Seconde Guerre mondiale éclate, la famille s'est agrandie. Suzanne vit toujours avec sa grand-mère et ses parents mais elle-même s'est mariée. Sans changer de nom cependant car elle a épousé son cousin germain. Le couple a deux garçons : Alain et Christian.

Au cours des années d'occupation, le château n'est jamais réellement réquisitionné. Il sert toutefois d' « hôtel » à quelques officiers pour de courtes périodes. Le dernier est parti il y a un mois environ. Maintenant il n'y a donc plus d'Allemands au château du Heaume. En revanche, Suzanne reçoit parfois de mystérieuses visites. Comme ce curieux cheminot qui se présente le 4 juin. Sans doute un Français. En tout cas, il n'a pas l'ombre d'un accent. Il demande l'autorisation de passer la nuit dans un des bâtiments de la propriété. Suzanne accepte. En la remerciant, il lui dit : « Madame, bientôt vous me reverrez sous un autre costume... »

Cinquante ans après, Suzanne reste persuadée que cet homme était un espion britannique.

Ranville est scindée en deux : d'un côté l'école, la mairie, l'essentiel des habitations. De l'autre, à environ trois cents mètres, le café Anne qui s'avance en angle, coincé entre deux rues, puis une boucherie, une ferme et, en face, la maison de la famille Guelle. Le pont de la rivière est à l'ouest sur la route de Caen, dans l'alignement de celui de Bénouville, la commune sœur.

Entourée d'herbages, l'habitation de Germaine et Alexis Guelle est modeste : salle à manger, cuisine au rez-de-chaussée ; deux chambres à l'étage. Elle abrite une famille nombreuse : quatre garçons, entre sept et quatorze ans, plus une petite sœur née au mois d'avril 44.

Femme de caractère, Germaine gouverne tout ce petit monde avec efficacité. Elle déteste dissimuler, et affiche ouvertement une attitude anti-allemande : « Avec nous, ils n'ont pas de bon temps », dit-elle.

Lorsque les soldats réclament des œufs ou du bois, « elle n'en a plus ». Elle refuse de laver le linge que l'occupant lui apporte.

Dans le village, trois autres femmes, comme elle, répugnent à jouer les blanchisseuses de la grande armée. A la Kommandantur, un officier réagit : « Les Allemands n'accepteront pas cet affront. Les maris des mauvaises Françaises seront envoyés en Allemagne. »

Finalement les Normands ne partiront pas. Ce sont les soldats qui, affectés ailleurs, laisseront tomber l'affaire.

« Gaulliste à bloc », comme elle se plaît également à le répéter, Germaine Guelle s'est débrouillée pour conserver un poste de radio. En cachette, elle écoute la BBC et le Général. Elle peut également suivre les déplacements des forces alliées en Afrique du Nord.

Pendu derrière la porte de la cuisine, un torchon dissimule une carte. Avec des épingles, Germaine marque les mouvements des armées américaine, canadienne, britannique.

Un matin, un Allemand fait irruption dans la pièce et le torchon tombe. La famille retient son souffle. Contrairement à toute attente, le soldat ne condamne pas. Il montre des points sur la carte, puis ses cicatrices. Il se laisse aller, parle de lui. D'origine hongroise, il était encore à l'école lorsqu'il fut enrôlé. Tout en racontant, il jette des regards envieux vers les déjeuners des enfants. « Si je fais une bonne action, pense Germaine, il ne dira peut-être rien. » Elle lui tend un grand bol de lait brûlant qu'il avale d'un trait avant de disparaître.

L'occupation s'est assouplie et le vainqueur est fatigué. A Bénouville, le couple d'instituteurs a, lui aussi, perçu le changement.

Marie Deschamps garde en mémoire la dernière nuit de Noël : les deux Allemands logés dans la mairie-école ont fondu en larmes à la vue du sapin décoré. Lorsqu'ils rentrent de permission, à chaque fois un peu plus tristes, ils arborent souvent un brassard noir.

Même leur intendance se dégrade. Place de la mairie, ils attendent parfois pendant des heures que passe la gamelle.

Un jour, Jean Deschamps écoute la BBC. Pour trouver un poste, il n'a que l'embarras du choix : toutes les TSF enlevées aux habitants ont été entreposées dans le grenier de la mairie dont il est également le secrétaire. Très attentif, il n'entend pas venir l'Allemand qui le surprend : « Vous gross de Gaulle ! » fait le soldat en riant.

M. Deschamps sait que ses locataires, eux aussi, écoutent la radio anglaise. Un soir, il fait irruption dans leur chambre et à son tour leur lance :

« Attention, gross de Gaulle ! »

« Nous, on ne vous dira jamais rien, répètent souvent les deux soldats. Mais attention si la Feld-Gendarmerie arrive... »

Marie et Jean Deschamps ont en charge les deux classes du village. Madame s'occupe des petits et monsieur des grands. Les enseignants sont maîtres de leur programme mais pas totalement de leurs options... Titularisée en 1940, Marie, alors âgée de vingt et un ans, a dû signer un papier promettant qu'elle n'adhérerait jamais à la franc-maçonnerie. Ordre a été donné aux deux instituteurs d'accrocher le portrait de Pétain dans chacune de leur classe et les enfants doivent apprendre les discours du Maréchal : « Je fais à la France le don de ma personne... »

Début juin, les élèves de Jean Deschamps affrontent le certificat d'études. Les enseignants sont inquiets : à cause des bombardements, il faudra peut-être suspendre les épreuves. Dans les classes, les bâches remplacent les carreaux cassés et les lampes à pétrole l'électricité défaillante. L'examen s'achève tout de même. Soulagés, les maîtres libèrent l'ensemble des enfants.

La veille du débarquement, l'école a donc fermé ses portes et une grande partie des Allemands ont quitté le village, pour renforcer ceux des côtes. Les vacances peuvent commencer...

Le soir du 5 juin, Germaine Guelle se couche de bonne heure. Soudain, son mari la réveille : « Entends-tu tous ces avions ? »

Il est 23 heures. La jeune femme se lève. Les commerçants de la rue s'appellent d'une fenêtre à l'autre.

« Qu'est-ce qui se passe ?

— J'en sais rien. »

Près du café, dans la nuit, Germaine distingue un corps allongé. « C'est vous M. Anne ? Vous êtes réveillé aussi ? »

Pas de réponse. Germaine ne sait pas que l'homme étendu est un Anglais dont le parachute est resté accroché sur le toit.

Une multitude de fusées éclairent la plaine. Splendide. Germaine appelle ses garçons. Ils n'ont encore jamais vu de feu d'artifice, c'est l'occasion. Les gamins admiratifs, s'agglutinent à la fenêtre et contemplent le spectacle. Jusqu'au moment où toute la famille retourne se coucher. Ce soir, les manœuvres allemandes sont impressionnantes.

Au château, Suzanne Doix elle aussi se lève. Pour voir. Mais avant de quitter la chambre, elle a une réaction étonnante :

« Je t'enferme, dit-elle à son mari. On ne sait pas si ce sont des Anglais ou des Allemands. Il vaut mieux qu'ils ne te voient pas. »

Elle tourne la clef dans la serrure. Puis se poste à une fenêtre. Ses enfants la rejoignent. Le clair de lune est superbe. Tout à coup, Suzanne aperçoit deux hommes. Armés de mitraillettes, ils empruntent l'allée qui contourne la rotonde gazonnée. Il est 23 heures. Les hommes sont à la porte, Suzanne préfère ne pas se montrer. Alors ils font le tour et brisent les carreaux du petit salon. Suzanne regrette de ne pas leur avoir ouvert. Mais elle est déjà remontée au premier étage et ferme une autre porte. Évidemment, les deux visiteurs cognent encore avec la crosse de leurs armes. « Il faut que je me décide, se dit Suzanne, sinon ils vont tout casser. » Elle descend et se trouve face à des officiers de l'Intelligence Service.

« Madame n'ayez pas peur, nous sommes anglais, annonce l'un deux fort courtoisement. Avez-vous beaucoup de monde ici ?

— Oui, mais il n'y a pas d'Allemands. Des habitants de la commune sont venus s'abriter, à cause des bombardements. »

Sur ce, la jeune femme libère tout de même son mari. Les deux Anglais étalent une carte du secteur qu'ils éclairent à la bougie et montrent un point :

« Nous avons rendez-vous ici, à la tour de Ranville[1]. »

Au premier étage de la mairie de Bénouville, dans la glace de l'armoire, le ciel se reflète, immensément rouge, strié de grands oiseaux noirs. Marie et Jean Deschamps perçoivent un bourdonnement sourd et continu, sans éclats. Il est 23 heures. Le couple guette comme au sommet d'un donjon. Par ses deux fenêtres : l'une donne sur la petite place où s'élève le monument aux morts de la guerre de 14. L'autre s'échappe vers le pont. Le pont-levis de Bénouville, au-dessus du canal de Caen. Sa carcasse gris acier,

1. Il s'agit de la tour de l'ancien moulin de Ranville. Elle a depuis été dédiée « à la mémoire des combattants belges de la brigade Piron tombés en août 44, aux côtés de leurs camarades de la VIe Airborne ».

surplombée de la cabine de manutention et de son énorme contrepoids, se détache dans la pénombre. Les Allemands ont rasé le logement des pontiers et abattu les tilleuls centenaires qui jalonnaient l'allée depuis la mairie. A côté du pont il ne reste que le petit café des Gondrée. Et en face, légèrement en retrait, le café-restaurant des Picot...

Le ciel s'est embrasé et soudain des fusées blanches percutent le pont. Les hommes de la 6e division aéroportée britannique, commandés par le major John Howard, ont ordre de le prendre intact. Les sapeurs, eux aussi embarqués dans les planeurs, doivent désamorcer en un temps record les explosifs disposés sous l'ouvrage par les Allemands. En fait, seuls les mécanismes de mise à feu ont été posés. Les explosifs eux, ne sont pas dans les magasins. On les retrouvera plus tard dans une baraque [1].

Le couple Picot et deux amis sont dans la cave. Comme à chaque alerte. On joue aux cartes en attendant le retour au calme.

L'opération « coup de main » des Britanniques se joue en surface. Au sous-sol, la partie est acharnée.

Les hommes de Howard prennent position tout autour du pont. Ils connaissent le scénario par cœur. Les scènes ont été répétées pendant des mois, sur maquettes grandeur nature, en Angleterre. Leurs gestes, automatiques, précis, n'autorisent aucune improvisation. La rapidité est leur atout majeur. Et les consignes défilent dans leur mémoire :

« Prendre le pont, supprimer toute résistance. Prendre le pont, supprimer... »

Et aussi cette recommandation :

« Pas de perte de temps, pas de prisonniers. »

Le cafetier perçoit une animation inhabituelle.

« Carreau, je coupe... Mais qu'est-ce qui se passe ? »

Picot regarde ses amis, Louis Pegot et Léon Tribolet, coiffeur à Ouistreham. Il veut savoir. Sort sur la terrasse. S'approche du réservoir à eau du « petit Décauville ». Le train de la mer pour les

1. Responsable allemand du secteur, le major Hans Schmidt avait reçu l'ordre de faire sauter le pont si sa prise par les alliés paraissait imparable. Le major avait donc préparé sa destruction. Mais, craignant un accident ou une attaque des partisans, il n'avait pas fait installer les explosifs. Les sapeurs britanniques ont donc seulement enlevé les mécanismes de mise à feu. Dans sa reconstitution *Le Jour le plus long*, Darryl Zanuck tenait à l'histoire des explosifs. Le major Howard, présent sur les lieux du tournage, tenta bien de l'en dissuader. Mais il céda devant la volonté du cinéaste.

Caennais. Un Anglais est caché dans le bac à eau. Il tire. Une rafale de mitraillette atteint M. Picot au ventre. Sa femme hurle, sort à son tour. Les tirs continuent, elle est légèrement touchée aux reins. Léon Tribolet et Louis Pegot portent le blessé et l'allongent sur une table. Mortellement atteint, M. Picot décède quelques instants plus tard.

Place de la mairie, des ombres courent en silence. Soudain, un camion surgit de la route de Ouistreham et explose. Depuis le monument aux morts, les ombres ont jeté une grenade. Jean et Marie Deschamps entendent des cris puis, très longtemps, les plaintes d'un blessé. Un autre convoi arrive de Caen. Les ombres l'arrêtent. Les soldats sont emmenés. Parallèlement, le blessé est traîné devant le monument aux morts et achevé d'un coup de pistolet.

Jean Deschamps quitte son observatoire. A la grille de l'école, il interroge :

« Camarade blessé ? »

La réponse fuse : « Non pas camarade, Allemand. » Puis cette question : « Avez-vous des sanitaires ?

— Non », répond le maître d'école qui ne sait toujours pas à qui il a affaire.

« C'est bizarre, dit-il en retrouvant sa femme. Ils organisent des manœuvres, et en plus, ils font des blessés. »

Les ombres passent et repassent. Les tirs maintenant envahissent la nuit. Inconscients du danger, M. et Mme Deschamps restent à la fenêtre.

Un soldat les aperçoit :

« Nous sommes anglais, où est le Boche ? »

Et si les Allemands, dans le cadre de leurs manœuvres, testaient les civils ? L'enseignant reste sur la réserve :

« Ils sont partout... »

Un autre groupe est déjà sous la fenêtre. Cette fois, Marie remarque que les hommes ont le visage noirci, que leurs casques sont couverts de filets et de branches.

« M. Lucien Thomas, le maire, est-il ici ? demande un officier.

— Non, Monsieur le maire habite...

— Parlez lentement.

— Je descends, on va discuter. »

Cette fois, les instituteurs sont rassurés : les hommes de la place sont bien des Anglais :

« Nous sommes l'armée de la libération. Nous allons faire des victimes et des dégâts, mais c'est pour délivrer la France. »

Les deux Français en robe de chambre, perdus parmi les premiers alliés du jour J, répondent par un mot tout simple :

« Merci. »

Et puis rapidement, ils s'inquiètent : les voilà propulsés sur le front, or ils ont trois petits, huit mois, vingt-deux mois et cinq ans.

« Avez-vous un abri ? demande l'Anglais.

— Le préau. »

La famille Deschamps se réfugie d'abord dans une classe. Mais la cloison vitrée qui sépare la classe des petits de celle des grands ne tarde pas à dégringoler. Ils passent donc la nuit sous le préau. A leurs côtés, la petite bonne ne cesse de marmonner : « J'ai pou. » Dans la rue, des déflagrations se suivent en chaîne : le camion de Ouistreham était chargé d'explosifs. Les Deschamps comprennent pourquoi les Anglais les pressaient tout à l'heure : « Partez car tout boum ! »

5 heures. Germaine Guelle ouvre un œil. Les bombardements sont toujours intenses, mais ce n'est pas ce qui l'a réveillée : elle doit se rendre aux toilettes. En fait, elle s'arrête avant le petit coin, dans le jardin, lève sa chemise de nuit et soudain voit trois noirs ou, comme elle dira plus tard « trois simulés nègres ». Ils sortent de l'abri creusé par son mari. Affolée, elle retourne précipitamment dans la maison. Prévient d'abord Alexis. Mais tout comme Suzanne Doix, elle veut que son homme reste caché : « J'entends causer. Ne te lève pas, ce sont peut-être des Allemands. »

Elle redescend, ouvre les volets qui donnent sur la rue et là ne reconnaît plus rien. Un désordre intense règne sur la chaussée. Des soldats courent en tout sens, jettent des grenades, installent un canon. Un motard semble faire la liaison, des petites Jeeps croisent des chars.

« Ça y est Mme Guelle, s'époumone la voisine, ils sont là les libérateurs ! »

Germaine traverse la route et, dix mètres plus loin, tombe nez à nez avec un planeur posé en travers du chemin. Elle rentre à toute vitesse pour raconter. Les garçons sont déjà levés ; elle les trouve en compagnie d'un des trois soldats du jardin. Il se lave le visage sous le robinet. Tente d'expliquer que la famille doit évacuer. Mais Germaine ne comprend rien et puis elle est trop excitée, trop heureuse. Elle s'adresse aux enfants : « Les Anglais sont nos libérateurs, on va être débarrassés des Allemands, on va être libres. » Pour les garçons, ce mot magique a un seul sens : ils se voient déjà gambadant dans la campagne sans contrainte. Germaine fait chauffer du lait, donne un bol au soldat. « Ce n'est pas tout ça, s'exclame-t-elle, les deux autres dans l'abri, ils doivent aussi en avoir envie de mon lait ! »

Elle traverse le jardin avec sa casserole. Mais ils ne sont plus deux, ils sont dix.

« Ça se complique », pense Germaine.

Et la voilà partie au milieu de la bataille, sous les bombardements, chercher du lait à la ferme. Elle revient avec un seau... et ils sont vingt !

7 heures. La famille est attablée pour le petit déjeuner. Un officier anglais surgit, baïonnette au canon. Il est furieux. Lui, il parle français et va clairement se faire comprendre :

« Je vous donne dix minutes pour partir.

— Mais où voulez-vous qu'on aille, rétorque Germaine, avec un bébé de deux mois ?

— Vous trouverez bien quelqu'un. C'est juste pour la journée : ce soir, nous sommes à Caen. »

Dès leur arrivée, les Anglais avaient déplié un plan : le quartier sur carte d'état-major. Avec les noms : « le café Anne, la boucherie Latoure, la ferme Fontaine, la maison Guelle ». Les alliés savent tout. « Ce soir nous sommes à Caen » : la Française n'a pas de raison de douter.

Au château de Ranville, Suzanne Doix passe une nuit blanche. Les deux Anglais de l'Intelligence Service reviennent. Avec eux, un grand officier, très british, en tenue de combat impeccable : « Voici notre général. Sir Richard Gale. »

Le commandant en chef des troupes aéroportées britanniques vient d'atterrir en planeur. Sa haute silhouette se détache dans le hall d'entrée du château. C'est là qu'il établit son QG. Très exactement dans la cave à cidre de la demeure. Les Français — la famille Doix et vingt habitants du pays — sont d'abord regroupés dans le fumoir, à côté de la salle à manger.

« Vous devrez rester là tous ensemble, sans bouger jusqu'à 7 heures. Vous irez prendre à tour de rôle votre petit déjeuner, puis vous reviendrez ici. »

Les « libérateurs » disposent des lieux et des gens naturellement, sans l'ombre d'une hésitation. Comme si la réquisition du château faisait partie du plan. Devenus soldats de Sa Gracieuse Majesté, les châtelains exécutent les ordres sans discuter.

Toute la matinée, le bombardement sur Ranville est terrifiant. « Ça n'arrête pas. Pas une seconde », murmure Suzanne.

Vers 13 heures, tout le monde déjeune à nouveau dans la cuisine. Puis on installe des matelas autour du chauffage central. Au-dessus des trois marches qui conduisent à la pièce, un vigile armé est en faction. Il y restera jusqu'à l'arrivée des tanks et munitions débarqués sur la plage.

Depuis la côte, la 3e division anglaise ajuste ses tirs en direction de Caen, via Bénouville. Le bruit est assourdissant ; les obus de l'artillerie de marine colossaux. La taille de ces projectiles effraie même les soldats du major Howard, pourtant aguerris :

« Sacrebleu, mon commandant, ce ne sont pas des obus qu'ils nous envoient, ce sont des Jeeps[1]. »

Pour les civils, c'est l'enfer...

Les Deschamps restent coincés toute la matinée sous le préau. Vers midi cependant, ils risquent une sortie. Dans la cour de l'école, plusieurs soldats britanniques sont étendus. Les enfants pensent qu'ils se sont endormis.

Deuxième partie de la mission : les hommes d'Howard, rejoints par les paras du 7e bataillon de Pine-Coffin, repoussent les contre-attaques ennemies. En attendant la jonction avec ceux de la mer et la relève. Pour tenir, il faut aussi organiser des temps de repos. A tour de rôle.

Jean Deschamps trouve des soldats britanniques dans son lit. Avant de s'endormir, ils ont fait du thé. L'instituteur découvre aussi des jeux de cartes. Son livre de chevet a été ouvert. Sur la page de garde un lieutenant Thomas a inscrit une dédicace en

1. Recueilli par Stephen E. Ambrose dans son livre *Pegasus Bridge*.

forme de remerciement. Au cours de la nuit, ses hommes avaient investi la petite mairie. Le lieutenant pensait installer une mitrailleuse au grenier, excellent poste d'observation. Mais tout là-haut, il s'était trouvé face à un mur de TSF.

« Impossible, avait-il pensé. Je ne peux pas faire monter mes hommes ici. Avec leurs gros souliers, ils vont tout casser. »

Jean Deschamps entend de nouveaux tirs, très proches. Le château de Bénouville, transformé en maternité, est visé. Les Allemands évidemment. Mais ça vient du pont. Et les maîtres du pont sont anglais.

Les alliés, en effet, ont trouvé sur place un canon. Et ils font feu sur le château. Ces Anglais parfaitement renseignés, qui connaissent le nom du maire, ignorent-ils que Mme Vion, la directrice de la maternité, est chef de la résistance locale ? Pendant toute l'occupation, elle a mené de front sa double activité : l'accueil des futures mamans — souvent des malheureuses filles mères qui n'inscrivaient à la réception que leur seul prénom — et celui des parachutistes alliés. Elle les cachait et les nourrissait, en partie grâce aux tours de passe-passe du secrétaire de mairie, responsable des cartes d'alimentation. Quand elle s'adressait à lui, Mme Vion avait pris l'habitude de dire :

« M. Deschamps, entre hommes... »

Les tirs contre la maternité ont cessé. Mais le couple Deschamps en reste choqué. Ils ignorent que le caporal Wally Parr pensait avoir localisé des Allemands sur le toit du château. Allemands qu'il voulait déloger. Il fallut plusieurs minutes au major Howard pour réaliser et donner l'ordre au caporal de cesser le feu immédiatement. Avant de lui révéler la nature exacte de son objectif.

Tout à coup, et malgré le vacarme, Jean et Marie Deschamps l'entendent très distinctement : le son d'une cornemuse. Une cornemuse en plein combat. Bill Millin, le sonneur, puis Lovat, en costume de chasse, et tous les autres enfin descendent l'avenue.

Cette cornemuse, ce n'est pas seulement du folklore. Lord Lovat, John Howard et Pine-Coffin s'étaient mis d'accord avant :

En arrivant aux abords du pont, Lovat ferait jouer la cornemuse, Pine-Coffin lui répondrait par clairon interposé. Deux airs avaient été définis. L'un annoncerait une voie parfaitement libre, l'autre révélerait la présence ennemie autour de l'objectif. Le clairon interprète le second air.

Les renforts franchiront tout de même le pont. La jonction est réussie. Pegasus Bridge [1] est né.

A Ranville, le son de la cornemuse n'atteint pas Germaine Guelle et les siens. Toute la journée du 6 juin, ils sont ballottés entre ordres et contrordres, d'un bout à l'autre du village. On leur avait dit de partir, d'aller chez des amis. Quand ils arrivent, le secteur n'est plus qu'un champ de tir et d'autres Anglais les conjurent de disparaître.

A 18 heures, les Guelle ont réintégré leurs pénates. D'ailleurs, ce n'est pas pire ici que là-bas.

Germaine met le couvert et fait chauffer la soupe. Lorsque survient une nouvelle vague d'avions remorquant des planeurs.

« Tout le monde à l'abri, dit Alexis, ça va barder.

— Tu m'embêtes, répond Germaine. Je suis fatiguée. Prenons au moins le temps de manger la soupe.

— Allez les gamins, venez avec moi », enchaîne le mari.

Son bébé dans les bras, flanqué des quatre garçons, Alexis Guelle court au fond du jardin. Restée seule, Germaine préfère les rejoindre. Vers 21 heures la troupe risque un retour dans la cuisine. La table est desservie. Les fenêtres sont défoncées, des éclats d'obus jonchent le sol. Les portes des chambres ont été arrachées, les lits sont couverts de gravats.

Cette fois les Guelle ne peuvent rester. Direction la maison de grand-mère.

Dans les heures, les jours qui suivent, ils font le tour de Ranville, d'étape en étape, de cachette en refuge. Ce sera successivement le domicile de la grand-mère, l'abri du jardin de la sœur, le secteur du calvaire, la ferme de Mme Vasnier ou le

1. Lord Lovat en costume de chasse, un béret en guise de casque, précédé du son de la cornemuse et s'excusant d'un retard de deux minutes : l'image était superbe ; elle est vite devenue emblématique. Même si l'heure d'arrivée de Lovat ne fut pas aussi précise. L'opération « coup de main » à Bénouville-Ranville était, sur le papier, l'une des plus hasardeuses du débarquement : elle fut la plus réussie. Au point de se révéler mythique comme le nom donné au pont de Bénouville, « Pegasus Bridge », en l'honneur des troupes britanniques aéroportées dont Pégase, le cheval ailé, était le symbole.

château du maire, le comte de Rohan-Chabot qui a mis son sous-sol à la disposition de ses concitoyens.

Mais Germaine revient régulièrement chez elle. Une fois, elle trouve un soldat anglais dans sa chambre. Il a déjà dérobé sa bague de fiançailles, les médailles et gourmettes de communion des garçons. Le soldat s'enfuit. Germaine va voir le maire et explose : « Me faire ça à moi, une vraie gaulliste. Ce sont des voleurs qu'ils ont amenés ou des libérateurs ? »

Le comte promet d'en référer. Un peu plus tard, il transmet un message du général Gale. Celui-ci présente ses excuses et demande que l'on pardonne à ses hommes : ils sont venus en France se faire tuer et parfois s'étourdissent en débordements regrettables.

Beaucoup sont tués en effet et Germaine commence à avoir peur. La plaine est couverte de planeurs, les alliés sont en force. Tout à coup, elle voit arriver sur elle un char allemand. Il est à moins de cinquante mètres lorsqu'il explose.

La famille Guelle a appris à courir au rythme des obus. Selon le bruit, elle reconnaît la trajectoire.

Pour aller chez la grand-mère, on longe un mur masqué par de petits arbres avant de passer devant le café-restaurant. En général la route est vite faite. Mais cette fois-là, Germaine s'arrête quelques instants. Parmi les arbres, il y a un soldat anglais : il lui tend un paquet de bonbons. Puis, sur le pas de sa porte, le restaurateur lui donne un conseil : « Ça recommence à canarder... Allez vite faire la taupe, moi je fais le mulot. »

Image pittoresque. Mais lorsque la « taupe » revient à la surface, le « mulot » est mort. Le soldat aussi[1].

Dix-sept jours après le débarquement, la famille Guelle sera évacuée : sa maison n'a plus de toiture et le lait pour le bébé fait cruellement défaut.

Les Deschamps passeront en tout quatre-vingt-trois nuits hors de chez eux, réfugiés dans le haut du village ou à la maternité.

1. Adrien Anne, âgé de cinquante ans, est le premier civil tué à Ranville. Grièvement touchée, son épouse Suzanne décède à son tour quelques jours plus tard. On dénombrera quatre autres victimes à Ranville et sept à Bénouville. Dont M. Picot. Et ce jeune homme qui voulait réconforter sa mère, veuve de la Grande Guerre, par un peu de lait. Le 7 juin, un éclat d'obus le tua dans son champ ; il était en train de traire.

Paris est libérée. Bénouville-Ranville tremble encore des bombardements du Havre.

Suzanne Doix, elle, ne quittera pas une seconde sa demeure, pourtant objet de toutes les attentions.

Les Allemands savent sans doute que le général Gale a établi là son QG. Le château est sans cesse pilonné : ça vient du ciel ou du bois de Bavent. Les obus encadrent la maison, des éclats tombent dans le salon. En trois semaines, soixante soldats alliés sont tués dans le périmètre de la propriété. Des planeurs atterrissent dans le parc, se fracassent contre les arbres. Devant la demeure, trois tentes sont montées : l'une pour les premiers secours, la seconde pour les blessés graves, la troisième pour les morts. Un peu plus tard, la salle à manger deviendra à son tour salle d'hôpital.

Les civils sont toujours cantonnés dans la cuisine. Il y en a dans tous les coins, même sous la table. Quinze jours après son arrivée, le général les fait évacuer. Seule la famille Doix est autorisée à rester. Mais elle a à peine le droit de sortir de la cuisine.

Les deux enfants cependant feront une escapade. Avec leur grand-mère, pour découvrir les planeurs. Suzanne, elle, ne réussit même pas son échappée dans la chambre à coucher.

« J'étouffe ici », dit-elle à son mari pour l'entraîner. Le couple entre dans la chambre, une nouvelle volée d'obus s'abat sur la demeure. Plus proche encore, une balle traverse le mur de la pièce. M. et Mme Doix redescendent quatre à quatre dans la cuisine.

Suzanne observe le général qui, à grandes enjambées, fait les cent pas sur la pelouse, le long du château. Elle voudrait bien se rendre utile. Le général ne lui donne même pas ses chaussettes à repriser : une besogne dont il s'acquitte lui-même. Et lorsqu'elle insiste, se dit prête à aider, pour n'importe quoi, il répond en mauvais français mais toujours avec le sourire : « Mettez-vous à l'abri. Restez tranquille. »

Trois semaines après son arrivée, le général Gale prend congé de ses hôtes qui se posent toujours la même question :

« Pourquoi Le Heaume ? » Ranville compte deux autres châteaux. Celui-ci, il est vrai, est assez proche des ponts. Et puis, son allée circulaire facilite les manœuvres des véhicules. Faute de réponse précise, la famille Doix en est réduite aux suppositions. En revanche, une phrase du général résonne toujours à ses oreilles : « Je ne comprends pas comment cette maison est encore debout ! »

Le havre de paix choisi par la famille Doix a été malmené, certes. Mais il n'a pas cédé. Miraculeusement, il est à peine meurtri.

Solides comme les pierres du Heaume, de nombreux Normands refusent de capituler. Malgré le chaos, ils vivent, s'accrochent à leur quotidien. Une façon aussi de prouver qu'ils restent maîtres chez eux. Jusqu'aux plus petits détails. Ainsi cette fermière de Bénouville qui, en plein bombardements, se précipite dans son jardin pour décrocher son linge : « Il ne faudrait tout de même pas que ça me fasse des trous ! »

Bavent : un entêtement mortel

Tandis qu'à moins de trois kilomètres, leurs copains entrent à l'heure dite dans la légende de Pegasus Bridge, les parachutistes britanniques de la 3e brigade chargés de faire sauter les ponts sur la Dives pataugent dans la boue et l'inconnu.

La soixantaine de scouts qui devait baliser la zone de parachutage trente minutes avant le gros de la troupe n'a pu faire correctement son boulot : largués loin de l'objectif prévu, dispersés à leur arrivée au sol, pressés par le temps, les éclaireurs ont posé leurs balises là où ils pouvaient. Et là où ils se trouvaient. C'est-à-dire dangereusement, près du bois de Bavent et des inondations de la Dives. Car les Allemands, tout comme dans le Cotentin, ont employé la méthode aquatique pour contrarier l'envahisseur : la vallée se trouvant au-dessous du niveau de la mer, ils ont ouvert les vannes au moment des grandes marées avant de les refermer pour bloquer les eaux. Ce qui donne à la modeste rivière normande des dimensions de fleuve amazonien…

A quatre-vingts kilomètres de distance et à la même heure, c'est donc un scénario identique. Des « sticks » entiers disparaissent, happés par la nuit, aspirés par la vase. Épouvantablement alourdis par leur barda, englués dans les marais de Varaville, de Robehomme et de Troarn, des centaines de paras se retrouvent perdus dans une nature hostile. Ils se regroupent au hasard, se repèrent comme ils peuvent, tentent de rejoindre les cibles prévues : les ponts sur la Dives. Au prix de mille difficultés et d'exploits insensés[1], les paras remplissent leur mission : les ponts de Varaville, La Divette, Robehomme, Bures, et pour finir, celui de Saint-Samson sautent les uns après les autres. Mais le repli, prévu dans la zone de Bénouville-Ranville, s'avère impossible. Les Allemands tiennent Troarn et verrouillent tous les passages. Les commandos paras tâtonnent dans le noir, cherchent désespérément une sortie, errent dans la campagne. Ils se cachent, s'abritent dans les bois. C'est la nuit des Apaches.

Calfeutrés dans leur propriété, les Cabrol écoutent avec anxiété tous les bruits lourds et sourds qui hantent l'obscurité. La forêt vit, la forêt bouge. Jusque sous les murs du haras. Les Cabrol sont éleveurs de chevaux. Leur domaine fait comme un immense trou dans le bois de Bavent. Une grande demeure, haute et rectangulaire, trône au cœur de la clairière d'où partent, disposées en étoile, les « avenues[2] » fraîches et ombragées qui s'enfoncent sous des arbres géants.

Tout avait commencé un peu après 23 heures. Le ciel s'était brusquement éclairé en vert et rouge. On y voyait comme au travers d'un voile de tulle légèrement teinté. Des ombres métalliques étaient alors passées très bas, avaient déchiré le voile. Dans sa chambre du dernier étage, sous les toits, Yann s'était régalé, tout heureux d'avoir pu sécher les cours. Inquiets devant la recrudescence des bombardements, les Cabrol avaient en effet décidé ce

1. Ces opérations, tout comme la prise des ponts de Bénouville et Ranville, devaient assurer la protection du débarquement en empêchant l'arrivée des renforts allemands et notamment celle des divisions blindées : 12e SS (Hitler-Jugend) et division blindée Lehr (3e) qui stationnaient dans les régions de Saint-Pierre-sur-Dives, Évreux et Épernon.

L'action du major Roseveare est restée la plus célèbre. Parachuté à plusieurs kilomètres au nord du point de chute prévu, le major parvient à rassembler quelques hommes et à récupérer trente-neuf charges d'explosifs destinés à faire sauter le pont de Saint-Samson. Il sort également une remorque du ventre d'un planeur, mais ne trouve pas de Jeep. Aussi décida-t-il d'acheminer son matériel en le tirant à bras d'hommes et de parcourir à pied les cinq kilomètres le séparant de son objectif. Ce qui lui laissait peu de chance d'atteindre le pont avant l'aube.

Fort heureusement, une Jeep du service de santé canadien qui errait elle aussi dans les parages croisa son chemin. Il la réquisitionna, remplaça les médicaments par les explosifs et fonça à travers Troarn sous le feu des Allemands stupéfaits. Ceux-ci engagèrent la poursuite, mais Roseveare et ses hommes eurent le temps d'accomplir leur mission avant de disparaître dans la nature.

2. Dans les grandes fermes normandes, on appelle « avenues » les allées intérieures qui conduisent à la propriété.

lundi 5 juin que leur fils, âgé de quinze ans, ne retournerait pas au collège de Caen où il était pensionnaire. Yann s'était tordu le cou contre la lucarne pour ne rien perdre de la grande ronde des avions qui s'élargissait de plus en plus, jusqu'à l'Orne, jusqu'au canal de Caen. Et puis de la ronde, des centaines de confettis étaient tombés en pluie.

Depuis, les Cabrol guettent sans rien voir.

A huit cents mètres à peine de l'extrémité sud du bois de Bavent, la petite ville de Troarn vit les mêmes heures crispantes, exaspérantes. L'effervescence nocturne a été extrême, entrecoupée d'instants de silence presque surnaturels. Le jour se lève dans une atmosphère d'attente angoissée.

Il est 6 heures. On sonne à la porte du docteur Pierre Martin. Prudemment, le toubib va ouvrir, se trouve face à un homme qui lui annonce que les paras britanniques ont fait sauter le pont et qu'il y a des blessés au village de Saint-Samson. Une femme surtout : Madeleine Casset. Un éclat lui a déchiqueté l'épaule. C'est une de ses clientes. Pierre Martin prend sa trousse, enfourche sa motocyclette.

La peur au ventre, il fonce dans les rues désertes. Mais rien. Pas un soldat, pas un coup de feu. Auguste Casset, le mari, l'attend sur la rive. Il n'y a plus de pont pour traverser la Dives. Le médecin cache sa motocyclette dans les herbes et, guidé par Auguste Casset, longe la rivière sur trois cents mètres. Jusqu'à la barque qui leur permet de traverser sans encombre.

La blessure de Madeleine Casset est grave. Il faut l'évacuer. Après un pansement provisoire, Pierre Martin rentre à Troarn par le même chemin et demande à l'équipe d'urgence d'aller chercher la malheureuse et de la conduire à Caen. Tout en donnant ses consignes, il s'offre silencieusement un petit satisfecit : les cours de secourisme se sont achevés il y a moins de quinze jours. Tout le monde est prêt.

Bernard Glasson entre en action. Charcutier de son état, il a transformé sa bétaillère en ambulance de la Croix-Rouge. Un fonceur, qui conduit lui-même son engin de fortune.

Il transporte Madeleine Casset jusqu'à Caen. Elle est sauvée… Pour quelques heures. Le soir même, elle périra dans les décombres de l'hôpital de la Miséricorde, rasé par les bombes alliées.

Pierre Martin rentre chez lui. Une grande maison blanche dont le mur court le long de la route Rouen-Caen qui elle-même traverse toute la bourgade. Le médecin ressent une étrange impression : une odeur de guerre flotte sur Troarn et pourtant, hormis quelques explosions, détonations ou rafales de mitraillette, il ne se passe rien. Dans le courant de la matinée, Pierre Martin est encore un peu plus étonné : sous la conduite d'un soldat allemand, un chirurgien parachutiste anglais et son infirmier, faits prisonniers pendant la nuit, se présentent à lui. Ils ont perdu tout leur matériel de soins dans la bagarre, et le chirurgien vient chercher des pansements et divers instruments permettant d'opérer les blessés qui l'attendent au PC allemand, près du calvaire. Le Français s'exécute volontiers, lui confie tout ce qu'il demande. Mieux encore, il l'accompagne sur place, l'aide dans sa tâche. Quelques heures plus tard, quand le chirurgien et son infirmier reviennent chez le toubib pour lui rendre son matériel, ils sont seuls, complètement libres de leurs mouvements.

A 5 heures, comme chaque matin, le propriétaire du haras du Bois se lève. Les chevaux le réclament : il faut les soigner, les nourrir, les sortir. André Cabrol se dirige vers les écuries situées de l'autre côté du parterre. Et se retrouve nez à nez avec une troupe de soldats aux visages noircis, aux casques recouverts de filets où s'accrochent feuilles et branchages. La conversation s'engage. Difficilement, car André Cabrol n'a qu'une connaissance très approximative de la langue anglaise. Mais cela lui suffit pour comprendre que ces hommes n'ont pu franchir le barrage allemand tendu au nord de Troarn. Et qu'ils se sont réfugiés dans le bois.

André Cabrol revient chez lui et annonce calmement à sa femme et à son fils :

« Ils sont là. Ce sont des Anglais. C'est le débarquement. »

Les heures qui suivent sont plutôt paisibles. Réunis au rez-de-chaussée de leur habitation, les Cabrol écoutent attentivement l'énorme grondement de la bataille qui s'engage sur la côte. En même temps, depuis leurs fenêtres, ils épient les moindres faits et gestes du commando britannique. Les soldats semblent désœuvrés, errent dans le parc, apparemment sans but et sans ordre.

Le château du Heaume à Ranville qui servit de QG au général Gale, commandant de la sixième division aéroportée britanique. Mme Suzanne Doix habitait à l'époque la propriété. Elle montre l'arrière du château. C'est par là que sont entrés les soldats de l'Intelligence Service, au cours de la nuit du 5 juin. *(Photos Sylvain Fillastre)*

Le célèbre acteur anglais, Richard Todt, faisait partie du commando du major John Howard qui s'empara du pont de Bénouville. Pour les besoins du film *Le Jour le plus long,* Darryl Zanuck lui donna du galon en lui attribuant le rôle do major. En 1993, le vétéran Richard Todt vint saluer une dernière fois Pegasus Bridge, le pont des « paras ailés » voué à la casse.
(Ph. Christian Cariat)

Le débarquement à la une. Partout dans le monde, les journaux annoncent et commentent diversement l'événement. La presse française, bien sûr, est toujours sous contrôle allemand. D'oû ses titres et ses « éditos » hostiles aux Alliés et démoralisateurs pour l'ensemble de la population.

Audouville-la-Hubert.
Bernardin Birette à l'endroit même où cinquante ans plus tôt, un correspondant de guerre le fit poser sous la mitraille.
(Ph. Antoine Lorgnier)

Sur le cliché ci-dessous pris le 6 juin 1944, et paru dans le magazine *Voir,* il est à gauche du soldat canadien. Son ami, Maurice Blaisot est à droite.
(Coll. Bernardin Birette)

Egalement paru dans le magazine *Voir*, Maurice Blaisot et Bernardin Birette guidant les paras jusqu'au village du Brocq. *(Coll. Bernardin Birette)*

La guerre des haies, aussi meurtrière, aussi sournoise que la guerre des rues. *(Ph. US Army. Coll. Floréal)*

Les troupes alliées entrent à la Haye-du-Puits, dans le Cotentin. *(Ph. EC armées. Coll. Floréal)*

Caen est bombardée par la R.A.F. L'abbatiale Saint-Étienne accueille des milliers de réfugiés...
La vie souterraine s'organise. Dans les locaux du lycée Malherbe, on a improvisé une maternité. *(Coll. privée)*

Sinistrés mais heureux. Les civils trinquent avec les libérateurs américains.
(Ph. US Army. Coll. Floréal)

L'entrée des troupes du débarquement d'Utah Beach à Sainte-Marie-du-Mont.
(Ph. US Army. Coll. Floréal)

Sur la côte normande, les civils fuient les bombardements. *(Ph. EC Armées. Coll. Floréal)*

Dans une ferme du Cotentin, une Française initie les soldats américains à l'art et la manière de faire une bonne lessive. *(Ph. US Army. Coll. Floréal)*

Des rencontres parfois inattendues... Dans les rues de Saint-Lô, au mois d'août, après de terribles combats, le calme est revenu. *(Ph. US Army. Coll.Floréal)*

Le jour J, des tracts, lancés des avions, informent la population de la réalité du débarquement. Certains reprennent une partie du discours du général de Gaulle à la BBC. Les jours précédents, d'autres tracts, beaucoup plus évasifs avaient été largués sur les côtes françaises, recommandant à la population de se replier à l'intérieur. *(Ph. Sylvain Fillastre. Coll. M. et Mme Flais)*

Omaha Beach, le 7 juin 1944. Tandis que les civils fuient la zone des combats, les Rangers progressent vers leur objectif. *(Ph. US Army. Coll. Floréal)*

Vers 9 heures, une première Jeep surgit de l'avenue située derrière la façade de la maison. Puis deux autres. Le responsable du groupe parle français et se présente au propriétaire du haras : le lieutenant Crossland Smith. L'officier ordonne ensuite à ses hommes de distribuer quelques rations aux civils. Premier contact correct, à défaut d'être cordial.

Les paras s'activent, prennent position dans le bois de Bavent. Quelques obus isolés sifflent au-dessus des toits de la propriété, mais le secteur reste calme. Si calme que la famille Cabrol décide de se rendre dans la journée à Troarn, en coupant à travers la forêt, pour chercher du pain.

Cette fois, la guerre est entrée à Troarn. Les parachutistes, éparpillés dans la campagne normande, veulent regagner leur base de Ranville, et les Allemands, qui tiennent les zones de passage obligé comme les principaux carrefours ou l'ancienne ligne de chemin de fer, les en empêchent. Premières escarmouches, premières poursuites, premières embuscades. Troarn est « anglaise » la nuit et « allemande » le jour. On se bat au coin des rues, autour des pâtés de maisons, derrière l'église, dans le cimetière, dans le jardin de l'orphelinat, autour de la gare. Les Troarnais localisent les points « durs », là où on ne peut s'aventurer sans risquer sa peau : il y a le carrefour du calvaire, le café Gravent, toute la partie est de la ville, le long de la route de Rouen, jusqu'au pont de Saint-Samson...

Les équipes d'urgence sont en plein baroud, multiplient les missions difficiles. Au volant de son véhicule rustique, l'ambulancier-charcutier Glasson brave tous les dangers, se faufile entre les belligérants, le temps de ramasser les blessés :

« Dépêchez-vous, lui dit une fois un officier allemand. Dans un quart d'heure, nous donnons l'assaut. »

Les alliés sont à moins de cent mètres. Juste en face. Au milieu, une femme gît sur le sol, très gravement touchée. Glasson fonce.

Les blessés, quel que soit leur camp, sont transportés dans la maison Gachais aménagée en poste de secours. Là, le docteur Martin soigne à tour de bras. En quelques jours, sa mémoire se tapisse d'images cruelles. Belles et absurdes aussi.

« Un jour, raconte-t-il, nous avions allongé côte à côte dans le vestibule de la maison Gachais, un Anglais et un Allemand. Ni l'un, ni l'autre n'avaient perdu connaissance. Et là, ces deux hommes qui, quelques minutes auparavant, ne rêvaient que de se tuer, se sont mis à échanger cigarettes et chocolat avec leur seul bras valide. »

Autre mission : les Allemands demandent à Pierre Martin d'aller chercher un de leurs blessés abandonné sur la route Caen-Cabourg, chez le coiffeur du village de Bavent, au nord du bois. Il lui propose également une escorte armée, ce que refuse le médecin :

« La Croix-Rouge est neutre, proclame-t-il solennellement. Un soldat ne peut prendre place dans l'ambulance. »

Les Allemands n'insistent pas. Entre-temps, Pierre Martin contacte Me Ulysse Richomme, le notaire. Il lui demande de trouver le texte de la Convention de Genève et de lui en taper un exemplaire à la machine à écrire. Le notaire s'exécute, et le docteur Martin part rassuré : il a placardé sur la vitre arrière de sa voiture la preuve de sa neutralité. Ce qu'il appelle joliment « un sauf-conduit moral ».

Il trouve le blessé à l'endroit prévu. Mais sur la route du retour, une troupe allemande lui intime l'ordre de stopper. Eux aussi ont des blessés. Des Anglais. Le docteur Martin charge tout le monde dans sa voiture.

Le front se fige autour de Troarn. Les renforts allemands, blindés et artillerie, ont reçu l'ordre de bloquer l'avance alliée et de prendre le contrôle de la route Troarn-Sallenelles, la « route de la crête », qui domine la plaine de Caen et traverse le bois de Bavent. « Quiconque tiendra ce secteur, proclame le maréchal Rommel, possédera la clé qui ouvre sur la France. » Les Cabrol ne le savent pas, mais ils logent dans la serrure.

Pendant deux jours encore, Abel, un entraîneur du haras, parvient à s'infiltrer dans Troarn pour ramener du ravitaillement. Il est d'origine flamande, parle bien l'allemand, se débrouille pour franchir les lignes de défense encore assez floues. Mais à partir du 9 juin, c'est terminé. Les Cabrol sont bloqués chez eux. Plus de vivres, plus de pain, plus d'électricité[1], plus rien.

La « sale guerre » s'installe dans le bois de Bavent. Les

1. L'électricité ne fut rétablie dans le secteur de Troarn qu'un an après.

combattants des deux camps s'enterrent dans la forêt, creusent des tranchées, se « caméléonisent » sous des huttes de branchage et des tapis de feuilles mortes. Il n'est plus question d'offensive ni d'assaut, mais de coups de main nocturnes, d'ennemis égorgés au couteau. C'est une sombre affaire d'ombres, de pièges et de traîtrises. Loin de toute gloire, martyrisés par les moustiques des marais, les hommes survivent, la peur au ventre, dans un univers clos et étouffant. Sans air, sans horizon, sans lumière. Les senteurs y sont fétides, les odeurs moites. Des dizaines de corps se décomposent lentement. La forêt sent le cadavre. Ce qui fera dire au commandant Kieffer : « Le souvenir de cette période d'environ vingt jours, dans ce bois infesté de mines, reste pour nous l'époque la plus pénible de notre campagne. »

Car il y a les mines. Schématiquement exposée, la situation est la suivante : les Allemands tiennent l'est du bois de Bavent, les Britanniques sont de l'autre côté, la propriété des Cabrol est au centre, sur la ligne de front marquée par un champ de mines qui part de Troarn, passe par l'avenue principale du haras pour se terminer au village de Bavent. Mais en fait, c'est toute la forêt qui est truffée de mines.

Les Cabrol sont dans la clairière comme dans une tour de guet. Abasourdis, ils assistent au jeu de cache-cache mortel, aperçoivent des patrouilles allemandes ou britanniques qui sortent des sous-bois, qui se suivent, traversent les mêmes endroits, s'observent à quelques dizaines de mètres les unes des autres. Elles apparaissent et disparaissent tour à tour, progressent à découvert ou bien se dissimulent. Parfois elles rusent, parfois elles s'affrontent brièvement, avant de décrocher tout aussi rapidement. Dos courbés, les brancardiers des deux camps courent alors ramasser les blessés.

Le 11 juin, le jeune Yann sort faire quelques pas dans le parc. Il est près du massif de fleurs d'où partent les cinq kilomètres d'allées qui rayonnent sur le domaine et dans le bois. Soudain, un homme en uniforme surgit de derrière le box des chevaux. Il s'avance, se traîne plutôt, titube jusque dans l'avenue. Il presse un grand mouchoir blanc taché de sang sur son cou. Yann se rue dans la maison et alerte ses parents.

C'est le lieutenant Crossland Smith, celui du 6 juin. Une balle l'a sérieusement atteint au cou. On se précipite, on l'héberge, on le soigne. André Cabrol et sa femme sont embarrassés. Ils n'ont à ce moment plus aucun contact avec les troupes britanniques repliées un peu plus loin, au carrefour de L'Arbre-Martin. Par contre, les Allemands rôdent aux abords mêmes de la propriété.

Conscient du danger, l'officier demande qu'on vide toutes ses poches à soufflets, qu'on brûle ses papiers, son mouchoir de soie également, sur lequel est imprimé le plan de la région. Les Cabrol obéissent. Ils font bien. Quelques heures plus tard, une patrouille allemande fait irruption dans l'habitation et trouve le lieutenant anglais. Les soldats le fouillent, le mettent en joue. Angoisse. Les Cabrol craignent le pire. Pour l'Anglais. Pour eux aussi, coupables d'être venus en aide à un ennemi.

Réaction inexplicable de la patrouille : elle laisse le Britannique là où elle l'a trouvé, n'inquiète pas les propriétaires du haras et repart. Peu de temps après, l'inévitable Glasson et sa bétaillère viendront chercher le blessé.

Changement de ton quatre jours plus tard. Cette fois, les redoutables SS envahissent la propriété, campent dans le parc, braquent leurs mitrailleuses au débouché de chaque avenue.

« Nous ne comprenons pas que vous puissiez être encore ici ! »

Sanglé dans son uniforme noir, l'officier nazi exprime durement son mécontentement. Mais André Cabrol ne se laisse pas facilement intimider. Cela fait dix jours maintenant qu'il s'accroche au haras. C'est sa terre, son domaine, sa vie. Il est chez lui, ses seize chevaux ont besoin de lui, pas question de partir.

« Ne bougez pas de votre maison ! » ordonne l'officier. Vers 17 heures, il revient. Encore plus tendu, plus nerveux :

« Je vous donne dix minutes pour partir ! »

André Cabrol réagit avec la même énergie :

« Et mes bêtes ! Pas question de les laisser !

— Dix minutes ! Nous attaquons cette nuit. Si vous restez, vous serez considérés comme espions. Je suppose que vous savez comment on traite les espions ?

— Mais pour aller où ?

— A Troarn. »

Toute protestation s'avère inutile. Le propriétaire du haras du Bois est désespéré : il doit laisser ses chevaux. Moins d'un quart d'heure après, la famille Cabrol rassemble quelques maigres affaires et quelques papiers avant de rejoindre Troarn à pied.

Commence alors un long exode. Car Troarn n'est plus vivable. Pilonnée par l'artillerie des deux camps, la petite ville se transforme jour après jour en un champ de ruines. Paniquée, la population se réfugie soit dans la crypte de l'église, soit dans l'abbaye. Le nombre des morts et des blessés civils ne cesse de croître. Le docteur Martin, les secouristes et les équipes d'urgence font des prodiges. Mais le 25 juin, après avoir subi quatre terribles bombardements en l'espace de trois jours, la plus grande partie de la population évacue la bourgade. Le reste suivra les 7 et 8 juillet.

Comme de nombreux Troarnais, les Cabrol font d'abord étape à Janville, quelques kilomètres plus au sud. Ils repartent, pour s'arrêter dans une autre propriété familiale de l'Orne. Dans ce havre de paix, à la quiétude presque irréelle, Yann Cabrol et ses parents pourraient attendre sereinement la suite des événements. Mais son père ne peut se résoudre à abandonner son domaine de Bavent.

Dès le 18 juin, André Cabrol parvient à obtenir des Allemands l'autorisation de revenir chez lui. Il se rend au haras du Bois avec Yann. Tous deux récupèrent sur place l'une des rares juments encore vivantes, l'attellent à une vachère qu'ils remplissent de petits meubles et d'affaires diverses. Quelques jours plus tard, ils y retournent pour récupérer du cidre. Puis une troisième fois, toujours pour le cidre. Cette nouvelle visite est à deux doigts de virer au drame : Yann et son père sont rejoints dans le pressoir par un soldat allemand passablement ivre. Or André Cabrol est sur les nerfs, accablé, révolté par l'état de la propriété : sa maison a été pillée, son domaine saccagé. Tous ses chevaux, ses chers chevaux ont été tués. Leurs cadavres pourrissent dans les herbages. Sous ses yeux. C'est le travail de toute sa vie qui s'écroule.

L'Allemand ivre menace André Cabrol. Il sort son revolver, un début de bagarre suit. Le soldat est sur le point de tirer lorsque le jeune Yann s'interpose, sépare les deux hommes, se place en bouclier devant son père. Subitement dégrisé par le courage du jeune garçon, le soldat rengaine son arme et se retire.

L'avertissement a été salutaire : son père se résigne à ne plus mettre les pieds au haras jusqu'à la date du 20 août où il apprend, dans le grésillement de son poste à galène, que Troarn est libérée, que « la route de la crête » est définitivement conquise par les alliés[1]. C'est reparti. Toujours avec le fiston. Et à bicyclette.

Le 25 août, ils sont à Troarn. Dans les ruines de Troarn. Les premiers, avec une demi-douzaine d'autres civils, dont le docteur Martin. Mais quand les Anglais apprennent qu'ils veulent retourner « au bois », ils se récrient :

« N'y allez surtout pas. Il y a deux jours, on s'y battait encore. C'est rempli de mines. Il y en a partout. Notre colonel vient d'être tué. Il faut attendre, pour l'instant, c'est trop dangereux. »

Attendre ! Pour André Cabrol, il n'en est pas question. Il connaît chaque mètre carré de sa propriété, chaque pouce de terrain. Les recoins les plus inextricables lui sont familiers. Que les Anglais, après les Allemands, s'y perdent, peut-être. Mais pas lui.

Dans l'avenue, Yann et son père ont suivi l'itinéraire délimité par de larges bandes blanches en tissus indiquant que l'endroit a été déminé. Des centaines d'arbres ont été fauchés par l'artillerie, mais au débouché de l'allée forestière, ils découvrent un désastre bien pire encore : il leur faut une bonne demi-heure pour franchir une petite centaine de mètres et venir à bout de l'enchevêtrement de débris de toutes sortes. Tous les bâtiments du haras ont brûlé. La maison d'habitation est ravagée, éventrée par les obus.

André Cabrol s'aventure du côté des écuries, se met à la recherche d'un tas de bois. En fait, il est surtout venu pour lui. Il finit par le trouver. Du moins ce qu'il en reste, car évidemment, toutes les bûches ont flambé. Mais le fil de fer qui dépasse de l'amas de cendres et de bois calciné n'a pas bougé. André Cabrol tire dessus, et une petite boîte métallique apparaît. A l'intérieur, quelques pièces d'or et quelques diamants : le trésor de la famille Cabrol...

Triste retour dans l'Orne. Le propriétaire du haras du Bois est sombre. La bataille s'est enfin éloignée, mais a tout rasé sur son passage. Le domaine n'existe plus.

« Alors ? demande Mme Cabrol à son mari.

1. « La route de la crête » restera le « point fixe » le plus long de toute la Bataille de Normandie et Troarn ne tombera finalement aux mains des forces britanniques que le 19 août, après que les Allemands, menacés d'encerclement, l'eurent pratiquement abandonnée d'eux-mêmes.

— Tout est fini... »

Mais l'éleveur de chevaux n'est pas homme à baisser les bras. Son découragement ne dure pas, et dès le 4 septembre, il décide de retourner à la propriété. Seul, cette fois :

« Ne vous inquiétez pas, lance-t-il à sa petite famille avant de partir, je serai de retour le 8. »

Mais le 8 septembre, c'est Bernard Glasson, l'ambulancier, qui frappe à la maison de l'Orne. Yann ouvre. Il est seul. Sa mère est partie faire quelques courses à Domfront. Le visage de Glasson est grave : « Ton père a sauté sur une mine. Il est à l'hôpital de Caen. »

C'est un gamin qui a trouvé André Cabrol près des bâtiments du haras, le fils d'Abel, l'entraîneur de chevaux, venu lui aussi avec une camionnette pour tenter de récupérer quelques biens dans les débris de leur pavillon... Le gosse s'était éloigné quelques instants, et il est revenu vers son père en criant : « Il y a un Boche qui bouge ! »

L'entraîneur a tout de suite reconnu « Monsieur André ». Il l'a emmené jusqu'à Troarn où le docteur Martin lui a donné les premiers soins. Comble de malheur, le gazogène d'Abel est tombé en panne, et ce sont des soldats canadiens qui ont finalement conduit le blessé dans leur camion.

André Cabrol est aux portes de la mort. Horriblement mutilé, il a la moitié du visage emporté. Il se bat pourtant, subit sept trépanations, s'entête à vouloir vivre. Il y parvient. Jusqu'en 1951 où il cède enfin. Tué par la guerre. Sept ans après.

CHAPITRE VI

Derrière la plage

Les « Aigles hurlants » de la 101e Airborne sautent derrière la plage. Ils ont la nuit devant eux pour déblayer le terrain, préparer le débarquement d'Utah Beach, sur la côte du Cotentin. Quand le jour se lève sur les dunes, les six mille hommes du général Maxwell Taylor se battent un peu partout dans la campagne pour conquérir ou tenir leurs objectifs et doivent faire face à une résistance acharnée. Le 6 juin au matin, la situation apparaît encore très confuse, mais les paras contrôlent les quatre sorties de plage qui s'enfoncent vers l'intérieur des terres. La voie est libre pour les troupes du débarquement qui anéantissent assez facilement la mince ligne de défense côtière. La première jonction avec la 4e division du général Barton s'effectue à Pouppeville, chaussée n° 1.

En ce lundi 5 juin, c'est toute une histoire que d'aller à Carentan. Ça tombe plutôt mal : c'est jour de marché, et le jour du marché, c'est sacré.

Pas pour les Allemands. Ils manœuvrent. Ils manœuvrent en grand entre Carentan et Saint-Côme-du-Mont, miment la guerre dans les herbages, encombrent les routes, barrent les chaussées, empêchent de circuler. Découragés, las d'attendre l'autorisation de passer, bien des fermiers ont fait demi-tour, sont rentrés. Charles Gosselin, lui, est arrivé au bon moment, s'est faufilé sans forcer : âgé de vingt ans, évadé d'un camp de prisonniers, il est resté deux ans en zone libre avant de rentrer. Et ne tient pas à se faire remarquer.

Léon Jean, son cousin, n'a pas eu de problèmes non plus. Pour l'aller. Mais il ne peut pas repartir : la route est coupée. Il est 14 heures ; Léon Jean décide de tuer le temps en tapant le carton avec quelques copains au bistrot. Quatre heures plus tard, l'interdiction est levée. Il est temps de rentrer.

« Écoute Léon, le débarquement, c'est pour ce soir.

— Qu'est-ce que tu me racontes comme connerie ? »

Léon Jean observe d'un œil moqueur l'auteur de la confidence glissée à l'oreille. Des bobards de ce genre, il y en a plein le marché. Aujourd'hui à Carentan, on colporte plus facilement les ragots que l'on ne vend de bestiaux. C'est la foire aux rumeurs. Question d'époque.

« C'est sûr, j' te dis. A une heure du matin, tu vas entendre les grosses pièces de Saint-Marcouf qui vont tirer, crois-moi. »

Le copain ne rigole pas, cherche à convaincre...

« Pense à tes deux gosses. Tu habites trop près de la côte, ça va être dangereux. Écoute ce que je te dis : prends ce qu'il faut et va coucher ailleurs.

— Mais comment tu sais ça, toi ?

— Je ne peux pas te le dire maintenant. Je te raconterai après.

— Si on n'est pas morts avant ! » lance Léon.

Il rentre chez lui. Par la route de Sainte-Marie-du-Mont. Pas vraiment inquiet. un peu troublé. C'est vrai qu'il habite près de la côte, il ne peut pas prétendre le contraire : entre sa ferme et la mer, qu'est-ce qu'il reste ?

Deux kilomètres de terres inondées. Léon Jean le sait plus que tout autre : En 1943, c'est à lui, directeur du syndicat local des rivières, que l'occupant a ordonné de bloquer « les tarets [1] » afin de transformer la plaine en marécage. Depuis, Roger Laisney, un voisin du marais, vit les pieds dans l'eau, ou presque : sa ferme, le manoir de Vienville, est une vraic forteresse. Bâtie en carré, cernée de douves de sept à huit mètres de large, toutes remplies d'eau. Maintenant, c'est une île. Il n'a même pas pu creuser un abri. Au premier coup de pelle, il pataugeait déjà dans la flotte. L'eau clapote à sa porte. C'est une catastrophe : plus d'herbages, plus de bestiaux.

1. Terme régional pour désigner les vannes.

Léon Jean est rentré chez lui. L'avertissement du copain a fini par faire son petit bonhomme de chemin. Il y croit, n'y croit pas, il y croit, n'y croit pas. Il confie son tracas à sa femme : ne vaudrait-il pas mieux passer la nuit ailleurs ? Ou à la rigueur dans l'abri, leur grand abri aménagé dans un fossé et recouvert de huit cents fagots de bois ?

Mme Jean hausse les épaules. Elle veut dormir dans son lit. Elle ne croit pas au débarquement. Elle n'y croit plus. Cela fait trop longtemps qu'on en parle, et à force d'en parler, on dit n'importe quoi. Et pourquoi aujourd'hui justement ? Pourquoi pas demain ? Ou dans un mois ? Et surtout, pourquoi ici ? Et puis, il y a les deux enfants : six mois et deux ans. Est-ce raisonnable de les étendre au fond d'un fossé, à même la terre. Et pour rien ?

A 20 heures, les enfants dorment comme des anges. Léon Jean et madame se couchent. Dans leur lit.

Charles Gosselin est rentré lui aussi. Il est passé sous la voûte en plein cintre du grand porche l'esprit tranquille. Aucune nouvelle alarmiste à transmettre à son père — prénommé Charles comme lui —, si ce n'est de lui dire qu'il y avait aujourd'hui plus d'Allemands dans la campagne que de bêtes sur le champ de foire.

Pas de quoi émouvoir la famille Gosselin. Des Allemands, il y en a plein la maison. L'inconvénient d'avoir une belle et vaste demeure : tant qu'à occuper un pays, les hommes de la Wehrmacht se sont dits qu'ils auraient tort de se priver. Ils ont pris ce qu'il y avait de mieux. Et dans cette partie du Cotentin, il n'y a rien de mieux que ces grosses fermes citadelles qui statufient le pays du « Plain » en une sorte d'image de pierre médiévale.

Le manoir de Brucheville avait peu de chance d'échapper à la convoitise de l'occupant. D'autant qu'il est particulièrement bien situé : aux portes de Sainte-Marie-du-Mont et à moins de deux kilomètres de la mer, face au banc du Grand Vey.

Les Allemands sont donc à Brucheville. Des artilleurs. Et pour faire bonne mesure, ils ont également investi la seconde propriété des Gosselin, distante d'environ quinze cents mètres : le manoir de La Fisée, une gentilhommière à l'allure moins austère que La Brucherie, à la façade blanche et symétrique. Des bureaucrates de la Kommandantur y ont raflé pratiquement toutes les pièces, ne laissant au couple des Veyrac, locataires des Gosselin, que leur chambre du premier étage...

Petite et récente consolation : depuis le 1er juin, les artilleurs dorment près de leur quatre canons de 105 plantés dans un champ du domaine.

« Nous sommes en état d'alerte », a précisé, comme s'il voulait s'excuser, le capitaine à ses hôtes. Un rescapé du front russe, souffrant d'une blessure à l'épaule, plutôt distant à l'égard de son Führer et du parti nazi. N'empêche que les Gosselin ne l'ont pas retenu.

Au manoir de Brucheville, la journée du 5 juin s'achève comme à l'ordinaire : travaux de ferme et traite des vaches. En début de soirée, les soldats viennent chercher leur lait. Charles Gosselin père discute avec deux d'entre eux. Toujours les mêmes. Et en français. Ces deux-là sont alsaciens, enrôlés de force dans la Wehrmacht. Ils haïssent l'uniforme qu'ils portent et ont confié leur détresse au fermier. A plusieurs reprises déjà, il leur a proposé de les aider à s'évader : pourquoi ne feraient-ils pas comme Joseph, le « Malgré nous » d'Audouville-la-Hubert, un village voisin. Lui aussi haïssait les nazis. Alfred Brohier, un cultivateur, lui a donné des vêtements de son fils Jean et quelques adresses, dont celle de ses parents à Carentan. Et un beau jour, Joseph est parti sur son vélo. Depuis, personne n'a de ses nouvelles, et Brohier n'a pas été inquiété. C'est donc que ça a dû marcher[1].

Une nouvelle fois, Charles Gosselin renouvelle son offre ; et une nouvelle fois, les deux « Malgré nous » refusent. Toujours pour la même raison : leurs familles se trouvent au pays. S'ils désertent, elles risquent les pires représailles...

M. de Veyrac est là également. Qui discute d'un problème lié à l'exploitation agricole. Puis, il retourne à La Fisée. A 21 heures, tout le monde est couché : les parents, le fils et la bonne.

1. L'évasion de Joseph avait effectivement réussi. Après avoir été accueilli à Carentan par les parents d'Alfred Brohier, l'évadé alsacien se fit embaucher comme ouvrier agricole dans une ferme près de Lison dans le Calvados. Peu avant le débarquement, il parvint à passer en zone libre sur une moto conduite par son frère agent de police. Il termina la guerre dans les Forces françaises libres.

Jusqu'à sa mort, il rendit visite chaque année à la famille Brohier. Jean Brohier est d'ailleurs le parrain de l'une de ses quatre filles.

Au bord des marais, dans sa chambre du manoir de Vienville, Roger Laisney n'entend rien. Ni les avions qui passent au ras des toits et des arbres, ni les bombes qui font trembler la terre et les maisons, ni même sa femme qui s'agrippe à lui, qui le secoue comme on gaule un pommier. Roger Laisney dort. Il y a déjà eu d'autres avions et d'autres bombes, et il y en aura d'autres encore. Roger Laisney fait sa nuit.

Il est bien le seul. A la première vague d'avions, Léon Jean se dresse dans son lit. Il devrait pourtant avoir l'habitude : les raids aériens, les bombardements font désormais partie de la vie des habitants de la côte. Mais ce soir, le bourdonnement des appareils l'oppresse, l'étouffe. Il pense à son copain : et si c'était vrai ?

Premières bombes.

« Allons dans l'abri », décide-t-il. Cette fois, Mme Jean est d'accord. Même avec les enfants.

L'abri est vaste. Mais en moins d'une heure, il est comble. Apparemment, l'angoisse a gagné tout le hameau. Une par une, les familles voisines se pressent dans la tranchée. Léon fait le compte : trente-six personnes.

C'est la nuit des grandes oreilles. Blottis dans le trou obscur, coupés du monde extérieur par un toit de branchages, Léon Jean et ses compagnons ne voient rien. Mais ils entendent. Et ce qu'ils entendent ne présage rien de bon. Vers 1 heure du matin, Léon reconnaît « ses » canons, ceux d'une batterie allemande établie dans l'un de ses herbages. Dans le vacarme effroyable qui secoue l'air, les aveugles de la tranchée deviennent des experts du son : « Tiens, ça, c'est un départ. Ça, une arrivée. »

Entre deux salves, d'autres bruits, infiniment plus feutrés, intriguent les enterrés de la tranchée :

« C'est bizarre, se risque à dire l'un d'entre eux, on dirait de gros paquets qui tombent. »

Des paquets. Ça paraît idiot. Mais personne n'a de meilleure réponse.

A Brucheville, réfugiés dans l'abri à ciel ouvert creusé par les Allemands, les Gosselin voient tout. Ils sont même aux premières loges. Au point de sentir sur leurs visages le souffle des déflagrations portées par le vent de la mer. Spectacle terrifiant et féerique : des fusées de toutes les couleurs illuminent le ciel, et tout aussitôt la côte explose en un jaillissement de cratère volcanique. Sur toute la longueur de la plage, les fortifications sont la cible d'une formidable armada aérienne. Puis plus rien, puis à nouveau un bruit, un ronflement qui s'accroît au point de devenir assourdissant. Au-dessus de leurs têtes, des avions passent, qui semblent raser les arbres, qui laissent tomber dans leur sillage des dizaines et des dizaines de gros flocons. Les parachutistes pleuvent autour des Gosselin, essaiment dans les champs, les vergers, dans les arbres. Ils sont à cent mètres, cinquante mètres, plus près encore.

Fusillade. Allemands et paras se tirent dessus à bout portant. L'abri n'est plus un abri. C'est un balcon sur la mêlée. Les Gosselin sont médusés. Dans ce chaos, personne ne prendra le temps de les reconnaître, de les identifier. Rester là, c'est se faire massacrer. Ils avancent à plat ventre, rampent, se coulent dans la nuit, traversent la cour en reptiles, entrent enfin dans leur maison.

Derrière les fenêtres, les avions continuent de passer, les parachutes de tomber, les hommes de tirer. Mais le manoir est désert. Les paras n'osent pas y entrer, et les Allemands restent dehors. Tous ont peur de s'y faire piéger comme dans un cul-de-sac. Au détour d'un couloir, au pied d'un escalier, derrière une porte de palier. Tant que la bataille est incertaine, les combattants n'aiment pas s'enfermer.

Les Gosselin n'ont que le souci de se protéger. Ils choisissent la tourelle aux murs épais et les WC du rez-de-chaussée. Peu d'endroits sont aussi peu ouverts sur l'extérieur.

De l'autre côté de la route, à La Fisée, la situation est plus intenable encore. Les paras tombent pile sur la propriété, dans le parc, le jardin et le petit bois. Les Allemands les attendent. Mais vite débordés par le nombre des assaillants, ils ne peuvent tous les tuer, se retrouvent à leur tour cernés, traqués. Avant de contre-attaquer. Puis à nouveau de reculer. Dix fois, vingt fois, dans la même nuit et le même espace, le chasseur devient gibier. Et réciproquement.

Le couple des Veyrac reste cloîtré dans la chambre du premier étage. Mais pour le malheur des deux civils, quelques Allemands, plus habitués aux écritures qu'au maniement des armes, se trouvent également dans la maison. Contrairement à Brucheville, le manoir de La Fisée n'est pas épargné. Légèrement blessé au front, l'ordonnance du commandant vient de se faire poser un pansement sommaire par Mme de Veyrac. Il sort à peine de la chambre qu'il est abattu d'une rafale de mitraillette. Au rez-de-chaussée, un comptable, terrorisé, vide son chargeur sur un parachutiste qui passe devant l'une des fenêtres et se met à courir dans toutes les pièces en hurlant comme un fou. Cette pagaille indescriptible dure plusieurs heures, mais, peu à peu, les Américains prennent le dessus, repoussent les Allemands, nettoient les abords de La Fisée[1].

Un premier para fait irruption dans la demeure. Il inspecte les pièces, promène sa lampe-torche sur les murs et les meubles. Il est dans le salon. Le faisceau lumineux cadre le comptable. Ébloui, il cligne des yeux, fixe la lumière sans rien voir, assis sur un lit, bras levés. L'Américain lève sa mitraillette, appuie sur la gâchette.

Le parachutiste gravit l'escalier. Toutes les chambres donnent sur un long couloir parallèle à la façade. Devant chaque porte, le parachutiste s'arrête, envoie posément une rafale de mitraillette, et passe à la suivante : Un bruit, un gémissement, un cri aussi. Un cri de femme. Le para pousse la porte. Quelque chose derrière l'empêche d'ouvrir. Il pousse plus fort, se glisse dans l'entrebâillement, découvre un corps étendu, criblé de balles : M. de Veyrac.

« Mais vous avez tué mon mari », hurle Mme de Veyrac en anglais.

Le para la regarde en silence. Il se signe.

4 heures du matin. Le civil sort de la tranchée avec quelque impatience et revient plus vite encore :

« Figurez-vous, dit-il à Léon Jean, qu'il y a des soldats allemands dans votre cour. »

Danger. Au premier bruit suspect, ils sont capables de mitrailler l'abri, ou pis encore, d'y balancer une grenade. Léon décide de sortir à son tour. Pour se faire connaître et s'expliquer.

Plutôt deux fois qu'une. En un éclair, il comprend que les quatre soldats qui le cernent ne sont pas allemands. Ce n'est pas à

1. Abandonné par les paras dans l'après-midi du 6 juin, le manoir de La Fisée sera alors réoccupé par les Allemands, puis à nouveau repris dans la soirée par les Américains.

cause de leur harnachement de commando, de la forme de leurs casques, ou même de leurs traits noirs et inquiétants. Tout cela, il le remarquera plus tard. Non, ce qui le frappe, ce sont leurs chaussures. Montantes, et à lacets. Des chaussures d'Anglais ou d'Américains.

Américains. Nerveux, tendus, l'arme menaçante. Pas très aimables, songe Léon. Il a peur.

L'un des hommes l'interroge avec méfiance, mais le fermier parle d'abord des civils dans la tranchée.

« Qu'ils sortent vite, ordonne le para, car on pourrait les prendre pour des “ Krauts ” et tirer. »

« Krauts [1]... » Le mot étonne Léon. Ce n'est pas ainsi qu'on les appelle ici.

« On ne va pas leur faire de mal, insiste l'homme, on veut juste les Krauts. »

Léon Jean fait sortir ses compagnons de l'abri. Les unes après les autres, les familles regagnent leurs maisons. Au tour de Mme Jean. Avec ses deux gosses. Le tableau familial détend l'atmosphère, attendrit l'un des paras :

« Oh ! grand danger pour petits enfants », s'exclame-t-il.

La tranchée est vide. L'interlocuteur de Léon Jean revient à sa première question :

« Où sont les Krauts ?

— Là-haut. » Le fermier désigne vaguement l'emplacement de la batterie allemande.

« Dans le clos des Vallons ?

— Non, dans le clos du Moulin.

— Vous, monsieur Marie ? »

Léon est sidéré. Marie est l'un de ses voisins. Cet Américain connaît le coin par cœur. Il donne le nom des habitants, de leurs fermes, de leurs herbages.

« Non, moi monsieur Jean.

— Vous allez venir avec moi, commande le para.

— Mais où ?

— Nous montrer où se trouvent exactement les canons. »

Léon Jean accepte. Le voici éclaireur, sabots aux pieds. Le chef du commando actionne son criquet. D'autres paras surgissent

1. Kraut, en allemand, signifie chou.

d'un peu partout. C'est maintenant une véritable troupe qui avance silencieusement. En chemin, le Français discerne de grands fuselages affalés dans la prairie, de longues ailes barrées de trois bandes blanches. Il comprend : les gros paquets qui tombaient cette nuit...

Huit cents mètres. Léon Jean s'arrête au bout de « l'avenue ». La batterie est proche, visible dans le jour naissant.

« Monsieur, retour chez vous maintenant. Grand danger pour vous, surtout pour les petits enfants. Nous allons attaquer. »

Il est 10 heures du matin à La Brucherie. Les Gosselin vivent d'étranges instants. Tout à l'heure au cœur d'une féroce bataille, le manoir est désormais totalement déserté. Allemands et Américains se sont évaporés. Mais les combats qui continuent ne sont pas si lointains. Alerté par une intense fusillade, Charles Gosselin fils monte au sommet de la tourelle. Là-bas, près du hameau du Holdy, la batterie des quatre canons de 105 subit l'assaut des paras.

L'employé de ferme qui déboule au manoir a l'air d'un spectre. Il vient de La Fisée et raconte sa nuit de cauchemar. Caché dans les fourrés, il a voulu secourir un parachutiste resté accroché dans un arbre et que les Allemands avaient grièvement blessé. Malgré sa peur, il s'était faufilé jusqu'à lui. Le soldat lui avait montré un petit bout de papier où était inscrit le nom de « La Rue », un hameau dépendant de Brucheville :

« Il m'a fait comprendre que les parachutistes avaient prévu de monter une antenne médicale là-bas. Il voulait que j'aille chercher du secours. Ce que j'ai fait. Mais je n'ai rien trouvé. Je suis revenu auprès de lui. Il avait un autre nom. L'infirmerie devait être à La Baumée [1]. Mais à ce moment-là, ça s'est mis à tirer de partout, j'ai été pris de panique, je me suis sauvé. »

Pour preuve de sa bonne foi, l'employé sort de la poche de sa veste plusieurs paquets de cigarettes donnés par le blessé. Il voudrait le retrouver et demande à ses patrons de bien vouloir l'accompagner. Rassurés par le calme qui règne autour de Brucheville, Charles Gosselin et son fils acceptent. Ils avancent

1. C'est effectivement à la ferme La Baumée que les parachutistes de la 101e Airborne, blessés dans la région, seront regroupés.

sur la grand-route : Des dizaines et des dizaines de parachutes de toutes les couleurs sont restés prisonniers des branchages et, sous l'effet du vent, se gonflent comme de gros ballons. Au pied des arbres, dans les fossés, le long des haies, le spectacle est moins pittoresque : les Gosselin dénombrent une demi-douzaine de cadavres.

Roger Laisney a l'impression de rêver tout éveillé. Sur le rivage d'Utah Beach, la faible résistance allemande a été facilement balayée. La voie est libre, l'armada débarque. Sur la route qui mène à Sainte-Marie-du-Mont — chaussée n° 3 pour les alliés — et qui traverse les marais, le manoir de Vienville constitue la première étape « solide ». Les premiers éléments de la 4e division s'y arrêtent, transforment les herbages de la propriété en un gigantesque parking. C'est Luna-Park aux couleurs de la guerre. Roger Laisney assiste au strip-tease des Jeeps, des camions et des blindés. Les hommes, bricoleurs de génie, débarrassent les tanks de leurs grands tuyaux qui permettaient un échappement des gaz au-dessus de l'eau. Ils nettoient les moteurs enrobés d'une couche de graisse protectrice, enlèvent les boudins gonflables, détachent les housses en tôle[1]. Les équipages, trempés jusqu'aux os, prennent leurs sacs stockés dans les véhicules, se rendent dans les chambres de la ferme pour se changer, abandonnent leurs vêtements mouillés sur le sol.

Sur la route, c'est la grande parade. Ce matin, camions et blindés roulaient sur le milieu de la chaussée et, de chaque côté, parfois même dans les fossés, d'interminables colonnes de fantassins montaient au front. Maintenant, en cette fin d'après-midi, il n'y a plus qu'une file de GI's qui s'achemine vers l'intérieur. En face, des dizaines de prisonniers descendent vers la plage, mains croisées sur la tête.

Roger Laisney est effaré devant ce formidable déferlement d'hommes et de matériel de guerre. Debout sous le porche du manoir de Vienville, il fait sauter dans sa main un petit bout de métal. Une balle de fusil. Tout à l'heure, dans la bagarre, elle a perforé le buffet, massacré le service de verre et une bonne partie

1. Les tuyaux métalliques qui permirent aux blindés de débarquer sans noyer leurs moteurs furent utilisés comme rambardes autour du champ de course de Sainte-Marie-du-Mont. Elles y sont encore aujourd'hui.

du service à café. Avant de se poser délicatement sur le fond d'une tasse renversée. Un souvenir...

Vers 16 heures, Charles Gosselin et son fils rentrent de La Fisée. Ils ramènent Mme de Veyrac. Plusieurs parachutistes sont rassemblés dans la cour de La Brucherie. Épuisés par les très durs combats qu'ils viennent de mener, ils se montrent méfiants vis-à-vis des civils, paraissent à la fois très éprouvés et très excités. Le moindre bruit les met en transe. Ils tirent sans cesse, sur n'importe quoi, dans le vide.

Un officier frappe à la porte du manoir, demande une bassine pour chauffer de l'eau. Il ouvre une boîte, verse une poudre brune.

« Coffee », dit l'officier.

Les Gosselin se regardent. Ils découvrent les temps nouveaux.

Audouville-la-Hubert : une photo sous les balles

Bernardin raconte l'histoire à son père. Mais son père se fiche gentiment de lui :

« D'accord, fiston, d'accord. Depuis le temps qu'on en parle de ce débarquement ! Te tracasse pas, ce n'est pas encore pour cette nuit. »

Bernardin se tait. Un peu vexé. Sous prétexte qu'il a fait la guerre, l'autre, « la Grande » comme il dit, son père croit tout savoir. Il n'a pourtant pas rêvé ! D'abord, il n'était pas tout seul. Edmond Pergeau était là. Comme lui, il a tout vu, tout entendu.

Edmond, c'est le copain de Bernardin Birette. Vingt ans tous les deux. En début de soirée, vers 19 heures, il est venu à la maison demander un râteau et une bêche. Pour rafraîchir le petit parterre de fleurs qui cerne la statue de la Vierge d'Audouville-la-Hubert, au carrefour du Grand-Chemin et de la route de Turqueville. A moins de cent mètres de la ferme.

Bernardin est reparti avec son copain. Pour lui donner un coup de main. Ils ont commencé à sarcler et gratter consciencieusement les allées autour de la statue lorsque deux soldats allemands sont arrivés à bicyclette — « des gris-bleu, a remarqué Bernardin, la DCA » — et se sont arrêtés au pied du transformateur électrique qui se dresse lui aussi au carrefour. L'un des deux hommes a enfilé des gants de caoutchouc, est monté au sommet du poteau et a commencé à sectionner les trois gros fusibles. Intrigués, les deux garçons ont remarqué que l'Allemand prenait grand soin des fusibles. Avant de les enlever, et pour ne pas risquer qu'ils lui échappent, il les reliait à une cordelette elle-même attachée à son ceinturon qu'il faisait ensuite descendre jusqu'à son camarade.

Un, deux, trois. Terminé. Les fusibles sont dans la musette.

« Ma parole, Edmond, ils nous coupent le courant ! » Les deux soldats n'avaient pas l'air trop rébarbatifs : Bernardin s'est risqué à les interroger avant qu'ils ne reprennent la direction de Sainte-Mère-Église :

« Mais monsieur, nous n'avons plus d'électricité ?

— Oui, fini électrique. Fertig. Cette nuit, gross malheur, Tommies venir. »

Les Allemands partis, les deux jeunes garçons se sont remis à jardiner. Pas pour longtemps : une dizaine de minutes plus tard, quatre avions sont passés en rase-mottes au-dessus de leur tête.

« Ils sont allés mitrailler un peu plus loin. On les a entendus. Peut-être du côté de Chef-du-Pont », assure Bernardin.

Voilà ce qu'il vient de raconter à son père. Sans grand succès.

« Et je te jure qu'ils faisaient une tête d'enterrement, les deux troufions. Tu ne trouves pas ça bizarre, toi ?

— Pftt », se contente de répondre le père Eugène Birette en haussant les épaules.

Il ne trouve pas ça bizarre. Jusqu'au moment où il actionne l'interrupteur pour éclairer la pièce. Rien. Le père a beau tourner les boutons. Rien du tout.

« Ah, tu vois bien ! triomphe le fils qui remarque une lueur d'étonnement dans le regard du paternel.

— Tu ferais mieux d'aller te coucher, tiens ! Ne te casse pas la tête. »

Malgré les atermoiements du jeune Bernardin, le domaine de La Herguerie s'apprête à passer une nuit paisible. Ce soir, même les Géorgiens de l'Ost-Bataillon 795 semblent calmes. Ce n'est pas toujours le cas. Locataires peu recommandables, turbulents et passablement inquiétants, ils logent à une cinquantaine dans une vieille ferme délabrée de La Herguerie. Avec eux, une seule recommandation : les fuir, les éviter. D'ailleurs, les gradés allemands chargés de les encadrer ne sont pas les derniers à se méfier.

Vers 22 h 30, Bernardin Birette est au lit. Une heure plus tard, il n'a jamais été aussi éveillé de sa jeune existence.

Audouville-la-Hubert est sous les bombes. Ce n'est pourtant pas grand-chose Audouville : quelques hameaux — Le Bisson, Le Brocq, La Campagne-du-Ham, Le Verdis — posés sur la plaine, quelques propriétés imposantes, fermes et manoirs qui s'étirent sur leurs terres, lesquelles vont mourir, trois ou quatre kilomètres plus loin, dans les dunes du littoral. Mais Audouville a le malheur d'avoir pour voisine la commune de Saint-Martin-de-Varreville. Là, les Allemands ont érigé l'une des pièces maîtresses du mur de l'Atlantique, bardée de blockhaus, de casemates et de puissants canons capables de balayer des kilomètres de plage. La semaine précédente déjà, les alliés sont venus pilonner la forteresse. Un bombardement incroyablement précis. Pas une bombe égarée, pas une maison touchée.

Le miracle ne se renouvelle pas. Les fusées éclairantes illuminent un ciel volcanique. A travers les balles traçantes, les étincelles et les gerbes de la flak allemande, les bombardiers suivent la départementale qui vient de Sainte-Marie-du-Mont et arrosent toute la contrée.

Audouville-la-Hubert tremble, comme frôlée par un cataclysme. Les maisons vacillent, les objets volent, les meubles tombent. A La Herguerie, tout le monde se rhabille en vitesse : Bernardin, ses parents et Marin Lefrançois, un ami réfugié qui dort à la ferme. Ils sortent, se heurtent aux Géorgiens qui, pris de panique, courent dans tous les sens, tirent coups de feu et rafales de mitraillette au hasard. Dans la vieille ferme, des soldats, emprisonnés pour indiscipline, cassent la porte de leur geôle, se répandent dans la cour. Les Birette courent vers l'abri creusé dans le jardin, s'y enterrent littéralement, se recroquevillent, face contre genoux et bras noués par-dessus.

Au manoir de Pierreville, c'est pire, infiniment pire. Propriétaire des lieux, Alfred Brohier descend des chambres situées à l'étage avec toute sa famille : sa femme, sa fille, ses deux fils, Georges et Jean, et la bonne. Eux aussi veulent se rendre à l'abri, mais ils n'en ont plus le temps. Alors qu'il s'apprête à sortir,

Alfred Brohier voit la porte s'arracher du mur. Dehors, les bombes s'abattent en chapelets compacts tout autour de la demeure. Dehors, ce ne sont plus que flammes et ruines. Courir vers l'abri, distant de cinq cents mètres, c'est courir à la mort. Mais ici ? Pulvérisées, les fenêtres s'envolent. Les murs, les gros murs de pierre se lézardent. Le plafond s'effrite, tombe par plaques. Ici, c'est la mort aussi.

L'œil du cyclone est sur Pierreville. La vaste demeure aux allures de château médiéval est secouée comme une bicoque de papier. Abrutis de terreur, les Brohier ne savent où aller, où se réfugier, se jettent dans un coin, reviennent vers un autre. Alfred Brohier est debout, face aux ouvertures béantes et observe, hébété, le déluge monstrueux qui troue, bouleverse, pioche sa terre. Sa femme, deux de ses enfants et la bonne, sont étendus au milieu de la salle à manger, sous la grande table de chêne massif. Jean, l'autre fils, s'est allongé à plat ventre contre un mur.

La fin du monde est pour maintenant. Avec cette bombe-là, ou la prochaine. L'air n'est plus que poussière suffocante et odeur de poudre. Le toit s'effondre, des pierres traversent le plafond, les murs s'ouvrent peu à peu. Ils vont tomber. Tout va tomber, s'engloutir, disparaître.

Ils ne tombent pas. Quand le silence, un silence étrange, angoissant, déchiré par le meuglement des bêtes blessées, revient sur Pierreville, il n'y a plus sur cette terre ravagée que quatre murs debout : les quatre murs du manoir.

Stupéfaits d'être vivants et, plus incroyable encore, d'être totalement indemnes, les Brohier errent comme des fantômes dans un décor dantesque. Le domaine de Pierreville n'est plus qu'une vision de cauchemar, qu'un morceau de planète lunaire truffée de cratères[1].

En état de choc, ils accueillent sans le moindre étonnement les deux parachutistes qui progressent avec précaution dans cet univers spectral.

« Germans here ? interrogent les deux paras.

— No », répond mécaniquement Alfred Brohier aux deux hommes qui repartent.

1. Trois mille bombes tomberont sur Audouville-la-Hubert dans la nuit du 5 au 6 juin 1944. On releva plus de trois cents cratères de bombes autour du manoir de Pierreville.

Des Américains. L'apparition n'émeut personne.

« Peut-être que ce sont des faux », avance quelqu'un.

Quelques minutes plus tard, ce sont des soldats allemands. Instinctivement, les survivants reviennent entre les quatre murs qui les ont sauvés. Des visages apparaissent dans l'encadrement d'une fenêtre volatilisée. Encore des soldats. Qui, sarcastiques, s'offrent un petit couplet de propagande : « Regardez le beau travail de vos amis américains. »

Scène surréaliste : dans le jour naissant, les fermiers voient apparaître une fillette qui s'avance sur l'avenue de Pierreville, qui peine parmi les débris, trébuche dans les trous de bombes. Alfred Brohier reconnaît Yvonne, la fille de Marie Ameline, une employée de la ferme, âgée de huit ans. Yvonne souffre d'une fracture ouverte à la jambe, mais elle est vivante.

La petite maison en torchis de la famille Ameline a été balayée par l'ouragan de feu. Sur le chemin menant au manoir, on retrouve les corps de Marcel, six ans, de sa sœur Monique et de la maman qui tient dans ses bras la petite Rolande âgée de dix-huit mois. Elle la serre si fort contre elle qu'on ne parvient pas à l'en détacher. Les deux corps seront inhumés dans le même cercueil.

A La Herguerie, les Birette et leur ami Marin Lefrançois, toujours accroupis dans leur tranchée, sont soulagés. Les avions sont repartis, le bombardement est terminé, et la ferme ne souffre que de quelques écorchures. Le calme après un minimum de casse. Les Géorgiens eux-mêmes sont devenus invisibles. La famille s'apprête à rentrer à la maison. Quand soudain :

« Les voilà qui reviennent », gémit Bernardin en se terrant à nouveau au plus profond de l'abri.

Mais rien. Pas une bombe, pas une explosion. Les fermiers ne comprennent pas, se risquent à jeter un coup d'œil hors de la tranchée. Au mois de juin, dit-on dans le Cotentin, ce n'est jamais la vraie nuit. Et dans la transparence d'un ciel bleuté, ils voient une multitude d'ombres flotter et descendre vers le sol :

« Des parachutistes, murmure Eugène Birette stupéfait, des parachutistes... »

A partir de ce moment, La Herguerie s'enflamme. Les paras tombent sur Audouville et les Allemands engagent aussitôt le combat. Aplatis contre le sol, les réfugiés ne voient rien, mais les détonations, les rafales de mitraillette retentissent autour d'eux, au-dessus d'eux. Ils entendent le bruit mat des balles qui se fichent en terre à quelques centimètres de la tranchée, et puis aussi, durant les rares moments d'accalmie un lancinant et mystérieux « clic-clac » qu'ils ne parviennent pas à identifier [1].

Un homme saute dans la tranchée. Un Géorgien, sans arme, sans même son ceinturon réglementaire. Un soldat consigné, oublié par ses camarades, qui s'est évadé de sa cellule et qui ne demande rien d'autre que de pouvoir se cacher. Cette présence n'arrange pas le moral des Français. Ils tentent de le lui faire comprendre, mais l'indésirable s'entête. Il est comme eux, il veut sauver sa peau.

« Si les Américains ou les Anglais le trouvent, prédit sombrement Eugène Birette, on est foutus. »

Le moment redouté ne tarde pas. Deux silhouettes, qui paraissent gigantesques aux Français, se profilent à l'extrémité de la tranchée. Marin Lefrançois, qui parle un peu anglais, leur demande qui ils sont. Les deux hommes répondent aimablement.

« Ils sont américains, traduit Marin, mais ils disent qu'il y a des Anglais aussi. Que c'est l'invasion [2], qu'ils sont venus pour nous libérer. »

Dans le fond de l'abri, il y a le Géorgien dont la présence pèse comme un fardeau aux civils :

« Mais il est désarmé », précise aussitôt Marin Lefrançois.

Terrorisé, le Géorgien se lève, se met au garde-à-vous, se présente réglementairement. Les paras le font sortir du trou, le fouillent, et l'emmènent avec eux. Les Français sont ébahis : pendant qu'ils se blottissent le nez dans la terre, ces deux Américains promènent leur flegme sous les balles.

Les Géorgiens qui suivent sont nettement moins décontractés. Ils sont une douzaine, aux abois, dépenaillés, qui portent sur leurs

1. « J'ai toujours dans la tête le fameux clic-clac des criquets, dit aujourd'hui Bernardin Birette. On a longtemps cru dans la nuit qu'il s'agissait d'un fusil que l'on armait. Et c'est vrai que cela ressemblait notamment au bruit du Mauser allemand. Cette confusion a d'ailleurs causé la mort de nombreux parachutistes. »

2. Outre-Manche et outre-Atlantique, dans les états-majors, dans la presse ou tout simplement parmi la population, le débarquement du 6 juin 1944 a toujours été, et est toujours, désigné sous le terme « invasion ».

traits épuisés le rictus menaçant de ceux qui n'ont plus rien à perdre. Ils sont en fuite, en veulent à la terre entière, et plus encore à ces maudits Français qui ne pensent qu'à les trahir, à les donner. Fusils pointés sur les quatre civils, les Géorgiens n'écoutent rien, ne pensent à rien, si ce n'est à tuer, à massacrer.

Un ordre claque. A regret, les hommes relèvent leurs armes. Ils obéissent encore à leur sergent allemand. Celui-ci a reconnu Bernardin qu'il a conduit plusieurs fois en corvée et qui lui a vendu quelques œufs. De nouveau un ordre. Les hommes s'écartent et repartent. Avant de les suivre, le sergent s'adresse au jeune homme : « Ne pas rester là, tous tuer, tous tuer... »

Ces mots agissent sur le garçon comme une sentence de mort. Il se met à trembler, balbutie des phrases incohérentes, sans suite : partir, partir, il faut partir ! Ne pas rester là, enterré dans ce trou à rats ! Bernardin se détend comme un ressort, fou de frayeur. Ses nerfs craquent, il perd l'esprit. Il bondit hors de l'abri, n'entend pas les cris de ses parents, ignore les balles qui fusent en tout sens, qui le frôlent. Il court, il court droit devant lui, pousse la porte de l'étable, et s'effondre sur la paille. Apaisé.

La nuit s'achève. Bernardin a été rejoint par ses parents et Marin Lefrançois dans l'étable. Dehors, la guérilla persiste. Bientôt, l'aube naissante est saluée par un vacarme effroyable venu du littoral. C'est le duel des poids lourds. Batteries côtières allemandes contre flotte alliée. D'une oreille d'expert, le père Birette écoute le sifflement des obus gros calibre qui passent au-dessus de La Herguerie : le débarquement.

Eugène en a assez. Il se plaint : il est chez lui, il a fait 14-18, maintenant qu'il fait jour, il est temps de se montrer. Eugène Birette sort, marche droit sur sa maison, suivi de Bernardin, nettement moins assuré, qui avance courbé en deux, prêt à se jeter à terre à la moindre alerte. Dans la cour, plusieurs parachutistes les regardent passer sans réagir. Décontractés, au repos.

Eugène entre par la cuisine dont la porte a été défoncée. Le rez-de-chaussée est désert. Des taches de sang s'étalent sur le ciment et sur l'escalier qui mène aux chambres. Eugène Birette, toujours suivi de Bernardin, gravit les marches, ouvre la porte, et découvre sur le lit deux Géorgiens en piteux état. L'un est blessé à la poitrine, l'autre soutient sa jambe aux chairs déchiquetées.

Les deux Français redescendent l'escalier, vont dans la cour prévenir les Américains. Bernardin parvient à se faire comprendre, mais quand deux paras acceptent de le suivre, c'est en le poussant devant eux, leurs canons de mitraillette plaqués contre son dos. Ils se méfient, craignent un piège.

Aucun danger. Les Géorgiens lèvent les bras, ils supplient, implorent leurs ennemis. Le plus valide des deux, celui qui souffre d'une blessure à la poitrine, s'est levé : mi-pleurant, mi-riant, il déchire sa chemise, et d'une doublure, cousue à hauteur du ventre, il extirpe une photo qui le représente en soldat de l'armée soviétique et la colle sous le nez de l'un des parachutistes. C'est ce qu'il était, avant d'être enrôlé dans la Wehrmacht, un soldat de l'Armée Rouge, alliée des États-Unis ! La nuance laisse les Américains totalement froids. Ils se sont battus toute la nuit contre ces Géorgiens. Beaucoup de leurs copains sont morts ou blessés. C'est tout ce qu'ils retiennent. Les deux prisonniers sont fouillés, puis poussés dans l'escalier. Pris de pitié, Eugène Birette soutient le blessé à la jambe entaillée qui ne peut marcher seul. Il l'emmène jusque sur la route, jusque dans le fossé où une trentaine de ses compatriotes se trouvent déjà. Morts et vivants mélangés [1].

6 juin. Fin de matinée. La jonction entre les parachutistes de la 101e Airborne et les troupes du débarquement d'Utah Beach s'est déjà effectuée entre Audouville-la-Hubert et Turqueville. Chassés du littoral, les défenseurs du mur de l'Atlantique ont reflué vers l'intérieur par les routes départementales, seules voies praticables à travers les marais. Ceux qui se repliaient sur Audouville-la-Hubert n'ont pas eu l'ombre d'une chance. Avançant en file indienne sur la chaussée, incapables de se protéger, ils se sont fait abattre comme des lapins par les paras américains qui

1. Selon Bernardin Birette, les Géorgiens faits prisonniers à La Herguerie furent exécutés. Dans l'après-midi du 6 juin, un officier est arrivé du littoral, a donné des ordres aux hommes qui gardaient les Géorgiens, puis a demandé à la famille Birette de rentrer chez elle. Bernardin Birette se souvient, alors que tout était calme dans le secteur, avoir ensuite entendu de nombreux coups de feu. Il est formel : « Les cadavres des Géorgiens sont restés ainsi plusieurs jours sur la route. Les camions les écrasaient, passaient sur les corps. Quand on les a enfin ramassés, ils n'étaient pas plus épais que des crêpes. »

les attendaient, camouflés dans les herbes, dissimulés au fond des fossés. Hécatombe [1].

Mais les Allemands de l'arrière-pays s'accrochent au terrain, forment des poches de résistance, se déplacent en petites bandes, surgissent comme des guérilleros, font le coup de feu, puis s'évanouissent dans une nature complice où l'on devient invisible à dix mètres de distance.

Audouville n'est pas encore nettoyée. Regroupés ou éparpillés, les Géorgiens tiennent quelques fermes dans les hameaux, quelques hectares de terre aux limites de la commune. Comme au village du Brocq par exemple.

Effaré, Bernardin Birette se rend compte que les Américains disposent de tous les renseignements possibles et imaginables sur la région d'Audouville. Ils possèdent la liste des habitants, sortent des cartes et des croquis d'une précision incroyable. Mais le plus extraordinaire, ce sont les photographies où sont notées les moindres caractéristiques permettant de se repérer : la barrière d'un champ à laquelle il manque deux lisses, un verger où, sur quatre rangées de pommiers, il manque six arbres. Pourtant, ils ne savent pas tout.

« Vous connaissez la maison où se trouvait l'état-major allemand d'Audouville-la-Hubert ? » demande un officier à Bernardin Birette.

Le jeune Normand la connaît mieux que quiconque. Cette maison se trouve au village du Brocq et appartient à ses parents.

L'officier est ravi : « Vous pouvez nous y conduire ? »

Pris de court, Bernardin Birette balbutie un oui timide et, pour se rassurer, demande la permission d'emmener avec lui Maurice Blaisot, un ami venu se réfugier à La Herguerie. Il est sinistré depuis ce matin, sa maison ayant été détruite par le bombardement aérien.

L'officier acquiesce et épingle au revers des vestes des deux garçons un petit insigne :

1. Au matin du 6 juin, dès 7 h 30, le colonel Bob Cole, commandant le 3ᵉ bataillon de la 101ᵉ Airborne, disposa ses hommes sur la chaussée nº 3 qui partait d'Utah Beach en direction d'Audouville-la-Hubert, tandis qu'un de ses officiers, le capitaine Clements, faisait de même à la chaussée nº 4 (vers Saint-Martin-de-Varreville). Vers 9 h 30, les soldats allemands chassés du littoral tentèrent de se replier par ces voies et butèrent sur les deux barrages. Bien à couvert, les groupes de Cole et Clements abattirent alors près de quatre-vingts Allemands sans essuyer la moindre perte.

« Pour prouver aux Allemands que vous n'êtes pas des terroristes, mais des Français réquisitionnés par l'armée américaine. Comme ça, si les choses tournent mal, vous n'aurez pas d'histoire. »

Bernardin et Maurice s'observent en silence. Ambiance...

La colonne s'ébranle sur le chemin et longe les fossés. Douze soldats en file indienne. Plus les deux Français en tête. Moins d'un kilomètre sépare La Herguerie du hameau, ce sera vite fait.

Une minute plus tard, Bernardin est déjà persuadé du contraire. Ils viennent de quitter la maison, ils n'ont pas parcouru cent cinquante mètres et c'est déjà la première alerte. Chaude. Un soldat allemand, caché dans un têtard de frêne, lance une grenade sur le groupe. Dans un ensemble parfait, les Américains se jettent à terre, l'engin explose, et avant que l'Allemand ait eu le temps de dégoupiller la seconde de la demi-douzaine de grenades qu'il porte à son ceinturon, il est abattu. Il tombe de l'arbre. Un para se rue sur lui, l'achève au poignard. Tout a été si rapide, si fulgurant que Bernardin et Maurice sont restés debout, à découvert, tous seuls au milieu de la route. Ce n'est que maintenant, devant le corps de l'Allemand, qu'ils réalisent :

« Ça commence bien », confie Bernardin à son copain d'une voix blanche.

Les deux jeunes gens se font du souci. Peut-être ont-ils accepté un peu vite de servir de guides. Ils pensaient que tout comme à La Herguerie, au village de La Vierge, les Américains tenaient solidement le secteur. C'est loin d'être le cas. Bientôt des coups de feu éclatent, des balles frôlent le groupe. Pis encore, Bernardin voit les tireurs qui progressent par bonds entre les maisons, qui tirent, s'aplatissent, disparaissent pour se redresser un peu plus loin. Mais c'est clair, ils avancent vers eux. L'appréhension commence à faire des nœuds dans l'estomac du Normand. Les autres n'ont pas l'air de se rendre compte du danger.

« Je veux bien continuer, dit-il à un parachutiste canadien, mais vous voyez les Allemands comme moi, on va tous se faire tuer. »

Le Canadien a un geste d'insouciance. Bien sûr qu'il a vu les Allemands, mais il faut continuer. Ils ont ordre d'investir coûte que coûte les bureaux de l'état-major ennemi d'Audouville-la-Hubert. Le jeune Birette s'affole : ces types-là sont complètement inconscients. Ils avancent sous les balles aussi décontractés que s'ils se rendaient au bureau ou à l'usine. Ils se battent depuis des heures, pour eux c'est de la routine. Mais pas pour lui. Bernardin réfléchit à toute vitesse : ils sont maintenant dans le village du Brocq. D'un côté, les marais s'étendent en contrebas, de l'autre, les maisons s'alignent, parallèles à la route. La demeure des parents se trouve un peu plus haut, nichée au fond d'un sentier. Depuis les fenêtres, la vue est dégagée. Les Géorgiens n'ont qu'à se poster aux fenêtres et les laisser venir. Ils vont faire un carton.

« On va passer par-derrière, propose-t-il au commando. De l'autre côté. Par les marais, puis par les jardins. Les Allemands ne pourront pas nous voir arriver.

— Okay, boy », approuvent placidement les kamikazes à la bannière étoilée.

Détour sans histoire. Ils sont maintenant à une soixantaine de mètres du repère de l'ennemi. L'angoisse rend Bernardin de plus en plus bavard :

« Mais vous n'êtes qu'une douzaine, et là-dedans, ils sont au moins soixante.

— Ce n'est pas grave, répond le Canadien toujours aussi sûr de lui. De toute manière, on n'a pas le choix. Il nous faut cette baraque. Il y a plein de renseignements là-dedans. »

Encore un bond. Essoufflés, Bernardin Birette et Maurice Blaisot s'adossent contre le mur d'un bâtiment agricole. Le Canadien a pitié d'eux :

« Nous allons attaquer maintenant, mais vous nous attendez là. L'un de nos hommes reste avec vous. En cas de coup dur, on ne sait jamais. »

Bernardin se retrouve avec un pistolet dans la main. Qu'est-ce qu'il pourrait en faire ? Sans doute, veulent-ils le rassurer. Mais ce qu'ajoute le Canadien provoque l'effet contraire :

« Écoutez, messieurs, n'ayez pas peur. Et surtout, n'essayez pas de vous sauver, car l'homme qui reste là n'hésiterait pas à vous tirer dessus. On n'aime pas les traîtres. »

L'atmosphère s'alourdit singulièrement.

« Ben mon vieux, on est dans de beaux draps, gémit Blaisot. Et si les Géorgiens gagnent, tu y as pensé, toi ? »

Bernardin ne pense qu'à ça. Il regarde l'insigne de « réquisition » épinglé par les Américains sur sa veste.

« Tu parles ! Avec ou sans insigne, ils nous feront notre fête. »

Le commando se déploie. Les deux Français ne voient plus

personne. Plus étonnant encore, ils n'entendent pas un seul coup de feu. « Protégés » par le soldat qui fume tranquillement sa cigarette, ils s'impatientent. Un quart d'heure se passe. Toujours rien. Le silence. Puis soudain, des rires et des cris. La fête... Interloqués, Bernardin et Maurice hasardent un œil, font quelques pas, toujours suivis de leur ange gardien. Ses copains parachutistes sont aux fenêtres. Coiffés de casquettes d'officiers allemands, ils rigolent comme des gamins. Les Géorgiens ont déserté la maison sans combattre.

Retour à La Herguerie. Mais le soulagement des deux jeunes gens est de courte durée. Ils sont à peine revenus sur la route, qu'ils essuient une nouvelle fusillade. Les Géorgiens ont peut-être fui leur ancien QG, mais ils sont toujours dans le village et d'humeur belliqueuse. Bernardin et Maurice ne comprennent rien à cette pagaille. Ils n'ont qu'une hâte : rentrer à la maison, se mettre à l'abri.

« Il n'y a pas de danger », continue d'assurer le Canadien qui marche tranquillement à leurs côtés, tête haute. Il est en promenade.

Le soldat qui avance face à eux aussi. Mais Bernardin lui trouve un air étrange, différent des autres. Au moment de le croiser, il comprend pourquoi. Il ne porte pas d'armes, mais ploie sous le poids de ses sacs et de ses appareils photos : un correspondant de guerre[1].

Le reporter s'arrête à hauteur du commando, discute avec les hommes. Le Canadien se tourne vers les Français :

« Il veut vous photographier dit-il, c'est pour la presse américaine. »

Bernardin croit rêver. Les photographier. Ça peut peut-être attendre.

« Non, non, là, c'est parfait. »

Pas là. Un peu plus loin. En terrain découvert. Les balles ricochent autour du groupe, s'écrasent contre les murs, font voler les vitres en éclats. Mais le journaliste prend son temps, installe son trépied, visse son appareil. Il s'approche des deux garçons, cherche une bonne pose.

1. Le correspondant de guerre était un Américain du nom de Weston Hayes. Il avait débarqué le matin du 6 juin à 10 heures à Utah Beach, puis avait accompagné les troupes dans leur progression à l'intérieur des terres avant de rembarquer le soir même.

« Vous devez être naturels », demande le Canadien sans ironie.

Naturels ! Bernardin a l'impression d'être en bois. Le photographe lui fait poser la main droite sur l'épaule du para canadien qui se redresse de toute sa petite taille, moustache frémissante. Dans le même temps, il demande à Maurice Blaisot de tendre le bras vers une vingtaine de cadavres géorgiens qui pourrissent un peu plus loin, au bord du marais, entassés les uns sur les autres.

Naturels ! Ils sont au milieu de la bataille, on leur tire dessus et on les fait poser comme dans un studio. Naturels ! Facile quand on a le sentiment de jouer sa vie à pile ou face ! Sur un simple déclic. Le photographe prend tout son temps. Sous le béret de Bernardin et de Maurice, c'est la tempête : peur, colère et, plus encore, incrédulité. Les deux jeunes gens aperçoivent les Allemands tirer depuis les buttes de La-Campagne-du-Ham. Tandis que de l'autre côté, les mitrailleuses américaines répliquent. Et ils sont au milieu ! Ces types-là sont fous, complètement fous.

Le calvaire dure une vingtaine de minutes. Dix grosses, dix énormes minutes. Puis le photographe, toujours aussi relax, remballe son matériel avec soin. Dans un français très lent, teinté d'un fort accent yankee, il remercie les deux civils qui, franchement, n'ont que faire de son amabilité : ils ont le visage transparent, les jambes vacillantes et une envie folle de se jeter à terre, de se cacher, de ramper à plat ventre. Jusqu'à La Herguerie s'il le faut.

« N'ayez pas peur, tant que vous entendez les balles siffler, c'est que ce n'est pas pour nous. »

Bernardin en a un peu marre de cette assurance :

« Vous êtes des soldats, lance-t-il d'un ton légèrement excédé, mais nous, vous savez, on n'a pas l'habitude de faire la guerre[1]. »

Vingt-quatre heures ont suffi. L'armée américaine débarque, s'installe, s'organise. Audouville-la-Hubert prend des allures de camp de base : une nouvelle vague de planeurs atterrit dans les

1. C'est tout à fait par hasard, en se rendant à la gare de Carentan, environ deux mois après ces événements, que Bernardin Birette découvrit sa photo (et celle de son ami Blaisot) dans le numéro 14 du magazine *Voir, Images d'aujourd'hui,* avec la légende suivante : « Guides précieux, les Français nous permettaient de découvrir les emplacements des magasins, les embuscades des tireurs ennemis, faisaient tout pour nous aider. » Un autre cliché parut également dans la revue mensuelle *Accord,* n° 7.

champs, un hôpital de campagne est dressé dans les prés de La Herguerie, et dans l'après-midi du 7 juin, des soldats viennent demander à Eugène Birette la permission d'utiliser le bâtiment délabré où, quarante-huit heures plus tôt, logeaient les Géorgiens.

Le soir même, les nouveaux locataires sont en place. Pendant plusieurs heures, des hommes de corvée ont nettoyé les lieux et à voir le va-et-vient continuel des estafettes motorisées autour de la propriété, il ne fait aucun doute pour les Birette que leur vieille ferme abrite des officiers. C'est tout ce qu'ils peuvent savoir, car un large périmètre est soumis à étroite surveillance. C'est zone interdite. Y compris pour les propriétaires.

Regroupés autour de la grande table familiale, les Birette s'apprêtent à souper lorsqu'une des sentinelles en faction entre dans la maison : « Avez-vous un peu de lait frais ? » demande-t-il dans un français impeccable.

Un peu. C'est le mot juste. L'invasion américaine a également chassé les vaches des herbages. Le cheptel des Birette est égaré dans la campagne. Sauf deux malheureuses vaches attachées derrière la maison.

« Vous avez de la chance, souligne Eugène Birette. Dans un quart d'heure, vous aurez du lait frais.

— Okay, c'est pour les officiers. »

Quinze minutes plus tard, son bidon de lait à la main, Bernardin Birette frappe à la porte de la vieille ferme. On fait entrer le jeune Français qui, impressionné, observe la scène : la pièce, violemment éclairée par une grosse lampe sous globe, est peuplée d'officiers. A genoux ou à quatre pattes, ils sont tous penchés au-dessus de plusieurs grandes cartes étalées sur des planches elles-mêmes posées sur des conteneurs. Bernardin tente de déchiffrer les galons. Lieutenant, capitaine, il commence à connaître. Mais là, tous les grades lui sont inconnus.

Un officier se détache du groupe, prend le bidon de lait des mains du Normand. Personne ne fait attention à lui. Bernardin se risque à observer les militaires qui s'agitent autour des cartes, pointent leurs doigts sur des villes, ou englobent d'un mouvement de main des régions entières. Tous, sans exception, se tournent régulièrement vers un homme paraissant plus âgé, mince et aux cheveux coupés ras. Et tous se taisent lorsque cet homme prend la parole. Bernardin remarque le ton cassant, les manières autoritaires.

« Le patron », songe-t-il.

Le ronronnement d'un avion trouble la conférence. Les regards inquiets se lèvent vers le plafond. Aucun avion américain ne vole de nuit désormais. Ce ne peut être qu'un ennemi. Le staccato d'une mitrailleuse lourde confirme. Les officiers se plaquent au mur et attendent la fin de l'alerte. Qui vient très vite. L'Allemand est seul, ne fait que passer. L'atmosphère redevient instantanément sereine. Toutes les fenêtres, toutes les ouvertures sont bouchées par un épais papier vert. Aucune lumière ne peut filtrer à l'extérieur de la pièce.

« Sauf par le trou de la cheminée », dément Bernardin en indiquant l'âtre monumental qui prend tout un mur de la pièce. Personne ne songe à discuter l'argument de l'autochtone, et une carte est promptement posée sur le globe de la lampe.

Le bidon de lait circule maintenant parmi les officiers. L'homme au ton cassant se tourne vers Bernardin Birette. Son regard se fait aimable derrière les petites lunettes rondes à montures d'acier. Un sourire cordial éclaire la mine austère.

L'officier qui l'a accueilli pousse gentiment Bernardin vers la sortie : « Merci beaucoup, dit-il. C'est pour le général Bradley. Le général Bradley vous remercie[1]. »

Brécourt : la bavure

« Ils perdent complètement la tête ! Ils tirent au fusil sur des avions ! »

Le colonel de Vallavieille, soixante et onze ans, réagit en vieux soldat. Il hoche la tête d'un air désolé : ces bombardements incessants finissent par rendre fous les Allemands. Il est vrai que ces Allemands-là, ceux de Brécourt, ne sont pas très solides : des gosses de seize, dix-sept ans au plus, encadrés par de vieux officiers et sous-officiers usés par la Russie, terriblement marqués par la Berezina hitlérienne. Il est vrai également

1. Le général Omar N. Bradley était le commandant en chef de la 1re armée américaine qui avait débarqué à Utah Beach et Omaha Beach.

que ce soir, les alliés tapent dur sur le littoral. Plus, bien plus que d'habitude.

La famille Vallavieille monte se coucher dans les chambres situées au premier étage. Mais personne ne parvient à trouver le sommeil. Il y a trop de vacarme autour du manoir de Brécourt. Pas seulement des coups de feu. Depuis qu'ils ont entendu les avions, les Allemands s'agitent frénétiquement : ils hurlent, courent dans les bâtiments, s'éparpillent dans les champs. Ils ont même attelé les chevaux aux chariots, aux caissons d'artillerie, et les ont alignés dans le chemin.

Les Vallavieille ne peuvent apprécier la situation qu'au jugé. Déjà en plein jour, l'horizon est vite limité. Bâti sur le plateau, mais dans un creux de terrain, le manoir de Brécourt, longue et lourde forteresse de pierre grise, se dissimule dans la nature comme un repaire de seigneur chouan. Très hauts, très touffus, les ormes s'alignent, se resserrent en un rideau impénétrable. Le reste est paysage traditionnel dans cette bordure est du Cotentin. Les haies, les fossés, les talus, les murs d'aubépines bouchent le moindre trou, coupent le regard au-delà d'une dizaine de mètres. Un camouflage de rêve pour les quatre canons de 88 disposés sur cinq cents mètres, dans les herbages, entre Brécourt et le hameau Germain. Simplement posés dans des trous de terre, sans la moindre enceinte de béton. Stratégiquement parlant, l'endroit se défend. Sainte-Marie-du-Mont et sa route d'asphalte qui surnage au-dessus des marais sont à droite, à moins de deux kilomètres. La mer est à peine plus éloignée. Droit devant.

C'est ainsi, sous la forme de cinquante artilleurs et de quatre canons tractés par une soixantaine de chevaux, que la guerre a pris ses quartiers au manoir de Brécourt. Alors que le vieux colonel et sa femme auraient tant voulu l'oublier. En 1940, deux de leurs fils ne sont pas rentrés : Jean, capitaine au 39e bataillon de chars de combat, est mort carbonisé dans son blindé aux environs de Valenciennes, le 19 mai. Quant à Noël, engagé volontaire au 60e régiment d'infanterie, il a été tué le 6 juin 1940 dans la Somme. Le 6 juin. Cela fera quatre ans demain, jour pour jour. Restent les deux autres garçons : Michel, vingt-quatre ans. Et Louis, le plus jeune, âgé de dix-neuf ans. Qui sont avec eux, au manoir.

Les Vallavieille devinent, au vacarme ambiant, qu'il se passe un événement anormal. La première confirmation surgit sous la forme d'un soldat particulièrement excité qui hurle : « Tommies ! Tommies », et qui, rendu carrément furieux par la mine incrédule du colonel, lui agite sous le nez un livre de messe où il a le temps de lire : « Murcie Michigan. »

« Kaputt ! Tué ! », hurle le soldat avant de se ruer au-dehors.

C'est le petit jour. Entre 4 et 5 heures du matin. Mais les Vallavieille sont déjà levés et habillés. Michel sort, se faufile jusqu'à la ferme voisine, espérant avoir d'autres nouvelles. Il n'est pas déçu : plusieurs personnes sont attroupées dans la maison, qui sortent d'une marche exténuante dans les marais inondés. Ils viennent de La Madeleine, un hameau qui s'étend tout en longueur, en bordure de la plage, juste derrière les dunes. Et de La Madeleine, disent-ils, il ne doit pas rester grand-chose. Ils racontent un terrifiant bombardement, affirment que des parachutistes ont été largués un peu partout, que l'on se bat. L'un d'eux va plus loin encore. Il y a une flotte immense ancrée au large, affirme-t-il[1].

« Le débarquement, le débarquement... » Michel de Vallavieille n'a plus que ces mots en tête lorsqu'il rentre au manoir. Il n'est pas le seul. Un ouvrier agricole, employé à Brécourt, apparaît sur son vélo. Il est paniqué, catastrophé. Il habite au hameau du Grand-Chemin, à l'autre bout de la route, et là-bas, c'est la guerre. Les Américains attaquent, les Allemands défendent. Ces derniers l'ont laissé passer. Ils le connaissent, ils le voient tous les jours. C'est sa femme Pauline qui l'envoie : « On ne peut pas rester là, lui a-t-elle dit en serrant la petite Marie, son bébé de deux mois dans les bras, va demander à Monsieur s'il veut bien nous accueillir. »

Et il est devant monsieur, triturant son béret entre ses mains : « Pauline et Marie voudraient bien venir ici. On serait mieux. »

Le colonel accepte bien entendu. Le cycliste reprend la route, tandis que les balles sifflent au-dessus de sa tête. Quelques minutes plus tard, le tableau est encore plus incroyable : le couple

1. Ce couple de fermiers et leurs trois enfants eurent beaucoup de chance. Ils passèrent d'abord la nuit du 5 au 6 juin dans une tranchée avec les soldats allemands. Puis, le matin, paniqués par l'ampleur de la bataille, ils voulurent s'éloigner. Ils quittèrent la ferme, traversèrent la cour, se glissèrent le long des bâtiments, passèrent de l'autre côté du chemin, jusqu'à un herbage où se déroulaient les combats. Ils se dissimulèrent alors tous les cinq dans un abreuvoir profond d'où ils ne resurgirent qu'à l'aube du 7 juin.

arrive à pied, poussant au pas de course le landeau de la petite Marie.

Cette fois la bataille est engagée autour du manoir de Brécourt[1]. Le colonel ne se fait pas d'illusions : les quatre canons de 88 constituent l'objectif des assaillants, et si les Allemands résistent, les combats risquent d'être terribles. C'est le cas : regroupés autour des pièces d'artillerie, la cinquantaine de gamins de la Wehrmacht lutte pied à pied contre une quinzaine de parachutistes déchaînés.

Le colonel a d'abord rassemblé les civils dans la grande cuisine du rez-de-chaussée. Puis, comme l'endroit ne lui semblait pas assez sûr, il les a conduits dans un cellier attenant, aux murs, particulièrement épais. Seules deux petites fenêtres grillagées, presque des meurtrières, donnent sur l'extérieur, sur le chemin. Car la crainte du vieux militaire est de voir les Allemands se retrancher à l'intérieur du manoir pour en faire un fort Chabrol. Dans cette peu réjouissante perspective, il faut se protéger, s'isoler au maximum. Théoriquement, c'est fait. Le grand porche central coupe le manoir de Brécourt en deux parties, et le poste de commandement allemand se situe à l'autre extrémité. Théoriquement.

Le colonel inspecte les pièces. Vers 8 heures du matin, au plus fort de la bataille, il se rend dans les bureaux de la Wehrmacht et n'y trouve que deux soldats blessés, uniformes en lambeaux, qui broient du noir :

« Beaucoup parachutistes, gémissent-ils. Nous avons trois canons pris sur quatre. Ce soir, les Tommies seront là. »

Un peu plus tard, dans l'escalier, il bute sur un gradé qui lui demande :

« Est-ce qu'il y a des fenêtres qui regardent vers les canons ?

— Non, non », s'empresse de répondre le colonel.

L'Allemand n'insiste pas, s'en va, retourne au combat. Soulagé, le propriétaire referme la porte à clé derrière lui. Quand il revient de sa tournée d'inspection, il a ce mot de satisfaction :

« C'est bien, il n'y en a plus. »

Mais dehors, il y en a encore. Pour combien de temps ? Il

1. Les parachutistes étaient tombés par hasard sur la batterie de Brécourt dont la position n'était pas connue de l'état-major allié. Le commando reçut alors l'ordre de la détruire.

semble que l'affrontement diminue d'intensité. Le feu est moins nourri. On n'entend plus tonner les canons dans les herbages. Les alliés se seraient-ils réellement emparés des pièces d'artillerie ? Les Français le croient d'autant plus volontiers que vers 11 heures, ils aperçoivent les deux officiers commandant la batterie de Brécourt revenir des prairies à la tête d'une petite troupe d'une dizaine d'hommes. Ils paraissent exténués. Des vaincus, qui se replient à la hâte, talonnés par l'ennemi. Ils traversent le chemin, passent sous le porche, traversent la cour intérieure du manoir, disparaissent.

Le silence s'installe. Pesant, incongru. Il y avait une cinquantaine de soldats allemands au manoir. Que sont devenus les autres ? Tous morts ? Ou prisonniers ? Pour le colonel, c'est presque trop beau. Il se méfie.

« Attendons. Ne bougeons pas de là », décide-t-il.

Nouveauté peu réjouissante, quarante-cinq minutes plus tard, les mortiers prennent le manoir pour cible, arrosent le toit, les façades de projectiles. Si les Américains attaquent ainsi Brécourt, c'est que les derniers défenseurs allemands s'y trouvent. Mais où ?

Nouveau silence. Puis des voix, des bruits qui se rapprochent. Cette fois, aucun doute, les alliés progressent sur le chemin, de l'autre côté des murs. Dans le cellier, tout le monde se redresse, abandonne la position du civil tassé, replié, recroquevillé. La position du civil en danger. Soulagement, début de joie. C'est enfin terminé. Mais le colonel a l'appréhension tenace.

« Il faut se signaler, dire que nous sommes des civils français, qu'il n'y a plus d'Allemands. »

On s'exécute de bon cœur, dans le désordre, et très fort. On ne peut pas ne pas les entendre.

On les a entendus. Une crosse de fusil percute la fenêtre, pulvérise la vitre. Le fusil se retourne, le canon apparaît, se découpe dans l'ouverture. Personne ne voit qui tient l'arme, personne n'a le temps de s'approcher. Heureusement. L'homme ouvre le feu.

Panique indescriptible. Les cris redoublent, amplifiés par la terreur. La révolte aussi.

« Civils ! Français ! Mais ils ne comprennent rien ! Civils ! Français ! Pas d'Allemands ! »

On entend la voix du colonel :

« Il faut montrer qui nous sommes ! »

Quelqu'un ne l'a pas attendu. Michel de Vallavieille, son fils aîné, est déjà dehors. Sans que personne, dans la cohue, s'en rende compte, il sort par la porte vitrée qui donne sur la cour intérieure, passe sous le porche. Étonné, il constate que deux hommes s'y trouvent déjà. Ils sont comme lui, bras levés, mais arrêtés. Les deux Allemands blessés que le colonel avait vus le matin dans le bureau, veulent se rendre. Ils sont pitoyables, couverts de pansements ensanglantés. L'un est torse nu, l'autre en chemise, sans pantalon. Michel les dépasse, s'avance encore. Face à lui, disposés en demi-cercle, une vingtaine de paras l'attendent. Le jeune homme est vaguement inquiet : ces hommes casqués, barbouillés de noir, maculés de sang, portent sur eux le masque de la mort. Ils viennent de se battre, de tuer durant des heures. Mais pourquoi aurait-il peur ? Même s'ils ressemblent à des bêtes fauves, même s'ils restent immobiles et silencieux, même s'ils pointent leurs armes vers lui.

On lui fait signe d'avancer. D'avancer encore. Michel est sur le chemin. Il découvre sur sa droite un hallucinant spectacle. Ici, les combats ont tourné au carnage : des dizaines de cadavres d'hommes et de chevaux s'enchevêtrent dans un amoncellement de chariots, de fourgons et de caissons d'artillerie renversés. Les animaux ont été sauvagement égorgés, la terre est imbibée de sang. Macabre capharnaüm. Encore, lui fait-on comprendre. Michel dépasse le groupe de paras. Il se retourne. Encore. Il ouvre la barrière qui donne sur le clos. Encore ? Michel ne comprend pas. Qu'est-ce qu'ils veulent ? Il leur tourne le dos.

Deux paras vident froidement leur chargeur. Michel de Vallavieille s'effondre, face contre terre. Il a cinq balles dans la peau.

Les coups de feu n'effraient pas réellement le groupe qui débouche alors sous la conduite du colonel de Vallavieille. Des coups de feu, ils n'entendent que ça depuis cette nuit et personne ne sait encore que Michel agonise dans l'herbe quelques mètres plus loin... Mais l'attitude menaçante, brutale des paras est inexplicable : ils sont comme des loups autour d'un troupeau de moutons. Le sort des deux Allemands a été vite réglé : après quelques coups de poing et de crosse d'arme, ils ont été embarqués. Mais eux, pourquoi les brutalise-t-on ? Qu'ont-ils fait de mal ? Regroupés devant le porche, à l'endroit appelé « la demi-lune », les civils tentent de parler, de s'expliquer, mais les paras ne veulent rien entendre. Ils se saisissent de Louis, de son père, veulent également leur faire passer la barrière. Tous deux résistent, prennent des coups. Au milieu des cris et des pleurs, on entend la voix ferme du colonel : « Non, on reste groupés. Si nous restons groupés, ils ne nous feront rien. »

Il tente de montrer ses pièces d'identité. Mais personne ne l'écoute, personne ne veut lire. Les plus excités ricanent, continuent de malmener le vieil homme aux cheveux blancs.

« Mais où est Michel ? Où est Michel ? »

La voix inquiète de Mme de Vallavieille domine le tumulte. Son fils est dans le champ, derrière la barrière. Il meurt doucement, se vide de son sang. Le chagrin submerge le vieux couple déjà terriblement éprouvé : deux fils tués par les Allemands. Et un troisième abattu par les Américains, par ceux qui venaient les libérer. Le vieux colonel n'en peut plus : il se jette à genoux, supplie les parachutistes : « Mais vous voyez bien que nous sommes des Français, des civils. Ayez pitié de nous ! »

Les rires continuent. Ils rient tous. Sauf un. Qui prend la pièce d'identité que M. de Vallavieille tient toujours dans l'une de ses mains. Il paraît plus calme, plus pondéré. Il lit attentivement et un mot, un seul suffit à ramener le calme : celui de colonel.

« Nous avons besoin de vous », dit l'homme qui se débarrasse alors des plus excités en leur ordonnant d'aller fouiller le manoir de fond en comble.

Les civils s'affairent autour de Michel de Vallavieille. Le para ne comprend pas, indique par geste qu'il aurait pu l'achever s'il avait voulu : ce n'est qu'un Allemand.

Louis, le frère cadet, retrouve quelques rudiments d'anglais :

« Is my brother...

— Your brother ? réplique étonné l'Américain, you are German ?

— Non, I am French !

— French ? »

Peu à peu, les parachutistes prennent conscience de leur méprise.

« Come with me », commande l'Américain qui le premier s'aperçut de la tragique erreur. Il semble convaincu. Le colonel de

Vallavieille comprend qu'il veut aller chercher du secours pour tenter de sauver son fils. Il le suit. Seul.

Louis et sa mère s'occupent de Michel. Que peuvent-ils faire ? Ses blessures sont terribles : une balle lui a lacéré la nuque, une seconde lui a déchiqueté le bras, une troisième l'a touché à la cheville, mais c'est la quatrième surtout qui a provoqué d'épouvantables dégâts : entrée dans le dos, elle est ressortie à hauteur de la poitrine. Le trou est énorme et rien ne peut arrêter l'hémorragie[1]. Ils sont impuissants, désespérés. Michel est en train de mourir sous leurs yeux.

Quelqu'un va chercher un matelas au manoir. On y installe Michel de Vallavieille, on le transporte jusqu'à la « demi-lune », devant le porche où se tiennent toujours parachutistes et civils. D'autres soldats surgissent, qui se fraient difficilement un chemin dans l'amas de cadavres d'hommes et de chevaux, dans l'entassement de matériels détruits. Ils sont trempés, mouillés le plus souvent jusqu'à la ceinture, n'ont ni l'apparence, ni le comportement inquiétants des commandos de l'aube. Ce sont les fantassins du débarquement d'Utah Beach qui progressent sur la route de Sainte-Marie-du-Mont. Certains s'arrêtent à hauteur du blessé. Louis et sa mère sont toujours agenouillés au chevet de Michel qui, à aucun moment, n'a perdu conscience. Ils tentent d'épancher le sang qui continue à couler de ses blessures.

Ce sont toujours les mêmes questions : « A German ? No ? A French ? » L'un des GI's prend le paquet de sulfamides attaché à son casque, l'applique sur la poitrine de Michel. Louis balbutie toujours les mêmes mots dans son anglais plus qu'approximatif : « Il faut l'emmener à l'hôpital. Hôpital. »

Mais personne ne lui répond. Mines compatissantes, les fantassins hochent la tête et s'en vont un peu plus loin. Jusqu'au moment où Louis entend : « Chi Ch'est ton frère, t'en fais donc point. Il y a trois mille batiaux sur la mer et y aura bien une p'tite piace pour tun frère sur le batiau-hospital. »

L'accent pittoresque du GI québécois. Mais les paroles du cousin canadien ne suffisent pas.

1. Michel de Vallavieille avait le poumon droit perforé de part en part. Les muscles du bras étaient complètement sectionnés. Par miracle, l'une des balles n'avait fait qu'érafler la nuque. Enfin, on retrouva d'autres balles dans ses vêtements dont une avait coupé son portefeuille en deux.

Qui va transporter Michel ? Qui va l'amener jusqu'à la plage ? Et qui se soucie de lui surtout ? Car la guerre continue bien sûr : nouvelle alerte. Nouvelle canonnade. On tire à nouveau sur le manoir maudit. La « demi-lune » se vide en un instant. Les hommes se jettent sur les bas-côtés, dans les fossés. Le matelas et son blessé se retrouvent dans une tranchée. A peine débarqués, des chars américains, des Sherman, dont les jupes de flottaison flottent comme des bâches de camions le long des haies, ont été appelés en renfort et s'en prennent à leurs propres troupes. La panique est de courte durée, une transmission par talkie-walkie met fin à l'erreur. On transporte alors Michel de Vallavieille dans le corridor. Autour de lui, l'espoir s'amenuise de minute en minute. Qui peut le sauver ?

Son père. Amené par le parachutiste jusqu'à la Croix du calvaire, à l'embranchement de la route de Sainte-Marie-du-Mont, le colonel de Vallavieille est mis en présence d'un général américain[1], d'un colonel et d'un jeune interprète des Forces françaises libres. Sur le terrain, c'est la grande parade du débarquement. Des milliers d'hommes, des milliers de véhicules, déversés sur le sable d'Utah piétinent dans un fabuleux encombrement. Penché sur sa carte d'état-major, le général lève la tête, écoute l'interprète :

« Vous êtes colonel ! s'exclame-t-il, soudainement intéressé. Je cherche un guide pour m'y retrouver dans ce pays. Quel âge avez-vous ?

— Soixante et onze ans.

— Ah, soupire le général déçu, vous êtes trop vieux. »

Le colonel de Vallavieille se fiche éperdument de savoir s'il est trop vieux ou pas. Il regarde le général droit dans les yeux et martèle : « J'ai eu deux fils tués par les Allemands en 40[2]. Vous venez de tuer le troisième. Si vous voulez me fusiller tout de suite, je suis prêt. »

1. La famille de Vallavieille ne sut jamais s'il s'agissait du général Raymond O. Barton, commandant la 4e division ou de son adjoint, le général de brigade Theodore Roosevelt, lequel devait succomber quelques jours plus tard d'une crise cardiaque.

2. En 1992, Louis de Vallavieille put consulter des archives et des rapports militaires personnalisés et apprit ainsi les circonstances exactes de la mort de son

Interloqué, le général demande des précisions. Le colonel continue de parler, explique le drame. Le général donne des ordres.

En quelques minutes, M. de Vallavieille se retrouve dans une Jeep, avec un médecin et quatre brancardiers. Mais à l'extrémité du chemin, c'est toujours la même décharge macabre. La Jeep ne peut passer, l'équipe de secours continue à pied.

Le toubib parvient au manoir, examine Michel de Vallavieille toujours étendu sur son matelas, dans le petit corridor. Diagnostic sans appel : « Il faut tout de suite l'emmener sur le navire-hôpital. Sinon, il sera mort ce soir. »

Michel a entendu. Il est faible, très faible : « Je ne veux pas m'en aller, proteste-t-il d'une voix éteinte, je veux mourir ici. »

Le père prend la décision : il enveloppe son garçon dans un grand manteau d'hiver, inscrit son nom et son adresse sur un morceau de papier qu'il glisse dans une poche et fait signe aux brancardiers de l'emmener.

Cortège pathétique. Il faut enjamber les cadavres, faire glisser le brancard au-dessus des carcasses de véhicules, jouer à saute-mouton dans les ruines. Derrière, les parents et Louis suivent. La route est à nouveau libre. Mais la Jeep n'est plus là. Les GI's arrêtent la famille : « Vous n'allez pas plus loin. »

Mme de Vallavieille proteste. Si son fils doit mourir, elle veut être auprès de lui.

« Pas question. Vous rentrez chez vous. Vous aurez des nouvelles plus tard. »

De loin, les parents voient le brancard sur une charrette à fourrage tirée par deux chevaux. Jusqu'au dernier moment, ils suivent des yeux l'attelage qui descend vers la côte. Pour les Vallavieille, une longue attente commence...

La charrette se fraie un chemin dans la grande cohue du débarquement, trottine jusqu'à l'herbage des vallons où se

---

frère Jean. Le 19 mai 1940, lors de la retraite des Flandres, celui-ci fut chargé de nettoyer la forêt de Mormal, aux environs de Valenciennes, où de nombreuses infiltrations allemandes avaient été signalées. Or, un escadron français de chars de cavalerie se trouvait déjà dans le secteur. Là encore, il s'ensuivit une tragique méprise. Jean de Vallavieille périt carbonisé dans un blindé, tué par un obus français.

dressent déjà les premières tentes de la Croix-Rouge. Première transfusion de plasma. Une ambulance l'emmène alors, toujours à contre-courant de la formidable cohue, dans l'hôpital de campagne d'Utah Beach planté au carrefour de la chaussée de Sainte-Marie-du-Mont et de la petite route qui mène à la chapelle de La Madeleine, derrière les dunes de la plage d'Utah.

Michel de Vallavieille est maintenant semi-inconscient. Il distingue des uniformes qui défilent autour de sa civière, perçoit des voix cotonneuses qui s'exclament : « French ! Frenchy ! » Il est opéré sur place. Le samedi 10 juin, en fin de journée, il est embarqué à destination de l'Angleterre. Il ne sera de retour au manoir de Brécourt qu'en février 1945.

DEUXIÈME PARTIE

PRIS DANS LA VAGUE

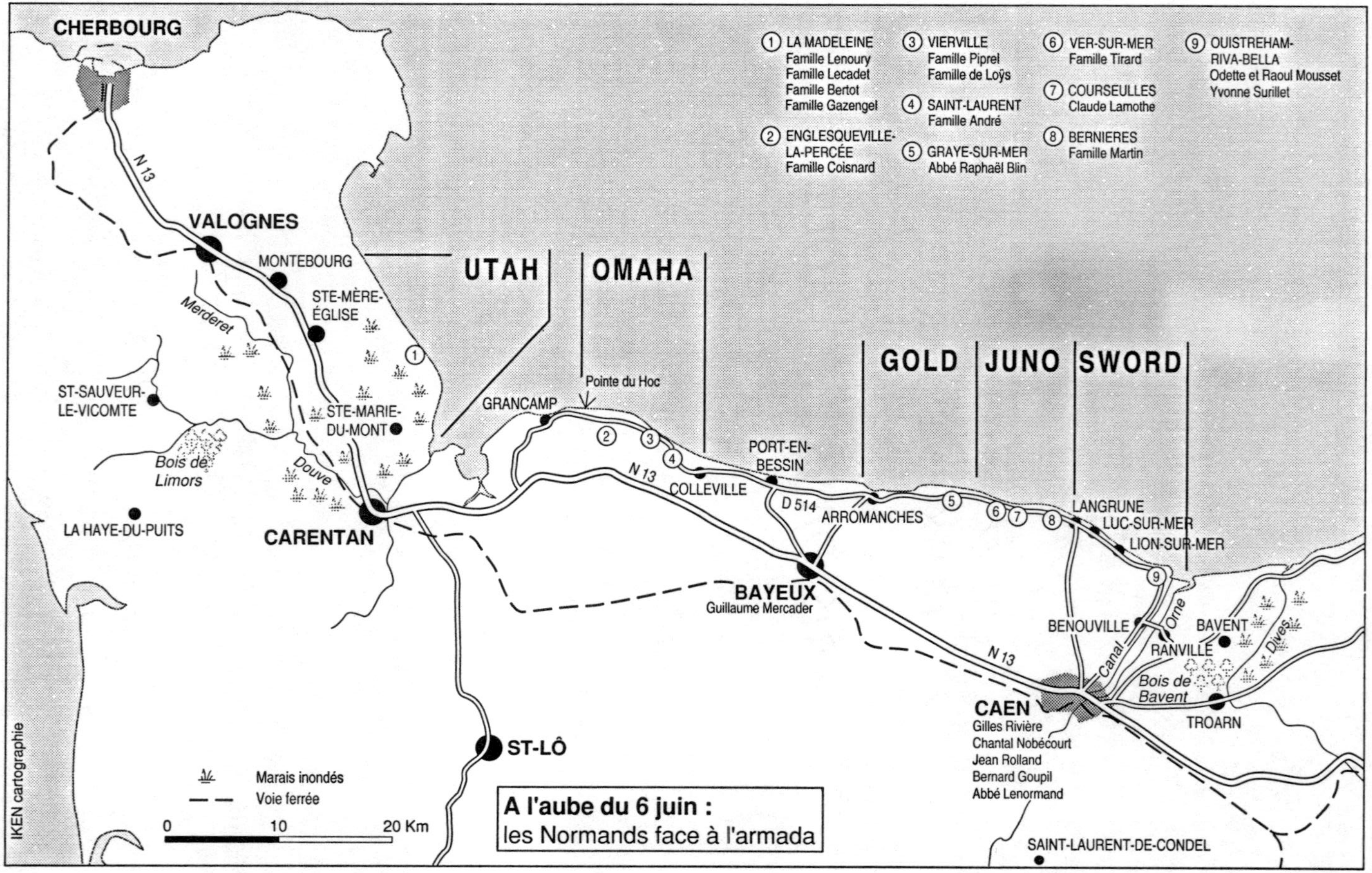
A l'aube du 6 juin :
les Normands face à l'armada
CHERBOURG
N 13
VALOGNES
MONTEBOURG
STE-MÈRE-ÉGLISE
Merderet
ST-SAUVEUR-LE-VICOMTE
Bois de Limors
LA HAYE-DU-PUITS
STE-MARIE-DU-MONT
Douve
CARENTAN
ST-LÔ
UTAH
OMAHA
GOLD
JUNO
SWORD
GRANCAMP
Pointe du Hoc
PORT-EN-BESSIN
COLLEVILLE
D 514
ARROMANCHES
BAYEUX
Guillaume Mercader
LANGRUNE
LUC-SUR-MER
LION-SUR-MER
BENOUVILLE
Canal
Orne
RANVILLE
BAVENT
Dives
Bois de Bavent
TROARN
CAEN
Gilles Rivière
Chantal Nobécourt
Jean Rolland
Bernard Goupil
Abbé Lenormand
SAINT-LAURENT-DE-CONDEL
1 LA MADELEINE Famille Lenoury Famille Lecadet Famille Bertot Famille Gazengel
2 ENGLESQUEVILLE-LA-PERCÉE Famille Coisnard
3 VIERVILLE Famille Piprel Famille de Loÿs
4 SAINT-LAURENT Famille André
5 GRAYE-SUR-MER Abbé Raphaël Blin
6 VER-SUR-MER Famille Tirard
7 COURSEULLES Claude Lamothe
8 BERNIERES Famille Martin
9 OUISTREHAM-RIVA-BELLA Odette et Raoul Mousset Yvonne Surillet
Marais inondés
Voie ferrée
0
10
20 Km
IKEN cartographie

CHAPITRE PREMIER

Le coursier de la côte

« Il fait chaud à Suez... Les dés sont sur le tapis... Il fait chaud à Suez... Les dés sont sur le tapis... »

Depuis trois jours, ces deux phrases anodines, sans queue ni tête, trottent dans la tête de Guillaume Mercader. Elles le harcèlent, l'assiègent, l'obsèdent. Lui, il sait.

Convoqué le 2 juin à Paris, il a rencontré Robert Delente, *alias* lieutenant-colonel Demagny dans la clandestinité. Avoué de profession, chef pour la région Calvados du réseau Organisation civile et militaire (OCM), Delente ne donne pas dans la littérature, mais ce qu'il dit ce jour-là chante aux oreilles de Mercader comme un sonnet de Ronsard :

« Tenez-vous prêt. Le débarquement allié sur les côtes françaises est imminent et pour ce qui nous concerne, il sera annoncé à la BBC par deux messages successifs. S'ils passent, cela signifiera que c'est pour nous [1]. »

Depuis, Guillaume Mercader a l'impression de radoter : « Il fait chaud à Suez... Les dés sont sur le tapis... Il fait chaud à Suez... Les dés sont sur le tapis... »

En ce lundi 5 juin 1944, il pédale ferme pour rejoindre son magasin de Bayeux. A 18 h 30, et si possible un peu avant, il lui faut être à l'écoute. De retour d'une mission à Lamberville chez

1. Parmi les deux cent dix messages personnels délivrés par la BBC à la veille du 6 juin, seuls les célèbres vers de Verlaine, « *Les sanglots longs des violons de l'automne* (1re partie)... *bercent mon cœur d'une langueur monotone* » (2e partie), sont passés à la postérité. Identifiés à tort par l'Abwehr (service du contre-espionnage allemand) de Paris comme un message d'action immédiate concernant toute la résistance française, ces vers n'étaient en fait destinés qu'au seul réseau Ventriloque. Pour les autres réseaux, dont celui de Guillaume Mercader, ils ne signifiaient rien.

Mlle de Syresmes, il remarque bien que l'aviation alliée s'installe dans le ciel normand avec plus de constance que d'habitude, mais tant qu'il n'aura pas entendu les messages...

Il est à l'heure. Sous l'œil bienveillant de ses employés, Guillaume Mercader descend comme chaque jour l'escalier qui mène à la cave où sont entreposés en réserve les accessoires et le matériel vélo. Le poste de radio, un Philips, est dissimulé dans l'un des casiers à bouteilles qui courent en double rangée le long du mur. C'est un bon petit poste, pratique surtout, qui a l'originalité de s'allumer dès que son couvercle s'abaisse. Mercader n'y touche jamais : à travers les bouteilles, il lui suffit de tirer avec un long crochet métallique sur le couvercle et la TSF se met en marche. 18 heures : début du programme français. La BBC diffuse ses premiers « messages personnels ». Mercader attend. Cela fait bientôt quatre ans qu'il attend.

Février 1941. Guillaume Mercader est dans le bureau de Me Robert Delente, encore basé à Bayeux. Les deux hommes se connaissent bien. Mercader est client. C'est en cette étude déjà qu'en 1938 il a signé l'acte d'achat de son premier magasin. Mais cette fois, l'avoué a une façon de parler affaires qui ne lui est pas habituelle. Mercader s'étonne un peu de la tournure que prend la conversation, jusqu'au moment où Delente, après quelques allusions, se décide à poser carrément la question de confiance à son client : accepterait-il de participer à la création d'un réseau de résistance ?

S'il accepterait ? Cela fait des mois que l'ancien combattant du 3e régiment de la Légion étrangère rêve de cet instant ! Depuis qu'il est rentré de la grande débâcle, vaincu et, pis encore, humilié, depuis qu'il sait qu'un général rebelle, réfugié à Londres, refuse la défaite, Guillaume Mercader ne demande qu'à reprendre la lutte.

Quelques jours plus tard, c'est fait. Début mars, à Caen, Robert Delente et Guillaume Mercader rencontrent Eugène Meslin, ingénieur en chef des Ponts et Chaussées de la ville, et dans la clandestinité commandant Morvain, chef de la subdivision M1 au sein de l'OCM. Les consignes sont claires : les deux hommes sont chargés de créer un réseau de renseignements pour le Bessin avec travail prioritaire sur le secteur côtier Courseulles-

Port-en-Bessin-Grandcamp-Isigny, soit un front d'environ soixante kilomètres de plages, de falaises et de vallées.

En quelques mois, Guillaume Mercader tisse sa toile d'araignée. Cet ancien champion cycliste de renom, sélectionné pour le tour de France avant-guerre et qui tient maintenant boutique à Bayeux, est très connu dans la région et ses relations lui permettent de recruter à coup sûr. D'un naturel discret, l'homme s'immerge sans difficulté dans l'activité clandestine. Prudent, patient, il comprend tout de suite que l'ABC de la sécurité est un cloisonnement maximal à l'intérieur même du réseau, et fait preuve sur ce point d'une intransigeance sans faille : s'il connaît la plupart de ses quatre-vingt-quatorze correspondants, ils ne sont qu'une dizaine par contre à savoir que Mercader et Mercier — petit clin d'œil à la marque de bicyclettes — ne font qu'un.

Vis-à-vis de la population, c'est encore plus spectaculaire. Guillaume Mercader s'est modelé le profil du bonhomme « qui ne veut pas d'histoires ». Dans son magasin, dès qu'une conversation dérape un peu, il s'écarte craintivement. Avec les soldats allemands qui viennent faire réparer leurs bicyclettes, il adopte une attitude très commerçante, accepte volontiers de discuter avec les plus bavards pour peu qu'ils s'expriment en français. Peu à peu, « le coureur », comme on l'appelle à Bayeux, se forge une réputation peu flatteuse, notamment auprès de ceux qui enragent à la seule vue de l'uniforme du IIIe Reich. Mercader est un peu gêné. Parfois même, il souffre : le regard méprisant de son jeune neveu, vertement rabroué parce qu'il lançait des boulettes de papier sur les soldats allemands, lui a fait mal. Mais il fignole chaque jour un peu plus son camouflage : il est neutre et effacé. Il rase les murs.

Personne ne sait que le petit commerçant si soucieux de sa tranquillité a dissimulé dans un réduit, juste au-dessus de son appartement, un sac à dos contenant vêtements, faux papiers et argent. Qu'il a prévu également une sortie de secours en cas d'alerte : une fenêtre qui donne sur une plate-forme, puis sur un toit plat. En quelques secondes, s'il est démasqué ou trahi, Mercier peut se retrouver à une cinquantaine de mètres de chez lui sans être obligé de repasser par l'appartement. Mais tout en étant très conscient des risques qu'il prend, un problème le tourmente auquel il ne peut trouver de solution : celui de sa famille qu'il met quotidiennement en danger.

Postées sur tout le littoral, les sentinelles de la Wehrmacht s'y laissent prendre comme les autres. La silhouette nerveuse de ce petit homme insignifiant portant knickers, chaussures cyclistes aux pieds et musette sur le dos, leur est familière. Sauf autorisation spéciale, aucun habitant n'a le droit de circuler sur les plages et aux abords, mais Mercader a son truc : il a repris une licence de coureur et, tel un sportif affamé de compétitions, il s'entraîne assidûment sur les routes de la côte, avale des kilomètres et des kilomètres sous le regard compréhensif et parfois goguenard des soldats.

D'étape en étape, de Grandcamp à Caen et de Saint-Lô à Isigny, Mercier récupère les documents de ses correspondants : Marion l'armateur, Farine le restaurateur, Charles l'horticulteur, Lefoulon le chapelier, Fleury le percepteur ou Yvonnet le garagiste. Quatre-vingts kilomètres aller et retour dans la journée. S'il ne porte plus de dossard, s'il ne dispute plus de courses, Guillaume Mercader n'a pas pris un gramme. Et son coup de pédale est intact. Quatre-vingts bornes pour lui, c'est un simple échauffement, une rigolade.

Les vérifications d'identité font baisser la moyenne. Le secteur côtier est sous haute surveillance et un cycliste qui roule ainsi, loin de son lieu de résidence, peut attirer les soupçons. Mercader ne s'affole pas. Les gardiens du mur ont fini par s'habituer à ce fou pédalant qui ne paie pas de mine. Et s'il faut s'expliquer, s'il doit répondre à un nouveau qui fait du zèle, il sort sa licence sportive et fait le coup de l'entraînement. Parfois même, il rencontre des fondus de la « petite reine » qui envient ce veinard de Français, s'extasient sur le vélo de course. Ils l'examinent sous toutes les coutures, l'admirent, le soupèsent et le comparent avec leurs tristes et pesantes bécanes. C'est tout juste s'il ne repart pas, musette et renseignements sur le dos, sous les applaudissements.

Une fois chez lui, Guillaume Mercader entame son travail de vérificateur. Il centralise tous les renseignements, les trie, les sélectionne, les recoupe, les vérifie : troupes allemandes, fortifications côtières, blockhaus, tranchées antichars, emplacement d'artillerie, défenses aériennes, terrains minés, concentration des unités, état-major, identification, communications, routes, ponts, voies de chemin de fer, dépôts de matériel, de carburant, points d'observation, etc. La liste est interminable. C'est long, fastidieux, minutieux. Il y a des erreurs, des approximations, des insuffisances. Mercader remet tout en ordre. Mais ce qui lui donne le plus de mal, ce sont les croquis — des terrains minés ou des marais inondés par exemple — plus ou moins hâtivement griffonnés. Grâce aux cartes d'état-major, il reconstitue toutes les implantations à l'échelle et les redessine sur un papier-calque...

La livraison des documents a lieu chaque mercredi à Caen. Là encore, le marchand de cycles bénéficie d'une excellente couverture. C'est dans la capitale de la Basse-Normandie qu'il doit régulièrement s'approvisionner en matériel pour son magasin. Et chaque mercredi effectivement, sur la route du retour, Mercader tire derrière son vélo une petite remorque chargée à ras bord de pièces de rechange. Soixante kilos. Histoire de corser l'entraînement. Mais entre-temps, il a fait un détour par la rue Saint-Jean et s'est arrêté devant la « boîte à lettres ». Numéro 259.

Un bar. Pour un sportif, ça ne fait pas très sérieux. Mais ce bar, Mercader le connaît bien puisqu'il est tenu par ses parents. Seulement, il n'entre jamais directement dans la salle de café, emprunte un couloir situé sur le côté et se rend dans une pièce indépendante, une sorte d'arrière-salle fermée au public. Là, Eugène Meslin, son patron, l'attend. Les deux hommes ne traînent pas : Mercader remet ses documents, Meslin donne ses instructions et énumère ses nouvelles demandes de renseignements. Et Mercader repart d'une pédalée plus légère. Avec ses soixante kilos au cul.

Un aller et retour par semaine. Mais au fur et à mesure que le temps passe, la remorque pèse infiniment moins lourd que les risques. Plusieurs membres du réseau ont déjà été déportés. En octobre 1943, Robert Delente, sur le point d'être arrêté, a dû fuir la région tandis que sa femme était emprisonnée à Caen. Une dizaine de jours plus tard, Guillaume Mercader a rencontré Delente à Paris, lequel lui a transmis les noms des principaux responsables du secteur. Et depuis, il a pris la responsabilité du réseau. Enfin, en mars dernier, Franck, l'attaché de préfecture, s'est fait arrêté lui aussi[1]. Cela commence à sentir le roussi : depuis 1942, la construction du mur de l'Atlantique, et plus récemment, les aménagements commandés par Rommel, ont

1. Il sera fusillé le 7 juin 1944 à la prison de Saint-Lô.

nécessité un travail harassant et de plus en plus périlleux de la part des agents de renseignement. Les Allemands sont nerveux, de plus en plus sur leurs gardes. Sans oublier les dénonciateurs et les collabos qui ne chôment pas. Il est temps que cela se termine.

Oreille collée contre la rangée de bouteilles, Guillaume Mercader écoute fiévreusement la BBC. Aucun des messages qui défilent sur les ondes ne correspond à ce qu'il attend.

Mercader pense à Jacques Marion et André Farine, les deux compères du secteur de Grandcamp. Dernièrement, ils ont fait du bon boulot, ces deux-là.

Un drôle de type, ce Farine. Une grande gueule pas facile à manier et peu portée sur la discipline, mais un agent sacrément efficace. Ancien navigateur reconverti dans la limonade, il tient un café-restaurant à Létanville, près de Grandcamp. Une affaire qui marche du tonnerre : près de cent couverts par jour. Et le dimanche soir, malgré l'interdiction, il y a bal. Toute la jeunesse du coin vient guincher au son de l'accordéon.

Ce sont les garçons qui intéressent Farine. En tout bien tout honneur. Des jeunes du Service du travail obligatoire qui travaillent à la Pointe du Hoc, l'éperon rocheux planté dans la mer sur lequel l'ennemi a enfoui tout un chapelet d'énormes blockhaus. De là-haut, de cette plate-forme avancée, la vue balaie le large et les côtes, des îles Saint-Marcouf d'un côté jusqu'à Port-en-Bessin de l'autre. La vue... et les canons, ceux que les Allemands avaient installés. Dans sa guinguette du dimanche soir, le patron a recueilli les confidences des jeunes du STO : il s'agit de six pièces de 155, d'une portée de huit mille mètres, sévèrement gardées par des troupes de choc. Farine a fourni tous les détails sur les canons, les blockhaus et la garnison, et les alliés ont commencé à bombarder durement la batterie. Le 22 mai, une nouvelle attaque aérienne a décidé les Allemands à retirer leurs 155 vers l'intérieur des terres. Et cela aussi, Farine et Marion l'ont su. Mercader est conscient de l'importance de cette modification. Elle signifie que les bunkers du Hoc sont vides et qu'en cas de débarquement, les alliés n'ont plus rien à craindre de ces grosses pièces d'artillerie. Message transmis [1].

1. Cinquante ans après, Guillaume Mercader ne comprend toujours pas pourquoi les alliés n'ont pas tenu compte de ces renseignements : « Ils étaient particulièrement exacts et précis, explique-t-il. À partir du moment où les plus grosses pièces susceptibles de

En cas de débarquement.

Sur fond de grésillement, les messages continuent de défiler, destinés à d'autres et qui ne disent rien à Guillaume Mercader. Et puis...

« Il fait chaud à Suez... » « Il fait chaud à Suez... » « deux fois » prévient le speaker. Quelques secondes de silence. « Les dés sont sur le tapis... » « Les dés sont sur le tapis... » « deux fois »... Le speaker continue, d'autres messages, d'autres codes. Mais Mercader n'écoute déjà plus. Il est devenu sourd, aveugle, paralysé. Il ne réalise pas : il est là tout seul, dans sa cave, et un poste de radio, un simple petit poste lui annonce la grande nouvelle. Aucun doute n'est possible : le premier message annonce, le second confirme.

« C'est dans mon secteur, dans mon secteur », ne cesse de se répéter Mercader. Il est pétrifié. Son cœur bat la chamade. Toutes ces ruses, tous ces risques, tous ces dangers... Toutes ces instructions, ces renseignements, ces transmissions... Toute cette routine, ce travail obscur, ingrat, décourageant parfois... Toute cette crainte, cette solitude... Et puis voilà, c'était là, chez lui, quelque part sur la côte, entre Courseulles et Port-en-Bessin, Grandcamp et Isigny.

Guillaume Mercader s'arrache à l'ivresse qui monte en lui. Il bondit dans l'escalier, gravit les marches quatre à quatre, prévient sa femme en coup de vent, saisit son vélo au vol. Il est 18 h 30. Les plus proches responsables du réseau doivent être prévenus. Tout en serrant ses cale-pieds, Mercader se fait son circuit dans la tête :

---

bombarder la plage d'Omaha n'étaient pas opérationnelles, il était inutile que les Rangers donnent l'assaut à la pointe du Hoc, qu'ils escaladent la falaise, comme ce fut le cas au prix de lourdes pertes. Il fallait simplement la contourner par l'intérieur des terres. D'autant plus que les Allemands ne pouvaient pas tourner leurs pièces d'artillerie. » C'est en plein combat, qu'une patrouille conduite par le sergent Leonard G. Lomell découvrit les canons, camouflés parmi les pommiers d'un verger. Ils se trouvaient au-delà de la route côtière, à deux kilomètres à l'intérieur des terres. Le sergent fit sauter les six pièces de 155 mm à coups de grenades. Il semble que l'état-major allié ait effectivement eu connaissance des renseignements envoyés par le réseau OCM, mais trop tardivement pour pouvoir modifier l'assaut de la pointe du Hoc. Mis au courant lors du dernier briefing avant le débarquement, le colonel Rudder, commandant les deux cent vingt-cinq hommes du bataillon de Rangers, aurait posé la question : « Pourquoi donc y aller puisqu'il n'y a plus de canons ? » et se serait attiré cette réponse : « Ce sera aussi facile pour vous qu'un coup de balai pour une ménagère. »

Sommerville, Meuvaines, Port-en-Bessin et Balleroy. Et il faudra être rentré pour le couvre-feu. Mercader s'élance, appuie sur les pédales. C'est le moment ou jamais de prouver que l'ancien champion a de beaux restes.

Tournée faite, le coursier de la côte rentre chez lui, s'enferme pour vivre la nuit la plus longue de son existence. Il attend. Il attend les ordres, les consignes, les événements. Et rien ne vient. C'est peu dire qu'il se sent frustré. Cette nuit de la libération est une nuit fantôme. Au loin pourtant, le ciel s'embrase aux couleurs de la guerre, l'air s'emplit du vacarme des bombardements. C'est donc bien vrai, bien réel. Guillaume Mercader tourne en rond dans son appartement. Une cascade de sentiments l'assaillent, se mélangent en lui : la joie, l'impatience, et puis la déception aussi. Pourquoi ne pas l'avouer ? Cela fait des années qu'avec ses hommes il travaille dans l'ombre. Si les alliés connaissent tout de ce morceau de terre, c'est en partie grâce à eux, à sa petite centaine d'agents locaux, espions du terroir auxquels rien n'échappe. Et si c'est ici que la lumière doit se faire, ils voudraient bien en être.

Pierre Desprairies, l'un des compagnons de Mercader, est encore plus fébrile. A bout de nerfs, las de se cogner aux murs de sa chambre, il erre dans la ville dès les premières heures de la matinée. Étrange sensation : Bayeux est en attente, à l'affût, mais Bayeux ne sait rien. Les rues se vident, les magasins baissent leurs rideaux. Desprairies lit l'une des affiches bilingues bordées de rouge que les Allemands ont collées un peu partout sur les murs et qui proclament l'état de siège : les civils doivent rester chez eux, fenêtres fermées, portes entrebâillées. La vente de l'alcool est interdite, ainsi que la circulation à bicyclette. Les troupes ont ordre de tirer sur les contrevenants. « Tout renseignement donné à l'ennemi sera considéré comme délit d'espionnage. » C'est donc que « l'ennemi » est là, en déduit logiquement Desprairies.

Interdiction ou pas, Guillaume Mercader prend son vélo, et dans l'après-midi du 6 juin, pousse une pointe vers la côte en direction de Courseulles. Il est stoppé à Bazenville, à une quinzaine de kilomètres de Bayeux, par les premières troupes alliées. Des Anglais. Aussitôt interrogé par un officier, le capitaine Stuart, de l'Intelligence Service, sur les forces allemandes qui occupent Bayeux, il répond qu'en dehors de quelques hommes retranchés à la grande poste, il n'y a plus aucune défense organisée.

Devant le scepticisme affiché par l'officier britannique, le Français insiste fortement : C'est une certitude », affirme-t-il. Stuart semble enfin convaincu. Mercader fait demi-tour, pressé d'apporter la nouvelle à ses hommes : il les a vus. Mais en même temps, tandis qu'il roule à fond sur la route du retour, il ressent une curieuse impression. Tout est tranquille, pas un Allemand, pas un coup de feu. C'est à peine commencé qu'il a l'impression que tout est fini.

C'est vrai pour Bayeux. Au matin du 7 juin, les premiers commandos anglais pénètrent dans la ville par la rue de la Cave. On n'attendait plus qu'eux pour faire la fête : le bonheur s'exprime bruyamment dans les rues et sur les places, les drapeaux tricolores surgissent aux fenêtres et sur les balcons. Mercader a planté le sien depuis la veille. Il est immense : deux mètres de long sur un mètre vingt de haut. Avec une grande croix de Lorraine au milieu. Mais le plus haut flotte sur « la Maison du Gouverneur[1] ». Mlles Picot et Limeul, deux institutrices membres du réseau, ont passé une partie de la nuit à le confectionner : un drap pour le blanc, un tablier pour le bleu, et un tissu de coussin pour le rouge.

Guillaume Mercader, lui, est subitement passé de l'ombre au soleil. Dans sa boutique, défilent et s'arrêtent les premières personnalités de la France libre : Maurice Schumann, « la voix de Londres », puis le colonel Rémy, du BCRA (Bureau central de renseignement et d'action). Incrédules, voisins et amis découvrent la vraie personnalité du « coureur », celui à qui l'on reprochait de vouloir tellement passer inaperçu.

Mercier savoure discrètement sa revanche. Deslandes, le marchand de journaux installé face à son magasin, est tombé dans ses bras : depuis 1942, il faisait partie du réseau. Efficace, spécialisé dans les photos et les fausses cartes d'identité, il n'avait de contact au sein de l'organisation qu'avec une seule personne, une femme, Mme Branellec. C'était un grand type costaud, bourru et pas très bavard qui, chaque matin, traversait le trottoir pour apporter à Mercader son journal de sports, *L'Auto*. Sans

1. Aujourd'hui musée du général de Gaulle.

autre chose qu'un « bonjour » et un « au revoir ». Et Deslandes a interrogé Mme Branellec :

« Maintenant, je voudrais bien savoir pour qui j'ai travaillé pendant deux ans.

— Eh bien, cher ami, je vais vous le dire et vous allez être bien surpris : c'est le marchand de vélos qui est juste en face ! »

Deslandes a traversé la rue en courant et, devant des clients ébahis, a embrassé Mercader en balbutiant des excuses :

« Ah ! Monsieur Mercader, si j'avais su, si j'avais su...

— Justement, a répondu malicieusement Mercier, il ne fallait pas savoir ! »

Guillaume Mercader se demande s'il ne rêve pas. Pas une bombe, pas un carreau de cassé. Seuls, quelques Allemands qui ne s'étaient pas encore enfuis ou constitués prisonniers, ont tiré quelques coups de feu du côté de la poste avant de se rendre. Le chef de la garnison, lui, a choisi de se suicider.

Bayeux s'enivre d'une liberté toute fraîche. Les cafés, les restaurants sont bondés. Dans les rues, les gens courent, rient et chantent comme des gosses à leur premier jour de vacances. Mais Mercader ne se fait pas d'illusions. Il sait que Bayeux est une oasis, que son bonheur est unique. Qu'ailleurs, tout près, la liberté se fait chèrement payer. Et longtemps attendre. Caen est à moins de trente kilomètres. Et Caen est en flammes.

CHAPITRE II

Caen dans la fournaise

Le souffle de la liberté frôle Caen dès l'après-midi du 6 juin. Mais les alliés sont stoppés aux portes de la ville. Or, le général Montgomery, commandant en chef des armées terrestres, avait annoncé : « Si l'ennemi nous devance à Caen et que ses défenses se révèlent trop solides pour que nous puissions capturer cette ville le jour J, Caen sera pilonnée par nos bombardiers afin d'en restreindre l'utilité par l'ennemi. »

C'est ce qu'il advient. Jour après jour, nuit après nuit, la Royal Air Force prend la cité normande pour cible. Le cauchemar des Caennais qui, par milliers, survivent ou meurent dans la fournaise, durera jusqu'au 19 juillet.

Plus que quatre jours. A Caen, dans sa petite chambre de la rue des Carmes, Gilles Rivière, vingt ans, révise son programme avec la hantise du compte à rebours. Étudiant en troisième année de droit, il passe son examen le 9 juin. Dans quatre jours. A minuit, il referme ses bouquins. Son copain fait de même, et regagne sa piaule située dans le même immeuble : le vénérable et prestigieux hôtel de l'Intendance. Un peu vanné, Gilles Rivière s'endort aussitôt. Demain, il faudra remettre ça.

Un peu plus au nord de la ville, place Saint-Martin, Jean Rolland, un lycéen de seize ans, fait ses devoirs en famille. Son père, avoué, compulse ses registres. Sa mère raccommode. Et son frère peine sur un problème de maths. Sous le grand lustre de la salle à manger, la soirée est paisible.

De l'autre côté du château, rue des Cordes, Bernard Goupil,

trente-trois ans, dort du sommeil du juste. La journée a été harassante. Agent général d'assurances, Bernard Goupil a une grosse clientèle dans la campagne environnante et parcourt des dizaines et des dizaines de kilomètres à bicyclette. Aujourd'hui, sa tournée l'a conduit du côté d'Argences, à l'est de Caen. Les temps sont durs.

« J'espère que les Anglais vont bientôt arriver, lui a lancé un client plein d'espoir.

— Faut pas rêver, a répondu l'agent d'assurances, le débarquement n'est pas pour demain. »

Au théâtre municipal de Caen, *Véronique,* la pimpante opérette d'André Messager, fait un tabac. Comme d'habitude, de nombreux soldats allemands sont dans la salle, mais après le premier entracte, aucun d'entre eux ne revient s'asseoir dans les fauteuils. A commencer par l'Oberleutnant Rater qui avait pris place dans la loge réservée à la Kommandantur. Cette absence subite d'uniformes ne gêne évidemment personne, et rien ne vient troubler la suite de la représentation. L'administrateur du théâtre se frotte les mains. Demain soir 6 juin, pour la dernière, la salle sera encore comble.

A la sortie du spectacle, Chantal Nobécourt discute avec son frère Jacques. Parvenue sur la place Saint-Martin, elle remarque le ciel changeant, rougeoyant.

« La lune est bizarre ce soir, dit-elle à son frère, il va se passer quelque chose. »

Quelques minutes plus tard, des grondements sourds et réguliers se font entendre dans le lointain.

« Si vraiment il se passe quelque chose, il faut aller chercher du pain. »

Jacques Nobécourt est interloqué :

« Du pain ! A minuit ?

— Oui, je connais un boulanger. Il doit être en train de travailler. C'est sur notre chemin. »

Gilles Rivière se réveille en sursaut. Il est un peu plus de 7 heures du matin, et son copain de la veille vient de débouler bruyamment dans sa chambre :

« Tu as dormi, toi ?

— Bah oui...

— T'as rien entendu ? »

Le copain contemple Gilles d'un air effaré. Lui-même n'a pratiquement pas fermé l'œil de la nuit. Trop de boucan. Des avions, mais aussi un grondement sourd du côté de la côte : des bombes, peut-être même des canons.

« Ça a recommencé tout à l'heure. Mais plus près[1]. »

Les deux amis sortent, cherchent à se renseigner. Mais le quartier Saint-Jean, cœur de la cité, présente son aspect ordinaire. Les gens sont calmes, commencent à s'aligner en longues files d'attente devant les boutiques. Sur le pavé, aujourd'hui comme hier, c'est le dernier salon où l'on cause. Les deux étudiants recueillent quelques évasifs tuyaux, quelques impressions invérifiables assenées comme des certitudes. Les habituelles rumeurs de la ville, les bobards.

Un peu avant midi, Gilles Rivière traverse la rue des Carmes, pénètre dans un immeuble qui fait face à l'hôtel de l'Intendance. C'est ici, chez une vieille dame, qu'il prend son déjeuner quotidien.

La vieille dame aussi affirme qu' « il se passe quelque chose ». Gilles veut bien la croire, mais quoi ? La chambre réquisitionnée par l'officier allemand est vide et il possède un poste de TSF. Il suffit de tourner le bouton : c'est ainsi que le jeune homme prend connaissance d'un débarquement allié sur les côtes normandes.

L'esprit occupé par la grande nouvelle, la tête pleine de questions, il passe à table, avale vite fait son repas. A 13 h 30, Gilles Rivière en est au fromage. Il le laissera dans l'assiette.

L'horreur. Acte I. Un bruit énorme, terrifiant recouvre la ville. Puis c'est la grande secousse. Un déluge de bombes écrase le quartier Saint-Jean, le quartier Saint-Julien, les abords du château. Premiers incendies, premiers morts, premier désastre.

L'alerte passée, Gilles Rivière s'élance au-dehors. Il enfourche son vélo, fonce à travers les ruines. Il ne va pas loin. Cinquante mètres plus loin, ses deux pneus sont crevés. Il continue à pied, court dans les gravats. Responsable de l'équipe d'urgence des étudiants des facultés, Gilles Rivière n'a qu'une idée en tête :

1. Avant le premier bombardement massif de 13 h 30, un groupe d'avions attaqua la caserne du 43ᵉ d'artillerie (quartier Claude-Decaen) vers 6 h 40. Une heure plus tard, c'était au tour du quartier de la gare d'être touché.

rejoindre au plus vite son lieu de rendez-vous prévu en cas de coup dur — le lycée Malherbe.

A la même heure, Jean Rolland est déjà à pied d'œuvre. A seize ans, c'est l'un des plus jeunes, sinon le plus jeune membre de la défense passive de Caen. « C'était autant pour me protéger que pour me rendre utile », dit-il modestement aujourd'hui. Car les Allemands surveillaient de très près l'identité des jeunes pour le Service du travail obligatoire. Ils procédaient à des vérifications à la sortie des établissements scolaires, notamment au lycée Malherbe où Jean était élève. S'enrôler dans les rangs de la défense passive diminuait les chances d'être réquisitionné, le rôle de la DP étant relativement respecté par l'occupant.

De plus, l'exemple vient d'en haut pour Jean Rolland : son père est chef du poste sanitaire n° 2. Et au moment de son affectation comme agent de liaison, le discours du paternel a été très clair : « Si tu es de service lors d'une alerte, tu viens. Si c'est en période de composition scolaire, tu continues à travailler. S'il y a des bombardements, service ou pas service, composition ou pas composition, tu viens. »

En ce mardi 6 juin, Jean Rolland est donc arrivé très tôt dans le local de la place Blot, situé au nord de Caen, près du jardin des Plantes. Le vacarme de la nuit, la canonnade sur la côte ont d'ailleurs mis tout le personnel en alerte. Sans aucun ordre, la quarantaine de brancardiers, les médecins et les infirmières ont rallié le poste sanitaire n° 2, et lorsque survient le bombardement de 13 h 30, ils sont immédiatement opérationnels.

Par bonheur, les bombes qui dévastent le quartier Saint-Julien et les abords du château épargnent le poste sanitaire n° 2. Les agents de la défense passive partent en mission. Organisés par îlots, ils repèrent les immeubles effondrés, tentent de dégager les malheureux enfouis sous les décombres, coincés sous des tonnes de gravats. Les blessés affluent place Blot. On n'y garde que les plus légèrement touchés. Les autres sont immédiatement transportés à l'hôpital du Bon-Sauveur. Course contre la montre, course contre la mort.

Le jeune Rolland est surpris de se sentir si calme, si résolu. Une chose l'impressionne : le formidable dégagement de fumée et de poussière provoqué par les explosions et l'effondrement des bâtiments. « L'odeur de poussière surtout, une poussière suffocante qui vous prenait aux poumons et vous asphyxiait. »

Premier choc. Premières séquences atroces.

Place des Petites-Boucheries, un agent de la DP, coiffeur de profession, trouve sa propre maison complètement rasée. Mais sa femme gît sous les ruines. Elle est vivante, on l'entend. Le coiffeur dirige lui-même les recherches, oriente les sauveteurs qui déblaient avec frénésie. Peu à peu sa voix faiblit, puis s'éteint. On l'arrache enfin à son carcan d'éboulis. Elle est morte.

Le vieux notaire, lui, est bien vivant. On a pu le dégager à temps. Hébété, choqué, il semble ailleurs, dans un monde de calme et de plénitude, loin de tout ce bruit et cette fureur. Il demande à voir M. Rolland, l'avoué qu'il connaît bien : « Veuillez m'appeler un taxi, demande-t-il avec dignité, sinon ma femme va finir par s'inquiéter de mon retard. »

Rolland envoie son fils à la direction de la défense passive à l'hôtel de ville, pour rendre compte de la situation, pour prévenir également que le poste sanitaire n° 2 est intact. Jean enfourche sa bicyclette mais, parvenu à la place de la Mare, bute sur un océan d'obstacles. Il prend son vélo sur l'épaule, entreprend un parcours de vélocross, escalade les collines de gravats, traverse des barricades de pierres, dégringole dans les trous béants. Jusqu'à la mairie, place de la République.

Là, c'est plus dur encore. Un univers de cris, de larmes, de souffrances. Les salles se remplissent d'hommes, de femmes et d'enfants blessés, parfois atrocement mutilés. Toutes les énergies sont réquisitionnées. Jean doit donner un coup de main pour les soins. Il est dans la salle des pansements, s'oblige à regarder, à ne pas se détourner.

« Je me souviens m'être dit : “ Tu dois faire face, ce n'est qu'un début... [1]. ” »

Retour place Blot. Les secouristes continuent de se battre, creusent à coups de pelle et de pioche, déblaient à mains nues.

1. Quelques jours plus tard, alors qu'il brancardait un blessé dans les couloirs du lycée Malherbe, Jean Rolland fut « soufflé » par l'explosion d'une bombe. Fortement commotionné, il devait souffrir de bégaiement durant de longues années.

Il y a encore des vies en péril, des blessés qui agonisent. A 16 h 30, le ciel s'emplit à nouveau d'un terrible bruit d'avions.

L'horreur. Acte II. Cette fois, le cœur de la ville est touché de plein fouet. Tout tremble, tout vacille, tout s'écroule. Épargnés par le premier raid, des pâtés de maisons tombent en poussière, ensevelissant dans leur chute des dizaines et des dizaines de personnes. Des bombes s'éparpillent sur la ville. Un pavillon du Bon-Sauveur s'écroule sur les malades : pour signaler aux avions la présence de cet hôpital, on se hâte de fabriquer une gigantesque Croix-Rouge avec le champ opératoire des blessés : compresses, pansements maculés de sang.

Au poste sanitaire n° 1, aménagé dans le vieux et monumental pensionnat Saint-Jean, on compte les morts que les secouristes amènent sur des civières ou sur des brancards de fortune, des persiennes, des portes... C'est Bernard Goupil, l'un des deux chefs-adjoints du poste qui est chargé de les identifier. Sous ses yeux, défilent les victimes : il faut fouiller les cadavres, chercher leurs papiers, inscrire les noms, remplir les fiches. Certaines d'entre elles restent en blanc. On ne sait rien de ces malheureux, on ne saura jamais rien.

Bernard Goupil reconnaît une famille entière : les parents, les enfants... La famille d'un entrepreneur de maçonnerie qui avait bétonné son abri pour le rendre plus solide. Deux obus sont tombés en même temps de chaque côté de la tranchée, écrasant les occupants entre deux parois de béton.

Le ciel est à nouveau serein, mais Caen se débat dans les flammes de l'enfer. Malgré les efforts désespérés des pompiers et des secouristes, les incendies se propagent, prennent des proportions considérables. On doit faire évacuer la clinique des Oblates, trop exposée, et quatre-vingts blessés se retrouvent au poste sanitaire n° 1. Pas pour longtemps. Bientôt, le vent pousse le feu vers le pensionnat Saint-Jean. Les blessés sont à nouveau déplacés, transportés dans le dispensaire de la Miséricorde, transformé en hôpital complémentaire.

La nuit tombe sur un hallucinant brasier. Quelques avions sillonnent à nouveau le ciel de Caen. De nombreuses fusées-parachutes se balancent dans l'air. Elles encadrent le quartier Saint-Jean, illuminent les ruines comme pour un sinistre son et lumière. Quelques minutes plus tard, un millier de Lancaster et de Halifax survolent la cité martyre. Il est 2 h 40 du matin.

L'horreur. Acte III. Le cœur de la ville explose, s'émiette, se pulvérise. Entre la prairie et le port, la rue d'Auge et le boulevard, Caen est haché par les bombes.

Tragédie parmi les tragédies, le dispensaire de la Miséricorde, qui quelques heures plus tôt avait accueilli les blessés du poste sanitaire, s'effondre. On ne pourra dégager qu'une douzaine de rescapés. Près de la Prairie, la caserne des pompiers est rasée. Dix-sept hommes sont tués, tout le matériel est anéanti. Le quartier Saint-Louis est dévasté, l'église Saint-Jean s'embrase. Les abris de la place de la République s'affaissent, se referment en un piège mortel sur ceux qui s'y étaient réfugiés. Rue de Geôle, les bombes engloutissent l'imprimerie du *Journal de Normandie*. La rotative est en miettes. Personne ne lira le numéro du 7 juin, avec à la une l'édito de son directeur qui titrait : « Et si c'était le débarquement [1] ? »

Dans ce chaos dantesque, l'ancien pensionnat Saint-Jean de la rue des Carmes a tenu le choc. Mais les secouristes sont réduits à l'impuissance, prisonniers d'une jungle de débris infranchissables, cernés par des montagnes de décombres. Toute action est devenue impossible. Ordre est donné de se replier sur le poste n° 2 de la place Blot.

Comme tous ses copains des équipes d'urgence, Gilles Rivière a fouillé, creusé, déblayé, transporté, sauvé... Avant de s'écrouler, de prendre quelques heures de repos au « quartier général » : les douches du lycée Malherbe.

« C'est là que nous nous reposions. Parmi les pics, les pelles, et les pioches, si serrés les uns contre les autres que nous ne pouvions tous nous étendre que d'un seul côté. Avec interdiction de bouger. Le premier qui se retournait obligeait les autres à faire de même. »

Vers 4 heures du matin, Gilles voit surgir son camarade de l'hôtel de l'Intendance. Le visage couvert de traces de plâtre.

« C'est tombé sur la baraque, annonce-t-il sobrement, elle est en train de brûler. »

1. Recueilli auprès d'André Gosset, alors ouvrier du Livre à l'imprimerie du journal.

Il raconte aussi que tous ceux qui sont descendus à la cave sont indemnes. Mais le couple de propriétaires et les quatre employés restés dans la cuisine sont morts [1].

Gilles Rivière décide de se rendre sur place. Plus facile à dire qu'à faire. Une fois parvenu aux abords du quartier Saint-Jean, il se rend compte avec effarement qu'il ne retrouve plus son chemin. Ce parcours qu'il connaît par cœur, qu'il accomplit quotidiennement depuis trois ans n'existe plus. Il n'y a plus de rues, plus de places, plus de carrefours, plus rien. Pour se repérer, il doit faire le tour jusqu'aux rives de l'Orne, puis revenir en longeant le canal.

Quand il arrive enfin rue des Carmes, l'hôtel de l'Intendance est la proie des flammes. Seules quelques chambres sont encore épargnées par le feu, dont la sienne. Il rentre dans l'immeuble, réapparaît quelques secondes plus tard : il a sauvé un pantalon et ses cours de droit. Il veut y retourner. On le retient. Il était temps. La toiture s'écroule.

L'horreur. Acte IV. L'ordre, croit-on, est venu de la Kommandantur de Rouen. Avant que Caen ne succombe sous les coups de boutoir des alliés — ils sont déjà aux portes de la ville — il faut supprimer « les terroristes » emprisonnés à la Maladrerie. Aucune autre explication plausible ne peut être fournie pour l'acte monstrueux qui va suivre. Il n'y a dans la ville aucun signe de soulèvement depuis l'annonce du débarquement. Pas le moindre sabotage, pas le moindre attentat qui auraient pu entraîner de sanglantes représailles. A la prison elle-même, les détenus ne tentent aucune mutinerie. Pas même le plus petit chahut. Aucune provocation. Tout est calme.

Vers 10 h 30, ce sont les premières exécutions.

Extrait de sa cellule située au troisième étage, Marcel Barjaud [2], résistant du réseau Arc-en-Ciel, arrêté le 23 mai 1944 sur dénonciation dans son imprimerie de la rue de la Monnaie, se retrouve dans le couloir, en tête d'un groupe de six hommes. D'autres groupes, toujours de six hommes, se forment également. Un officier allemand commande les déplacements, note les

1. A la demande des familles, Gilles Rivière recueillit les restes — plus un portefeuille — calcinés des victimes qui tinrent dans une boîte à chaussures. Quelques jours après leur inhumation, une bombe pulvérisa l'endroit où les cendres avaient été enterrées.

2. Les témoignages de Marcel Barjaud et André Lebrun furent recueillis en 1984.

passages. Apparemment, quelque chose ne colle pas. Cafouillage, bousculade. Poussé dans le dos par un soldat, Marcel Barjaud se retrouve propulsé dans un autre groupe. En queue du peloton de la demi-douzaine de prisonniers qui se dirige vers les courettes de promenade.

Nouvel arrêt à l'entrée des courettes. Un autre officier intervient, un cahier d'écolier à la main. Sur ce cahier, une liste. Il demande son nom à Barjaud, ne le trouve pas, fait sortir le prisonnier du rang et lui ordonne de se plaquer la face contre le mur, bras en l'air. Collard, un gamin de quinze ans, se retrouve dans la même position. Pendant ce temps-là, leurs compagnons franchissent la porte qui ouvre sur les courettes. En tournant légèrement la tête sur le côté, Barjaud les aperçoit. C'est à chaque fois le même sinistre cérémonial : un groupe, la porte qui se ferme, une mitraillette qui tire au coup par coup. Une balle dans la nuque. Et parfois, un coup de grâce. Pour ceux qui ne meurent pas tout de suite.

Barjaud attend son tour. A trois reprises, l'officier revient vers lui, l'interroge sur son nom, et à chaque fois le traite de menteur. Or, le Français ne ment pas. Il sait qu'il va être exécuté et il veut que sa famille puisse le retrouver et récupérer son corps.

Mais l'officier s'entête, ne décolère pas. Sur son cahier, est inscrit le nom de Mariaud. Il n'a pas de Barjaud. Un R et un I qui sauvent le Caennais. Avec Collard, qui lui non plus ne figure pas sur la liste, il se retrouve projeté sur sa paillasse, souffrant simplement d'un coup de pied au cul.

André Lebrun — également membre du réseau Arc-en-Ciel, arrêté le 28 mai 1944 — voit la porte de sa cellule s'ouvrir brusquement : « Jouvin, Loslier... Raus ! »

On leur dit de laisser leurs affaires, ce qui n'est pas bon signe. Lebrun reste seul. Il n'est pas du voyage. Monté sur les châlits, il se contorsionne, parvient à glisser un regard à travers le vasistas. Depuis les premiers coups de feu, il n'avait plus guère d'illusions, mais cette fois, c'est une certitude : il aperçoit le corps du lieutenant Martin, baignant dans son sang.

Il y a aussi le docteur Derrien, abattu l'après-midi, et qui horriblement torturé quelques jours plus tôt, avait confié à André Lebrun : « T'en fais pas, on est dans le bon, c'est pour bientôt. » Il y a le comte de Saint-Pol, originaire d'Amayé-sur-Seulles, qui le matin encore servait la soupe aux détenus. Abattu quelques heures plus tard. Il y a l'unijambiste inconnu qui voulut mourir de face, tenta de saisir la mitraillette de son assassin. Fauché par une rafale en pleine tête alors qu'il hurlait de toutes ses forces : « Salaud, salaud ! »

Il y a les autres. Les exécutions durent toute la journée du 6 juin et une bonne partie de la nuit. Les survivants tapent contre les murs de leurs cellules pour faire les comptes. Le matin du 7 juin, quand on les embarque pour Fresnes, ils continuent, tente de chiffrer le nombre des disparus : quatre-vingt-cinq, quatre-vingt-six, quatre-vingt-sept, plus encore... Ils ne savent pas.

On ne saura jamais [1].

7 juin. Le jour se lève sur une ville fantôme. Hébétés, les habitants s'extraient peu à peu des caves et des abris, errent dans les ruines comme des naufragés rejetés sur un rivage inconnu. Le désastre est trop soudain, le malheur trop grand : il y a moins de vingt-quatre heures, on annonçait les Anglais aux portes de la ville, on les avait aperçus au bout de la rue des Tilleuls. La libération, si longtemps attendue, si longtemps désirée, était à quelques centaines de mètres, à portée de main. Et puis le trou noir, le cauchemar. Très vite, l'incompréhension colle au désespoir : pourquoi cet acharnement à vouloir détruire Caen, à vouloir massacrer des vies innocentes et amies ? Il y a des centaines de morts, des centaines de blessés, des milliers de sinistrés, dans une cité qui ne compte guère qu'une garnison de trois cents soldats allemands. Pourquoi donc cette injustice [2] ?

Et si ça recommençait ? Le feu qui dévore le centre attise la peur. A tout moment, la mort peut jaillir du ciel. Et ça recommence, et ça va recommencer jour après jour, nuit après nuit, semaine après semaine. Tandis qu'à quelques kilomètres, les

1. Cinquante ans après, on ignore toujours ce que les Allemands ont fait des corps des fusillés de la prison de Caen. Il est généralement admis qu'ils furent transportés dans la campagne environnante — l'hypothèse de la forêt de Balleroy est souvent citée — pour y être enterrés.

2. Ce bombardement intensif avait pour but d'empêcher le passage des renforts allemands, notamment les blindés, en direction du front. Stratégie dont l'utilité soulève aujourd'hui encore bien des controverses parmi les Caennais. La capitale de la Basse-Normandie — surnommée « l'enclume de la victoire » par un historien britannique — ne fut donc libérée que le 19 juillet. L'artillerie allemande pilonna ensuite la ville jusqu'au 17 août.

cloches des églises tintent joyeusement en l'honneur de la liberté retrouvée, que l'on danse sur l'air de la fraternité et de la reconnaissance, Caen s'enfonce dans un long, très long crépuscule de souffrances : la population émigre dans la campagne, se dirige en troupeaux vers les centres d'accueil ou se terrent comme des troglodytes au fond des grottes creusées dans les carrières de pierre. Il n'y a plus d'eau, plus d'électricité, plus de gaz. Le quotidien est cassé, fracassé, laminé. Plus rien ne va de soi : ni manger, ni dormir, ni même enterrer ses morts. Il n'y a plus qu'une seule routine : survivre.

C'est la grande fuite. Sinistrés et paniqués, hantés par la perspective d'avoir à affronter de nouveaux bombardements, poussés par les flammes comme des animaux par un feu de forêt, les Caennais désertent la cité de l'indicible peur, s'écartent du périmètre de la mort. Des milliers d'entre eux s'arrêtent au nord-ouest de la ville, trouvent asile dans une sorte d'énorme forteresse de la sauvegarde, elle-même composée de trois monuments de la vie urbaine, jumelés par les murs et l'histoire locale : l'abbatiale Saint-Étienne, l'hospice du Bon-Sauveur et le lycée Malherbe.

Ce qu'on a appelé le « grand îlot sanitaire » de Caen naît ainsi, dans un déferlement de réfugiés qui s'engouffrent sous les portails, se répandent sous les voûtes historiques, s'éparpillent dans les travées, les couloirs, les salles, les classes et les bureaux, échouent sur des paillasses, et quand il n'y a plus de matelas, sur de la paille étalée à même le pavé. Comme dans une étable...

En l'espace de quelques heures, cette enceinte à trois têtes se transforme en un gigantesque camp de nomades. Arrachées à leurs maisons et à leurs habitudes, les familles reconstituent sur quelques mètres carrés un chez-soi précaire et dérisoire. Dans un va-et-vient continuel, elles ramènent valises, balluchons et quelques babioles sauvées de la catastrophe. Elles s'agitent, s'activent, s'installent sous le regard vide de vieillards prostrés, tandis que les gosses aux rires insouciants courent et slaloment entre les paquets. Les bombes n'ont pas seulement rasé les maisons, elles ont fait exploser les barrières sociales : riches et pauvres, nantis et démunis, se côtoient, se mélangent, affrontent à égalité la même épreuve. Ne demeure plus qu'un privilège, qu'un seul : celui d'être encore en vie.

Microcosme d'un monde chamboulé, fellinien jusque dans ses

odeurs, cet univers baroque traîne dans son sillage toutes les extravagances, toutes les contradictions du genre humain : déchéance et dignité, abattement et vitalité, courage et lâcheté, folie et lucidité.

Avec effarement, l'abbé Lenormand, vicaire de l'église Saint-Étienne se rend compte que les centaines de Caennais qui s'entassent sur les bas-côtés de l'édifice croient en la parole du poète anglo-normand Robert Wace :

> « *Quand Saint-Étienne croulera,*
> *monarchie anglaise disparaîtra...* »

La rumeur s'est répandue comme une traînée de poudre : de ces deux petites lignes, de cette légende médiévale, les réfugiés de Saint-Étienne tirent une certitude stratégique : la Royal Air Force ne peut mettre en péril l'existence de son roi. Ils se raccrochent à ce fol espoir, trouvent une preuve évidente de leur conviction : le quartier de l'église a été épargné[1].

« Que leur dire, si ce n'est que j'y croyais aussi ? » avoue aujourd'hui l'abbé Lenormand. C'est un curé de choc, qui officie à la dure. Parfois, les habitants matinaux le voient traverser l'aube blafarde. Aumônier de prison, il assiste les condamnés à mort avant leur exécution. A Saint-Étienne au moins, rien n'est perdu.

A Malherbe, où les postes sanitaires n°s 1 et 2 ont finalement dû se replier et créer un hôpital complémentaire, les blessés reposent sur les grandes tables de marbre du réfectoire des lycéens. Au Bon-Sauveur, dans la salle de triage, c'est le spectacle abominable des chairs éclatées, mutilées, déchiquetées. La première semaine, le triage ne désemplit pas. On classe par ordre d'urgence, et on opère, on coupe, on scie. Il faut sauver.

Et quand on ne sauve pas, il faut enterrer. Les morgues de l'îlot sanitaire regorgent de cadavres : on a trop à faire avec les vivants pour se préoccuper des morts. Il y en a partout, dans les casiers, sur le pavé, alignés tels qu'ils sont arrivés, qui baignent dans leur sang, avec attaché à leur cou, un numéro d'ordre. Mais au bout de deux ou trois jours, l'odeur n'est plus tenable. Il n'y a plus de

1. Entre le 10 et le 15 juin, la résistance locale et la préfecture parvinrent, en plusieurs tentatives, à entrer en contact avec l'état-major allié et lui demandèrent d'épargner l'îlot sanitaire Saint-Étienne. Des officiers supérieurs britanniques promirent de faire leur possible, et la promesse fut globalement tenue.

cercueils — la « réserve » de cinq cents cercueils des pompes funèbres est partie en fumée — et les cimetières sont inaccessibles. On enveloppe les corps dans des housses de papier huilé — mais bientôt, ils n'auront plus rien que leurs vêtements —, on relève quand c'est possible l'identité des défunts et on les dépose dans de grandes fosses communes.

« Ainsi, dit Bernard Goupil, j'eus à surveiller le transport dans la Prairie des victimes des premiers bombardements, jusqu'alors placées dans des classes du lycée, et qui se putréfiaient sérieusement. Tous ces cadavres furent emmenés dans une grande fosse, creusée près des tribunes du champ de courses. Il était important d'établir le plan et l'ordre dans lesquels avait lieu cet enfouissement pour permettre aux familles de faire exhumer les leurs ultérieurement. »

On enterre ensuite dans le jardin du lycée Malherbe. A la va-vite, entre deux alertes.

« Un jour, se souvient l'abbé Lenormand, le sacristain m'annonce : inhumation à 15 heures. A l'heure dite, je me rends à la morgue, le corps était déjà parti. Je me rends dans le jardin, j'aperçois un rassemblement de personnes, je m'approche, et j'entends quelqu'un parler du Seigneur à voix haute. Quelqu'un avait pris ma place ! Je m'approche encore et je me rends compte qu'il s'agissait des obsèques d'un protestant. Je me suis contenté de présenter mes condoléances à la famille. »

Étonnante tour de Babel. Hantée par la mort, peuplée de souffrances, couverte de meurtrissures, elle grouille pourtant d'une vie intense, d'une vie en urgence. La nuit, dans l'église refuge, des couples font l'amour, trop peu sûrs d'avoir un lendemain.

Au sein d'une population hagarde, une poignée d'hommes et de femmes, quelques centaines, refusent de se laisser aller, de se laisser glisser. Resté en place après les inévitables « désertions », ce noyau dur d'irréductibles qui risquent leur peau pour sauver celle des autres, est éclaté, disséminé dans tous les secteurs indispensables à la subsistance de la cité martyrisée. On les trouve partout : à la défense passive, à la Croix-Rouge, au Secours national, parmi les médecins, les sapeurs-pompiers, les infirmières, les ambulancières bien sûr. Mais également dans les services municipaux, ceux de la préfecture, dans l'église, à la police, aux Ponts et Chaussées ou encore au service du ravitaillement. Il faut héberger, nourrir, soigner quotidiennement des milliers de personnes. Il faut accoucher les femmes enceintes, trouver du lait pour les nourrissons, du carburant ou du combustible pour les véhicules, trouver du sang pour les transfusions également, alors qu'il en coule tant et tant. Il faut tenir la baraque, juguler le désordre, improviser, organiser, rendre possible l'impossible. Il faut sévir aussi, faire la police. Contre les tricheurs, les truqueurs, les voleurs : requis pour effectuer des corvées, des hommes valides refusent de bouger. Ils sont privés de repas. Du chirurgien au cuistot, de la religieuse au brancardier, de la blanchisseuse au mécano, c'est la course au miracle, vingt-quatre heures sur vingt-quatre, sans le moindre répit.

Opération-survie : le danger balaie les hiérarchies, bouleverse les valeurs, terrasse les préjugés. Soudainement peu recherchés, le pouvoir et l'autorité trouvent leurs vrais serviteurs, ceux qui n'ont pas déserté. De nouvelles et lourdes responsabilités se concentrent sur quelques caractères bien trempés. Sans considération d'âge ni d'ancienneté. Exemple :

Dès le 6 juin, Gilles Rivière devient le patron des équipes d'urgence[1]. Rien, absolument rien ne l'a préparé à affronter l'ouragan de feu qui s'abat sur Caen. Seule sa participation et celle de ses coéquipiers au sauvetage des victimes de la terrible « semaine rouge » de Sotteville-lès-Rouen quelque temps auparavant[2] lui ont donné sans qu'il le sache un avant-goût de ce qui l'attend maintenant. Mais pour le reste... « Nous autres étudiants étions évidemment plus habitués à manier bouquins et cahiers que pelles et pioches. »

Étudiants et autres, car les membres des équipes d'urgence proviennent de tous les milieux. Ils sont jeunes, incroyablement jeunes, se battent sur tous les fronts, affrontent tous les coups durs. Formidablement unis et solidaires, audacieux et débrouil-

1. Membre de la résistance, le chef des équipes d'urgence de Caen, Adeline, était en mission dans l'Orne le 6 juin. Gilles Rivière, responsable de l'équipe des étudiants des facultés, prit alors sa place, secondé par René Streiff qui dirigeait jusqu'alors « les lycéens Malherbe ».

2. Afin de désorganiser le réseau ferroviaire, l'aviation alliée bombarda l'importante gare de triage de Sotteville-lès-Rouen à plusieurs reprises en mai 1944. Les dégâts furent considérables et il y eut de nombreuses victimes.

lards, ils font preuve d'un enthousiasme, d'une insouciance qui contrastent avec le désespoir ambiant. Physiquement plongés dans un bouillonnement d'atrocités, ils noient spleen, écœurements et répulsions sous un déluge de blagues et de fous rires. Le présent est à la barbarie, mais l'avenir leur appartient. Même si, pour certains d'entre eux — Pierre Favier, quinze ans, mortellement blessé par un éclat de vitre et Bernard Auvray, brûlé vif en luttant contre l'incendie —, le terminus survient très tôt, ils mordent dans la vie avec une ardeur et une insolence qui laissent peu de prise au malheur.

« Un jour, raconte Gilles Rivière, un copain retrouve deux bouteilles de butane intactes dans sa maison détruite. Pour nous, c'était Noël : on allait pouvoir faire chauffer notre tambouille au PC du lycée. Mais comme on craignait de se faire confisquer notre trésor par un service officiel quelconque, on a eu l'idée de mettre les deux bouteilles sur un brancard et de les recouvrir d'un drap. On a fait le chemin à pied, devant des gens qui, sur notre passage, se découvraient et se signaient. »

Infatigables, ils partent en commando sur les lieux bombardés, et avec leurs pauvres outils de terrassiers s'attaquent à des montagnes de gravats. Bien entendu, ils éprouvent un sentiment d'impuissance devant l'énormité de la tâche à accomplir. Remuer des tonnes de pierre, de béton et de ferraille avec une simple pelle, cela vous rend tout petit. Mais ils ne se découragent pas : il y a les vies à sauver, les emmurés à dégager.

Il n'y a pas seulement le travail de déblaiement. Il faut brancarder les blessés sur des centaines de mètres et le plus souvent sur des civières de fortune jusqu'aux ambulances bloquées par les décombres. Lutter contre l'incendie qui continue de dévorer le cœur de la cité. Là encore, avec des moyens dérisoires.

C'en est presque risible. Tout le matériel des sapeurs-pompiers a été détruit par le bombardement. Ozounian, un étudiant de l'institut de chimie, parvient tout de même à bricoler deux motopompes et à les remettre en activité, mais les lances sont trouées de partout. Elles fuient tant et tant qu'il ne reste plus à l'extrémité qu'un ridicule jet d'eau.

Grâce au courage et à l'intelligence d'un ingénieur du service des Mines dénommé Fredy, le feu sera vaincu au bout d'une douzaine de jours : accompagné des membres des équipes d'urgence, de volontaires de la police ou de sapeurs-pompiers, Fredy s'approvisionne à plusieurs reprises en explosifs au dépôt voisin de Saint-Martin-de-Fontenay. C'est un « salaire de la peur » avant l'heure, car la route est constamment mitraillée et une seule balle dans la cargaison suffirait à tout faire sauter. Mais les convois passent. Fredy utilise en tout douze cents kilos d'exposifs qu'il dispose, seul, au plus près des flammes. Il fait sauter ainsi un par un les immeubles menacés par les flammes, fait le vide, affame le sinistre.

Pendant les heures de « répit », les équipiers d'urgence participent à l'accueil des réfugiés, récupèrent vêtements et tous objets utiles, se mêlent aux périlleuses expéditions pour le ravitaillement.

Dès les premiers jours de « la bataille de Caen », trouver de la nourriture devient une obsession et un sport dangereux. Pratiqué au quotidien. Chaque jour, des milliers et des milliers de repas sont servis dans les centres d'accueil : mille cinq cents à l'hospice Saint-Louis, quatre mille au Bon-Sauveur, mille cinq cents au lycée Malherbe.

C'est, cinquante ans après, le « calvaire » avoué de Chantal Rivière, à l'époque Chantal Nobécourt, responsable des équipes féminines d'urgence :

« A Malherbe, les gens étaient nourris en trois services successifs. A chaque fois, cinq cents personnes utilisaient les mêmes assiettes et les mêmes couverts. Sans les laver bien entendu. Pour moi, c'était le comble de l'horreur. »

Mais les assiettes sont garnies. Et le resteront jusqu'au dernier jour. Massacré par la guerre tout comme les humains, le bétail fournit de la viande en abondance. On installe même un parc dans les dépendances du Bon-Sauveur pour les animaux que l'on rapatrie des herbages. Ramassés par camions dans la campagne environnante, les produits laitiers ne manquent pas non plus. Les équipes d'urgence ont des vaches qui paissent dans la Prairie et qu'ils vont traire matin et soir pour approvisionner la biberonnerie du lycée. Il y a du vin et du cidre. Pour l'eau, par contre, il faut se débrouiller. Toutes les canalisations ont été détruites par les bombardements, des puits sont rouverts, remis en activité. C'est le temps des corvées de seaux.

« Franchement, ironise Gilles Rivière, on mangeait plutôt mieux qu'avant le débarquement. Car les vivres étaient bloqués, ne disposaient plus de débouchés vers l'extérieur. On récupérait des tas de provisions, on raflait les réserves des épiceries en gros. Une fois, je me souviens avoir ramené avec un camion sept à huit tonnes de livarot : on en a mangé assez pour nous en dégoûter jusqu'à la fin de nos jours. »

De tous les témoignages, de tous les récits parus sur « la bataille de Caen », il ressort que le jeune chef — « D'abord, il n'y avait pas à proprement parler de chef, proteste celui-ci. On était tous dans la même galère et on avait autre chose à faire que de se soucier de l'organigramme du service. En fait, c'était l'inorganisation la plus totale. » — se montre d'emblée à la hauteur de la situation. On évoque son flegme, son sang-froid, son courage. On se souvient de son hospitalisation. Terrassé par un phlegmon à la gorge, il est« aux contagieux ». Survient le bombardement du 7 juillet, le plus terrible qu'ait connu la ville avec ceux du 6 juin. Gilles Rivière est debout, travaille toute la nuit à la tête de ses équipes : « Je n'avais plus rien, affirme-t-il, j'étais subitement guéri. Aujourd'hui encore, je ne comprends pas par quel miracle. »

Et il réfute en bloc tous les superlatifs pour ne revendiquer qu'une seule « qualité » :

« J'étais totalement inconscient. Et bien d'autres avec moi. Je n'ai pas peur de dire que ces journées terribles ont été les plus exaltantes de mon existence : j'avais vingt ans et la conviction de servir à quelque chose. De plus, j'avais une liberté d'action ahurissante. Nous étions totalement décrochés des servitudes quotidiennes. Je n'ai pas le souvenir, par exemple, durant ces deux ou trois premiers jours d'avoir réellement mangé, de m'être mis à table. On buvait un coup, on grignotait un morceau et on repartait. Enfin, j'avais la chance de ne pas avoir peur. Car l'héroïsme, le vrai, c'est de trembler et d'y aller quand même. J'avais un copain étudiant, Desprairies, qui était dans cc cas, qui crevait de trouille, et qui était volontaire pour les missions les plus dangereuses. Comme aller à Fleury sous les bombes, porter des médicaments aux réfugiés des grottes. Ça, c'est de l'héroïsme.

« Nos contacts avec la population étaient curieusement réduits au strict minimum, concède également Gilles Rivière. Manque de temps, toujours. Mais également le sentiment non avoué de ne pas vivre les mêmes événements ou tout au moins de ne pas les subir comme la plupart des gens les subissaient pour diverses raisons humaines ou familiales. Ainsi, je me souviens que le 7 juin au matin, nous sommes allés visiter les abris qui existaient le long du canal et du bassin dans le quartier Saint-Jean. Nous avons appelé : pas de réponse. Craignant le pire, nous sommes descendus. Tout le monde était là, figé par la peur, refusant de sortir. Sur le coup, j'avoue avoir eu du mal à comprendre. »

Secouristes en surface, secourus en sous-sol. Dès le premier bombardement du 6 juin, Chantal Nobécourt choisit elle aussi : « L'atmosphère avait été si angoissante, si oppressante dans l'abri que j'en suis sortie en me promettant que plus jamais je n'y retournerai. A partir de ce jour, j'ai préféré voir tomber les bombes. »

Elles vont tomber durant des semaines. Continuellement débordés, submergés par l'ampleur de la lutte à mener, les sauveteurs ne se préoccupent guère du sort de la bataille qui se joue aux portes de la ville. Ils captent les rumeurs de la foule ou bien écoutent parfois les bribes d'informations à la radio. Mais ce qui leur importe, c'est de savoir si les équipiers partis il y a quatre heures sont bien rentrés, si la voiture à bras espérée a pu être récupérée, si les occupants de l'immeuble ont bien été sauvés.

« Nous formions une sorte de clan, admet Chantal Rivière, grisé, dopé par les difficultés quasi insurmontables que nous devions affronter. Nous vivions dans un cercle très fermé. Ce chaos était presque notre chaos personnel et on ignorait complètement ce qui se passait à l'autre bout de la ville. »

Aux frontières de Caen. Là où les Anglais piétinent.

D'un seul élan ou presque, les alliés s'étaient pourtant engouffrés sur les routes de la mer, avaient submergé Courseulles, Ouistreham ou Bernières. A l'aube du 6 juin, avant que ne commence leur calvaire, les habitants de la grande ville avaient plaint les plages de leurs vacances. Retour en arrière.

CHAPITRE III

Ouistreham : le calvaire de l'hôtelière

Il est 7 h 30 lorsque la 3e division d'infanterie britannique débarque sur le rivage de Colleville, nom de code Sword. Sur le flanc gauche, le n° 4 Commando est chargé de prendre d'assaut Ouistreham-Riva-Bella, une coquette station balnéaire que les Allemands ont considérablement fortifiée. Mais les premiers libérateurs à prendre pied dans la petite ville sont, à la grande surprise des civils, des Français. Les cent dix-sept Bérets verts du 1er bataillon de fusiliers-marins du commandant Kieffer entrent dans l'histoire.

Raoul y est allé. Et maintenant il regrette. Raoul Mousset travaille dans les transports. Le 5 juin il a assisté au mariage d'un de ses collègues. Le convoyeur avait tellement insisté. « Je ne te promets rien », lui avait-il répondu avant de céder. Après la fête, il est revenu dormir à Caen. Les bombardements au loin, sur la côte, l'ont inquiété. Mais le couvre-feu l'a obligé à attendre le matin pour rentrer chez lui retrouver Odette.

Au volant de sa camionnette, Raoul arrive à hauteur de l'hôpital. Les Allemands arrêtent les véhicules. Il indique qu'il va se garer sur le côté. En fait, il espère rouler encore cinquante mètres pour disparaître juste après un virage en épingle à cheveu. Il est vite stoppé dans son élan. Les soldats sont attentifs et n'hésitent pas à tirer sur l'automobiliste indiscipliné. Raoul est donc obligé d'abandonner sa camionnette. Il continue à pied jusqu'à Blainville où habitent un oncle et une tante très âgés. Il reste là une bonne partie de la matinée. Vers 11 heures, un Allemand entre à son tour dans la maison et réclame de l'eau.

« Y'a pas d'eau pour les Boches », rétorque le vieil oncle.

Le soldat comprend le français. Pourtant, il préfère ignorer la réponse. Et entame une discussion avec Raoul. Le transporteur lui demande des nouvelles de la côte, puis plus particulièrement de l'hôtel de Normandie. L'hôtel que dirige Odette.

« Quand je suis parti, l'hôtel de Normandie brûlait », annonce l'Allemand.

Depuis des heures déjà, Ouistreham vit en pleine démence. L'alerte a sonné avec la nuit. Les bombardements ont expulsé les habitants des maisons. Dans tous les sens du terme. Sur matelas volant, Mme Yvon, a été éjectée de l'autre côté de la rue. Est-elle passée par la fenêtre ou par la porte ? elle n'en sait rien. Tout a été soufflé.

Sur deux mille cinq cents habitants que comptait la ville avant-guerre il n'en reste plus que quatre cents en ce printemps 44. Tous les enfants ont été évacués. Les vieillards aussi. A l'exception de quelques-uns qui n'ont pas voulu retrouver les routes de l'exode, cauchemar de la Grande Guerre.

L'occupant a vidé les villas du rivage. Le secteur joliment baptisé Riva-Bella est désormais « zone allemande ». Certains riverains n'ont pas pour autant accepté l'idée de quitter Ouistreham. Ils ont squatté des maisons un peu plus en retrait et abandonnées par leurs propriétaires. Une opération tiroir avec bénédiction municipale[1].

« Raymond, réveille-toi, c'est pas comme d'habitude.

— Mais si, t'as qu'à dormir.

— Non, je t'assure.

— Tu crois vraiment ? »

L'instituteur, Jean Longuet et son copain Raymond sortent au moment où passent des avions à faible altitude remorquant les planeurs.

« T'as raison, reconnaît Raymond. On va s'habiller. »

1. Dès son arrivée, le commandant Kieffer, chef des troops française, a rencontré des civils qui étaient restés le plus près possible du rivage : « Une dizaine d'habitants sortaient de leurs abris. Un vétéran de la dernière guerre, Marcel Lefèvre, nous donna des renseignements sur la manière d'atteindre le Belvédère et d'éviter les mines. »

Quelques instants plus tard, les deux hommes se retrouvent dans la tranchée derrière la mairie.

La même scène se répète à des dizaines d'exemplaires. Dans les abris individuels ou collectifs. A la mairie, ils sont bientôt une vingtaine, habités par le même pressentiment : leur dernier jour est arrivé.

Sur le port, la Moussette tient bon le cap. Pas question de quitter le navire. Depuis la salle de restaurant plongée dans l'obscurité, Odette Mousset, vingt-sept ans, scrute la nuit. Mathilde, sa belle-mère, est à ses côtés. A l'étage, son beau-père est cloué au lit par les rhumatismes.

Entre l'hôtel de Normandie et la maison du commandant de port, une allée mène à une sapinière. Un soldat allemand y gare tous les soirs son gazogène. Comme d'habitude, il s'apprête à repartir lorsqu'il aperçoit les deux femmes derrière la porte. Odette est jolie, et « l'ennemi » préfère la prévenir du danger imminent.

L'air inquiet, il frappe à la porte :

« Madame, vous partir.

— Non.

— Vous partir, English come.

— Je vous dis non. » Et Odette referme la porte qu'elle avait légèrement entrebâillée.

Les deux femmes tiennent ainsi toute la nuit. Les bombardements sur Franceville et Merville sont violents. Ces Allemands, avec leurs manœuvres, ils exagèrent...

Au petit jour, un homme d'une soixantaine d'années fait son entrée. C'est M. German de l'hôtel de la Marine. Il est carrément hilare : « La Moussette, c'est le débarquement ! »

L'hôtel de M. German a été réquisitionné par les Allemands. Lorrain d'origine, il a tout de suite saisi le sens des ordres lancés par les officiers au moment du départ de la troupe.

« On va être les premiers libérés. Il y en a pour un quart d'heure... J'ai du bon porto dans ma cave. Après, on va arroser ça. »

La discussion s'anime. D'autres voisins accourent, confirment la nouvelle. Un jeune homme de seize ans entre à son tour. Mais lui n'a pas envie de palabrer, son temps est précieux, ses phrases hachées : « Monsieur German, ma grand-mère est sous la maison.

Elle n'est pas morte mais saigne beaucoup. Il faut la sortir de là. Vous pouvez venir ? »

L'hôtelier accepte, la Moussette l'accompagne.

La vieille dame gémit sous les décombres. Odette Mousset prend les jambes, M. German les épaules. La victime est maintenant dégagée, il faut la transporter. Les hôteliers voudraient emprunter le raccourci de la sapinière mais, soudain, un Allemand les braque et les empêche de passer. Il faut faire le tour. Heureusement, ils rencontrent Ernest Monier. Avec deux roues de bicyclette et un plateau, l'homme s'improvise brancardier. Il prend en charge la grand-mère.

La terre se met à trembler. Pour les civils blottis au fond des trous, c'est la fin du monde.

« Raymond, je crois bien que cette fois, on va y rester », dit l'instituteur.

M. German, lui, se veut pratique. Avant d'accueillir les alliés et boire le porto, il faut se protéger :

« Je vais chez moi, dit-il à la Moussette. Je ramène ma femme, ma belle-mère, la petite bonne et on se retrouve dans les trous. » Les trous individuels des Allemands creusés dans la sapinière.

Odette approuve. Elle aussi s'organise. D'abord, évacuer le beau-père. La Moussette est grande, svelte et solide. Elle grimpe les étages, prend l'infirme sur son dos : « Serrez-moi bien. »

Elle le porte, le dépose dans un des trous. Il geint, elle le rassure : « Ne bougez pas, tout va bien se passer. »

Odette est déjà de retour à l'hôtel. Elle prend un petit sac de cuir près de la caisse, y enfouit des papiers et un peu d'argent. Puis monte au premier récupérer une valise préparée à l'avance. Elle fait quelques pas dans le grand couloir. Un bruit effroyable suivi d'un nuage de poussière la cloue au sol : en face d'elle le mur vient d'exploser.

Elle dégringole l'escalier, crie à sa belle-mère : « Sauvons-nous, l'hôtel s'écroule ! »

Hébétée devant sa porte, Mme Lebitter, l'épouse du commandant de port, appelle :

« Mathilde, Toto [1] ne veut pas que je sorte de la maison. Mais moi je dis que la maison va tomber. Je peux aller avec toi ?

1. Il s'agit de son mari.

— Viens » répond la belle-mère d'Odette.

Elles franchissent toutes trois l'allée qui les sépare de la sapinière. Mais entre-temps, beaucoup de gens sont venus s'y réfugier. A leur arrivée il ne reste plus qu'un seul trou de libre.

« Allez-y », dit Odette aux deux femmes. Elles se calent comme elles peuvent. A deux dans une place unique : leurs bustes dépassent.

« Et vous ? Où allez-vous vous mettre ? interroge Mathilde.

— Je vais m'allonger à côté. » D'instinct, la Moussette se tourne vers le village. La tête côté centre, les jambes côté port.

Dix minutes ne se sont pas écoulées lorsqu'il explose, dans un jaillissement de terre et de ferraille. Au milieu de la sapinière, un obus de 155. Treize personnes sont tuées, presque toutes les autres blessées. Odette sent une brûlure. Mais à peine sensible. A ses côtés, Mme Lebitter est décapitée. Sa belle-mère, éclaboussée du sang de son amie, prie, pétrifiée. La douleur s'insinue dans le corps d'Odette. Son pied est déchiqueté, la fesse gauche arrachée. Elle a un trou énorme à la base du poumon. Elle y porte une main, la retire pleine de sang.

Ce geste fait réagir sa belle-mère :

« Je vais vous enlever de là », annonce-t-elle avec énergie. Elle quitte son trou, se dirige droit vers une grange, prend une brouette et retourne vers Odette. Les deux chiens de la jeune femme, un boxer et un berger allemand, sont venus se coucher près d'elle comme pour la protéger. Un éclat d'obus fait sauter le manchon de la brouette à quelques centimètres de la main de Mathilde.

« Laissez- ça, revenez dans le trou, vous allez vous faire tuer ! » hurle la Moussette.

Mathilde n'entend pas. Elle pose sa brouette devenue inutile. Mais garde une bouteille de calvados qu'elle a également rapportée. Calmement, au milieu des cris et des pleurs, elle fait le tour des blessés. Les réconforte d'un petit verre d'alcool. Puis retourne dans son trou et recommence à prier. Odette l'entend murmurer : « Seigneur, prenez ma vie, laissez-lui la sienne. »

La sapinière n'est plus qu'un champ d'horreurs. M. German est mort lui aussi, scalpé. Sa femme, le ventre ouvert, a pris un revolver dans son sac, elle le tend et crie : « Odette, tuez-moi, Odette, finissez-moi ! »

Un peu plus loin, un jeune homme blessé appelle désespérément sa mère. Choquée, lovée au pied d'un arbre, elle ne peut faire les quelques pas qui la séparent de son enfant. Les appels cessent : le garçon est mort.

Les blessés attendent de l'aide et la panique grandit encore : sur le port, une maison en bois flambe. Si les sapins prenaient feu eux aussi ?

Pendant ce temps, les secouristes s'organisent et font ce qu'ils peuvent. Dans une salle près de la mairie, le Dr Poullain, soixante-treize ans, est à son poste. Mais une balle lui traverse la main. Il doit alors se contenter de guider les bénévoles qui le suppléent. Parmi eux, des infirmières, plusieurs habitants bénévoles. Il y a aussi Léon Tribolet, le coiffeur, et Pierre Desoubeaux, fonctionnaire, tous deux de la défense passive. Également résistant, Pierre avait repéré à la BBC la phrase de son réseau : « La flèche ne percera pas... »

Il avait aussitôt mis son groupe en alerte. Mais ils ne sont qu'une dizaine et l'ampleur de la catastrophe les dépasse.

Ouistreham souffre bien plus que les autres villes du rivage. A l'embouchure de l'Orne et du canal de Caen, elle possède un port où les Allemands ont aménagé une petite base navale. Les défenses cadenassent tout Riva-Bella, mais également le quartier portuaire. En réponse, les bombardements dévastent la ville.

Léon et Pierre découvrent le carnage de la sapinière. Odette ne s'est toujours pas évanouie. Elle traverse la ville sur son brancard. Et entend la rumeur sur son passage : « C'est Odette Mousset... La Moussette, elle est touchée. »

Au centre de secours, les blessés arrivent en masse et les morts s'alignent dans la cour. La pharmacie, sa réserve de médicaments et de pansements ont été détruites. Il reste cependant de la morphine pour ceux qui souffrent trop, comme Odette. De nombreuses femmes du pays s'occupent des victimes et nettoient leurs plaies avec de l'alcool rapporté de chez elles.

Le centre commente la nouvelle colportée par le maire, Charles Lefauconnier : « Ils débarquent, ils débarquent. »

Odette perçoit l'information comme dans un brouillard. En revanche, elle saisit parfaitement cette phrase du Dr Poullain à son fils : « Tu sens mon garçon cette puanteur, tu la sens ? Il n'y a plus rien à faire ; c'est la gangrène gazeuse. Il faut couper ou c'est la mort. »

L'horreur absolue. Tandis qu'au-dehors, certains font des découvertes heureuses.

Paul Lequesne, le quincaillier, s'extirpe de la tranchée de la mairie. Grâce à son métier, il a eu l'autorisation de garder sa camionnette. Il se dirige vers Bénouville. Lorsqu'il revient, Mlle Durand entame son énième « Je vous salue Marie ». Il s'approche de l'instituteur. Ouvre sa main :

« Tu veux une cigarette ?

— Tu parles, si j'ai envie de fumer ! répond Jean Longuet.

— Regarde-la bien. C'est une cigarette anglaise. Et c'est un Anglais qui me l'a donnée, à Bénouville... »

Quelques instants plus tard, des civils se risquent dans les rues de Ouistreham, à la rencontre des Anglais. Des jeunes gens découvrent, avec bonheur, que cent dix-sept Français participent également à l'opération. Ce sont les trois « troops » du commando Kieffer[1]. Ils ont débarqué à « la Brèche », à cinq cents mètres de Riva-Bella, sur la commune de Colleville. Avec les Britanniques, ils forment le quatrième commando qui a ordre de s'emparer du casino et du Belvédère[2]. Ils rejoindront ensuite Bénouville, Pegasus Bridge et le bois de Bavent.

D'autres compagnies anglaises doivent assurer la prise de Ouistreham. Pour elles la bataille se gagnera rue après rue. Le gros de la troupe allemande est parti. Mais il reste des tireurs embusqués. Les Anglais entrent en force dans les habitations, qu'ils fouillent de la cave au grenier. Ils se méfient de tout et de tout le monde.

Yvonne Surillet, vingt-quatre ans, n'a jamais autant marché. Elle va d'un abri à l'autre. Parfois au pas de course, toujours dans la boue, parmi les canalisations d'eau crevées, les trous de bombes, les gravats des maisons.

A l'angle des rues de la Hève et du Phare, elle se heurte à un groupe de soldats allemands en fuite. Ils sont puissamment

1. Dans son livre, *Béret vert*, le commandant Kieffer raconte : « A l'écart d'un groupe de commandos (...) j'entendis la réflexion suivante entre deux jeunes loustics : " Dis donc, t'as vu ça ? Ils sont au poil les Anglais. Ils ont tout prévu et amené des types qui parlent le français aussi bien que nous... " Leur joie fut débordante quand je leur dis que nous formions un bataillon français avec nos camarades anglais. »

2. Ou ce qu'il en reste. Sur ordre des Allemands en effet, le casino avait été en grande partie détruit. Des civils se souviennent avoir alors récupéré le rideau de scène et les décors.

armés : fusils à l'épaule, ceinture de grenades, grenades à manche. Ils se consultent, hésitent et finalement la laissent passer. Un peu plus tard elle rencontre des Anglais. Ils paraissent isolés.

Le 7 à 5 heures, comme à son habitude, son père est pris d'une envie pressante. Il met sa casquette et en liquette sort de la tranchée où il est réfugié avec son épouse. Il aperçoit un groupe d'Anglais dans le champ qui les sépare du port. Tout heureux il court mettre son pantalon puis retourne vers les soldats, la main tendue en signe d'amitié. Il s'approche, constate qu'il s'est trompé : les soldats à quelques mètres de lui sont allemands. Il s'éclipse sans bruit et retourne s'enterrer.

Ce ballet incessant d'Allemands, d'Anglais, d'Allemands se poursuit ainsi pendant des heures. Les soldats se battent au coin des rues et des jeunes gens leur font de grands signes de bienvenue. Le père Lequesne, chef des pompiers, hurle : ses gars sont inconscients ; ils bavardent négligemment assis sur un talus près de l'abri de la mairie. Leurs casques de cuivre brillent dans la nuit. Des cibles idéales : vus d'avion, ne dirait-on pas un groupe d'Allemands embusqués dans une tranchée ?

Les Anglais d'ailleurs ne comprennent pas. Que font ici tous ces gens ? La BBC a exhorté les habitants des côtes à évacuer. *Le Courrier de l'Air,* hebdomadaire britannique, a largué des milliers d'exemplaires et de tracts. Les explications sont sommaires mais les consignes précises : « Si vous habitez à moins de trente-cinq kilomètres des côtes ou à proximité d'un objectif susceptible d'être bombardé, partez sans perdre un instant. »

En fait, peu de gens, à l'exception des résistants, ont entendu les messages : ils n'ont plus de radio. Quant aux tracts descendus du ciel, aucun des quatre cents irréductibles de Ouistreham ne les a pris au sérieux.

Les Anglais restent sur leurs gardes. Et ce fantassin blessé panique à l'arrivée d'Yvonne Surillet. Il est appuyé contre la porte de sa maison. Aidée de ses parents, la jeune fille le fait entrer. Ensemble ils l'allongent sur une table. Il épie leurs gestes, les tient en respect avec son fusil. Yvonne lui tend un verre d'eau : elle doit boire avant lui. Le soldat ne se détend qu'à l'arrivée du toubib et du brancardier.

Quelques rencontres toutefois sont plus décontractées. Mémé Surillet et trois de ses petits-enfants croisent un groupe d'Anglais.

Les soldats demandent à la vieille dame de tendre son tablier et jettent dedans des rations : biscuits, chocolat, cigarettes, bonbons et des petits cubes que la grand-mère prend pour des caramels. Elle en subtilise aussitôt plusieurs qu'elle recrache avec dégoût. Ces caramels sont en fait des feuilles de thé et de soupe à diluer avec de l'eau !

Pendant ce temps, Odette fait de la résistance. Contre la souffrance d'abord, contre ceux qui veulent l'embarquer ensuite. Mardi soir, déjà, un docteur anglais, un major, ramené de la brèche de Colleville par le maire, lui a expliqué :

« Il faut partir en Angleterre, Madame, on ne peut vous soigner ici.

— Je ne veux pas, a répondu Odette. Mon mari va arriver, je dois rester là, autrement il ne pourra pas me retrouver. »

Un autre habitant de Ouistreham, M. Hardy, partira à sa place. On l'a retrouvé sous son garage effondré. Les deux jambes broyées.

Mercredi 7 juin, la Moussette s'accroche toujours à l'espoir que son mari va arriver. Et tout à coup elle entend la nouvelle réconfortante. Au-dehors, des gens lui crient : « V'là Raoul, v'là Raoul ! »

Parti de Blainville, Raoul Mousset a d'abord rejoint Bénouville. En plein baroud. Le long d'une haie, il a aperçu un vélo allemand. Il s'est approché. Un fil de fer était fixé au guidon et disparaissait dans les feuillages. Peut-être était-il relié à un explosif ? Raoul a tiré violemment sur le vélo. Rien. Il a pédalé comme un fou jusqu'au chevet d'Odette.

La Moussette est de plus en plus mal. Son mari s'adresse au maire : « Tu me prêtes ta voiture, je mets un drapeau blanc et je retourne à Caen. Fais-moi une liste de ce dont tu as besoin. Si je trouve un chirurgien je le ramène aussi. »

Raoul, sa voiture et son drapeau blanc vont jusqu'au château de Beauregard. On lui tire dessus ; il doit faire demi-tour.

Jeudi matin, il veut à nouveau tenter sa chance. Cette fois, il prend la petite moto du maire. « Avec ça, pense-t-il, je passerai. »

Il prépare son engin sur la place lorsqu'on l'appelle : « Raoul, viens vite, ils vont emmener ta femme ! »

Cette fois, le médecin anglais brusque les événements. La seule chance d'Odette Mousset, c'est l'hôpital, c'est l'Angleterre. Raoul comprend et ment à son épouse :

« On va te conduire à Colleville. Là-bas j'ai une tante qui te soignera.

— Je veux bien si tu viens avec moi », s'entête Odette.

On installe la jeune femme et un autre blessé dans la camionnette du quincaillier. Son mari suit à vélo.

A Colleville, la Moussette ne proteste plus : le spectacle qui s'offre à elle est à la fois fantastique et émouvant.

« Regarde, lui dit Raoul, des milliers de bateaux.

— Qui accompagne la blessée ? demande un officier.

— Son mari », répond Pierre Desoubeaux qui, à la Brèche, sert d'interprète aux Anglais.

Raoul est un peu perdu. On ne le laisse pas redescendre du bateau qui se fraie un passage, remonte à contre-sens les autres navires. Il n'a sur lui qu'une chemisette et un bleu de travail. Le commandant lui donnera un pantalon et une veste de marine.

Dans la barge, un officier se penche au-dessus de la civière d'Odette : « Vous jeune, jolie, très triste. »

La jeune femme tremble de fièvre. Les soins sont réduits à leur plus simple expression : des calmants. La mort qu'elle sent rôder autour d'elle se fait soudain encore plus pressante : dans les eaux britanniques, un sous-marin torpille leur bateau. C'est effroyable, pire que les obus. Cette fois, elle en est sûre, c'est fini. Elle donne ses boucles d'oreilles et son alliance à Raoul. Pense à ses filles évacuées avec les autres enfants de Ouistreham : « Moi je suis fichue, mais toi, tu dois te sauver pour nos deux petites. »

L'eau monte dans la barge, les soldats remontent les civières. Par un système de cloisons étanches, elles sont à l'abri. Le bateau progresse en zigzag pour échapper au sous-marin qui le poursuit.

« Voici nos côtes. » Le commandant est soulagé. Son navire-hôpital ne connaîtra pas le sort de celui de la veille. Le bateau de M. Hardy, torpillé lui aussi, avait sombré...

Portsmouth. Destination : hôpital militaire. La porte de l'ambulance s'ouvre. Une blouse blanche s'approche d'Odette :

« Ça va pas, ma petite mère ? C'est rien, on va vous arranger ça.

— Vous parlez français, bredouille la Moussette.

— Je suis belge.

Quelques instants plus tard, le couple est conduit dans un autre hôpital réservé aux civils, Raoul est dirigé vers un dortoir où il subira un interrogatoire serré[1].

Odette se retrouve face à un toubib, une infirmière et un curé. Le curé passe d'abord. Pour l'extrême-onction. Avec cette phrase qui se veut rassurante : « Ça ne fait pas mourir. »

Débute ensuite la valse des salles d'opération, de radio, de repos. On soigne d'abord la fesse, le poumon… avant de couper la jambe.

21 juin. L'infirmière si efficace et si gentille, qui apporte chaque jour à Odette des oreillers couverts de lavande pour atténuer l'odeur de sa gangrène, doit le lui annoncer. Elle se décide au dernier moment :

« Tomorrow we cut your leg[2].

— Tomorrow…, répète Odette qui ne comprend pas.

— We cut your leg », reprend trois, quatre fois l'infirmière. Elle s'approche, et sur le drap accompagne sa phrase du geste :

« We cut your leg.

— Non, hurle la Moussette. Non, je ne veux pas ! »

L'infirmière lui administre une piqûre calmante. Mais elle crie encore lorsqu'on l'amène au bloc.

1. Les membres de l'Intelligence Service prennent en effet leur précaution et continuent à se méfier de ces Normands de la côte. Étant donné l'état de sa femme, Raoul Mousset est cependant autorisé à rester près d'elle. L'infirmière en chef se portera d'ailleurs garante pour lui. En septembre, un colonel lui trouve du travail à la RAF. Raoul Mousset rentre en France le 26 février 1945.

2. « Demain, nous coupons votre jambe. »

CHAPITRE IV

Juno et Gold : Le curé monte au front

La 3ᵉ division d'infanterie canadienne — dont le régiment de la Chaudière et le Royal Regiment de Montréal, unités canadiennes françaises — est chargée de Juno (entre Langrune et Graye-sur-Mer) ; et la 50ᵉ Northumbrian Division britannique de Gold (entre Ver-sur-Mer et Asnelles).

Les troupes alliées enfoncent le dispositif de défense côtière, et au soir du 6 juin, la tête de pont est solidement établie jusqu'à la nationale 13.

L'abbé Raphaël Blin est comme les autres : il n'y croit pas. Évidemment ici aussi, sur son petit bout de côte, plus on s'approche du mur de l'Atlantique, plus les rumeurs s'amplifient. Mais de là à imaginer...

Pour ce jeune ecclésiastique de vingt-neuf ans, à la soutane sportive et au verbe direct, juin 44 ne rime pas avec débarquement. Mais avec communion solennelle. Et annuelle. Il faut prêcher, organiser les retraites, préparer les examens. Dans les paroisses, les curés s'entraident. Jusqu'aux cérémonies. Point d'orgue de ces journées d'effort toutes consacrées aux enfants des villages.

A Graye-sur-Mer, paroisse de Raphaël Blin, la communion est fixée au 28 mai. Les fidèles, recueillis le soir pour les vêpres, jettent des coups d'œil inquiets vers la voûte de l'église : les bombardements font dangereusement vaciller les lustres.

Le jeudi suivant, l'abbé Blin s'entretient avec son père : « Je dois aller à Saint-Laurent-de-Condel, prêcher la retraite aux enfants. Je resterai là-bas plusieurs jours. En cas de danger, pendant mon absence, prends bien soin d'ouvrir le tabernacle et de consommer les hosties consacrées. Il n'en reste pas beaucoup mais il ne faudrait pas qu'elles soient profanées. »

Ainsi, l'abbé prend tout de même ses précautions. Et elles sont exceptionnelles : à l'époque, les laïcs n'avaient pas le droit de toucher au ciboire.

Lundi 5 juin. Après la messe d'action de grâces, le curé de Saint-Laurent retient celui de Graye : « Tu n'as pas tant de choses à faire. Reste ici aujourd'hui, tu rentreras demain. » Les deux prêtres se connaissent bien et s'estiment. Raphaël Blin accepte.

La journée est bucolique : balade en forêt l'après-midi avec l'abbé. Promenade au jardin le soir, en compagnie de l'officier allemand logé au presbytère. Loin de la guerre, les deux hommes comparent les mérites respectifs des religions luthérienne et catholique. Puis, l'abbé se couche sur le canapé du salon : l'officier s'est octroyé la chambre d'amis.

23 h 30. Les deux curés sont à la fenêtre. Réveillés par un terrible et lointain bombardement. Sans doute du côté de Port-en-Bessin. Ou alors de Graye.

Le capitaine allemand lui aussi est debout. Son hôte l'interroge : « Grandes manœuvres de l'armée allemande », répond l'officier.

L'abbé Raphaël Blin croit encore moins aux grandes manœuvres qu'au débarquement. Mais là-bas, sur la côte, il se passe quelque chose de grave. Et là-bas, c'est chez lui. A partir de ce moment, il n'aura plus qu'une idée : rentrer.

Mardi 6 juin. Il ne fait pas encore jour mais Raphaël Blin a déjà dit sa messe. Il enfourche son vieux vélo dont les pneus sont rafistolés avec des bouts de ficelle. Tiendront-ils le coup jusqu'au bout ? Il doit d'abord parcourir les douze kilomètres qui le séparent de Caen. La vallée est calme. Il rencontre un seul Allemand en faction sur le pont de Saint-André-sur-Orne, avant l'entrée de la ville.

Il est 6 h 40. L'abbé entre dans Caen pour la route d'Harcourt. Des bombes ravagent la caserne du 43e d'artillerie. L'effet de souffle est tel qu'il se retrouve à terre.

Une brave dame sort d'un café : « Oh, Monsieur le curé, venez vite prendre un réconfortant ! »

Un petit calva plus tard, Raphaël Blin sonne à la porte de la maison du maire de Graye, rive droite. L'édile, en effet, travaille et habite à Caen, ne rejoignant sa commune que les week-ends. Ces derniers temps d'ailleurs, l'administration communale est assez particulière. Car le premier adjoint, directeur d'une maison d'enfants sur le rivage, a été évacué par les Allemands. Il ne reste plus qu'un premier conseiller délégué âgé de soixante-dix ans, qui signe « pour le maire absent et l'adjoint empêché ». Heureusement, il est épaulé par l'instituteur secrétaire de mairie.

L'abbé tente d'obtenir des renseignements sur les événements de la nuit. Mais le maire ne sait rien.

« Retournez-vous à Graye ?

— Que voulez-vous que j'aille y faire ? » s'étonne le maire. Pour lui le secteur est tranquille, aucune raison de s'inquiéter.

7 h 30. L'élu n'a peut-être pas tort. Tout semble calme en effet. Rive gauche, la grand-rue Saint-Jean s'éveille. Des Allemands s'attardent devant les vitrines des magasins.

L'abbé est perplexe. Mais il recueille un indice intéressant auprès des rares passants : il se passe certainement quelque chose sur la côte, le train de Courseulles n'est pas entré en gare ce matin.

Courseulles : c'est justement la direction que prend l'abbé, en compagnie cette fois de M. Jamet, un habitant de la petite station balnéaire, rencontré à la sortie de la ville.

La route est déserte mais pas de tout repos. A plusieurs reprises, des mitraillages aériens obligent les deux cyclistes à se jeter dans les fossés.

Au hameau de La Folie, c'est une femme qui barre la route à l'abbé : « Monsieur le curé, venez vite. J'ai deux enfants, ils ne sont pas baptisés ! »

Elle se sent en faute, se cherche des excuses :

« Nous sommes mal placés, loin de toutes les églises... Je n'ai sans doute pas été assez vigilante. » Puis elle supplie :

« On va tous mourir, c'est le débarquement.

— Qu'est-ce qui vous fait dire ça ? interroge Raphaël Blin.

— Des gens sont passés sur la route tout à l'heure, ils étaient affolés. Ils nous l'ont dit... Je vous en prie, baptisez mes enfants. »

L'abbé est sceptique, mais il s'exécute. Avec les moyens du

bord : les enfants sont libérés du péché originel au-dessus d'une bassine de cuisine. Et avant de partir, Monsieur le curé n'oublie pas de remplir le certificat [1].

L'abbé n'y croit toujours pas. A Ver-sur-Mer, Roger Tirard, instituteur et secrétaire de mairie, contemple le plus fabuleux spectacle de toute sa vie. Pourtant, hier encore, lui non plus n'y croyait pas.

A la veille du débarquement, sa commune a été désertée par la plupart des habitants. Il n'en reste que soixante sur les sept cents résidents habituels. Par contre, huit cents Allemands sont recensés dans le secteur. Parmi eux beaucoup de vétérans : « On a la vieille garde, rigolent les Français. Les fonds de tiroirs... »

Sur une des radios consignées à la mairie, Roger Tirard traque les nouvelles. La BBC ne lui apprend pas grand-chose. Sauf qu'il faut quitter la région. Les Anglais prêchent pour une désertion des côtes. Mais le secrétaire repousse toute idée de fuite. Il a vu trop de cohortes misérables passer sous les fenêtres de la mairie. De pauvres gens chassés par la guerre, qui descendaient du nord, erraient de département en département.

Sa femme est d'accord avec lui : pas question d'aller se faire tuer sur les routes. Si ça doit arriver, ce sera ici.

En attendant, Roger Tirard subit l'occupant avec une grande économie de contacts. Pour la sécurité de sa famille, il sait aussi cacher ses sentiments. Comme ce jour où le curé évoqua avec chaleur les qualités de Philippe Pétain. Son fils interrompit l'abbé : « Papa dit que le Maréchal est un vieux con. »

La peur fit réagit Roger Tirard avec violence : il gifla le malheureux gamin. « Cette gifle, dit-il cinquante ans plus tard, je l'ai encore sur la conscience. »

A partir du 20 mai, Ver subit de nombreux bombardements. Les Tirard ont prévenu des voisins : « Si l'école est touchée, venez nous dégager, on sera dessous. » Autrement dit : quoi qu'il arrive, nous ne bougerons pas. Dans le même temps, un Allemand en veine de confidence confie au secrétaire de mairie :

« Ils vont débarquer et on ne pourra pas les arrêter.

1. Non seulement les enfants ne mourront pas, mais ils feront leur communion solennelle grâce à cette attestation d'urgence délivrée par un prêtre de passage.

— Fort comme vous l'êtes ! » répond ironiquement l'instituteur.

Mais le soldat poursuit son idée :

« Ce sont de vraies forteresses leurs avions. »

Dans la nuit du 5 au 6 juin, le couple Tirard et ses quatre enfants font la navette entre les chambres du premier et le rez-de-chaussée. A la quatrième fois, le père décide : « Il faut quitter l'école. »

Son épouse ne comprend pas. Ils se sont toujours juré...

« On ne doit pas rester là », insiste Roger Tirard.

La famille choisit donc la fuite. Pas très loin cependant, jusqu'à la tranchée que des Allemands ont creusée derrière l'école. Une vraie tranchée militaire : profonde, recouverte de tôle et de terre.

Un obus tombe à soixante centimètres de l'abri. Il s'enfonce dans le sol sans exploser. On découvrira plus tard qu'il s'est vidé par le fond.

Les alliés ajustent, allongent leurs tirs. L'obus suivant passe au-dessus de la tranchée, éclate plus loin.

Après plusieurs heures, les Tirard émergent de leur trou. Devant eux, l'école qu'ils ne devaient pas quitter n'est plus qu'une ruine.

L'abbé Raphaël Blin et son compagnon atteignent Bény-sur-Mer. Comme son nom ne l'indique pas, le village ne donne pas directement sur la mer. Il en est à cinq kilomètres.

Les deux hommes se quittent car le curé fait une halte. La communion, toujours. Ce 6 juin, justement, il devait venir à Bény pour l'examen. Alors, il passe par le presbytère.

Le prêtre de la paroisse, l'abbé Trillest, n'en revient pas :

« Mais, que faites-vous ici ?

— Je viens pour l'examen, explique Raphaël Blin.

— Incroyable !

— Mais enfin, que se passe-t-il ?

— Vous ne savez pas ? C'est le débarquement !

— Vous êtes sûr ?

— Absolument. D'ailleurs, regardez, il n'y a personne ici. Ni enfant ni examinateurs.

— Très bien, conclut Raphaël Blin. Je retourne chez moi.

— Venez voir avant. » L'abbé Trillest l'entraîne sur un petit chemin qui conduit vers la vallée. Il l'engage à monter sur un talus. Et le curé de Graye voit... qu'il ne voit plus la mer [1]. Elle est couverte de bateaux... Il est environ 10 heures.

L'abbé se ressaisit :

« Je rentre.

— C'est dangereux, se borne à remarquer l'abbé Trillest.

— Je ne veux pas que l'on puisse dire que je me suis foutu de mes paroissiens. »

A la sortie de Bény, l'abbé Blin longe les dernières haies qui précèdent une route entièrement découverte jusqu'à la mer. Un Allemand, étrangement seul lui aussi, se dresse devant le cycliste. Il lui demande ses papiers, puis ordonne :

« Pas revenir.

— Oh non, pas revenir. » Ses derniers mots avec l'occupant sont chargés de symbole.

L'abbé approche du but. Au loin, il voit très nettement les obus tomber sur Bernières et Saint-Aubin-sur-Mer.

Bernières annonce déjà la nouvelle au monde entier. Depuis le premier centre de presse du débarquement, improvisé à l'hôtel Belle-Plage. Bernières fait la fête aux libérateurs. Mais panse aussi ses plaies. Car la nuit a été dure.

Lorsque à Saint-Laurent les deux curés commentent de loin le bombardement, Jacques Martin, lui, perçoit très nettement une projection de sable contre le mur : la première bombe vient de tomber tout près de sa maison.

Jacques, vingt ans, habite rue de la Mer avec ses parents et sa sœur. Un architecte a réalisé ici un ensemble de villas nommées Chalets Balli. La première est celle des Martin, à quarante mètres de la mer. En face, l'hôtel Belle-Plage est tenu par les Graves.

A la première alerte, les Martin s'habillent et foncent dans leur tranchée. Creusée par le père, Paul, au fond du jardin, adossée à un muret, on y accède par un escalier, et elle est couverte. Quand le calme revient, tout le monde retourne se coucher.

A la seconde alerte, seul le père prend le temps d'enfiler sa tenue de jardin. Les autres, en pyjama et chemise de nuit, sautent dans l'abri. Des Allemands courent dans la rue. Du sol montent

1. Selon sa propre expression cinquante ans plus tard.

des chants scouts. C'est Jacques qui n'a rien trouvé de mieux pour remonter le moral de sa mère et de sa sœur.

A 6 heures, Jacques et Paul Martin risquent leur première sortie. Leur maison brûle. Ainsi que deux autres chalets. Quelques objets sont glissés dans une valise, jetée sur la carriole que le père ramène rapidement au bord de l'abri.

Depuis leur tranchée, en se hissant au-dessus du muret, les Martin ont vue directe sur la mer. Ou plus exactement, ce matin-là, sur les écrans de fumée qui, en se dissipant, cèdent la place à une multitude de bateaux. Cette fois, aucun doute, c'est le débarquement. Mais est-ce le bon ? Toute la famille a encore à l'esprit le fiasco de Dieppe d'août 1942[1].

Petit à petit, le quartier reprend vie. Pendant quelques instants, les Martin n'entendent plus les obus, ne pensent plus aux flammes qui dévastent de nombreuses maisons de la commune. Ils ne voient plus que les soldats : des alliés. Il y a d'abord les blessés installés à quelques mètres dans une grande maison inhabitée. Puis tous ceux qui remontent la rue de la Mer et passent devant leur barrière. Heureux comme un gamin, Paul se précipite. Il connaît l'anglais et s'applique à souhaiter la bienvenue aux libérateurs. Aucune réaction. Les hommes avancent, sans un regard pour le civil.

Penauds, un peu tristes, les Martin sont de nouveau réunis dans la tranchée. Un grondement assourdissant les fait sursauter. C'est effroyable. Comme une machine qui martèle le sol avec frénésie. Et qui se rapproche. Anxieux, Paul et Jacques Martin s'extirpent de leur trou. Un char leur fait face. Curieusement équipé. A l'avant, deux bras portent un cylindre garni de chaînes. Le cylindre tourne et les chaînes battent le terrain. C'est un char fléau chargé de déminer[2]. Les Martin se trouvent juste sur son passage.

1. 19 août 1942 : les alliés, essentiellement des Canadiens, tentèrent de débarquer à Dieppe. Il s'agissait davantage d'un raid test des défenses côtières ennemies. Mais l'opération se solda par un massacre : les troupes alliées ne dépassèrent pas la plage, trois mille soldats furent tués ou faits prisonniers tandis que, dans la ville, la vie continuait comme si de rien n'était.

2. Dieppe, justement, avait montré que le travail des hommes du génie, face à une ligne de feu importante, était souvent trop long et dangereux. C'est pourquoi les Anglais conçurent des chars spéciaux. Appelés « the Funnies » (les Rigolos) par les hommes, ces chars devaient donc appuyer le génie. Il en existait huit sortes : Les *chars amphibies DD*. Les *chars fléaux* qui faisaient exploser les mines devant eux, ouvrant ainsi une piste aux autres chars et aux fantassins. Les *Bobbins* créaient des chaussées

Au dernier moment, le conducteur distingue les silhouettes des deux hommes qui agitent leurs bras avec frénésie. Il bifurque[1]. Quelques instants plus tard, un officier britannique saute le muret et ordonne : « Go to the beach[2]. »

Paul Martin refuse :

« Pourquoi faire ? Maintenant que vous êtes là, on n'a aucune raison de partir ! »

L'officier se fait soudain menaçant : « Go to the beach ! »

Paul Martin tente de négocier. L'officier l'interrompt : il arme sa mitraillette et braque la famille... Les Martin sont conduits, baïonnette au canon, par un soldat, non pas jusqu'à la plage, mais tout près, à la gare.

Les Français sont parqués près d'un groupe de prisonniers. Soulagé, un soldat du Reich leur lance : « Ça y est, la guerre est finie. »

Un peu plus tard, les Martin sont rejoints par les Graves et quelques autres riverains. Paul Martin exprime le courroux général. Mais les soldats alliés qui passent et repassent à côté d'eux ne paraissent plus s'intéresser à leur sort.

Jacques Martin avise l'écusson d'un des soldats : « Régiment de la Chaudière. » Il interroge :

---

provisoires à travers les dunes et espaces argileux en déroulant des treillages. Les *Fascines* comblaient les fossés antichars en déversant leurs charges de rondins. Les *Passerelles* déposaient des ponts de neuf mètres au-dessus des fossés plus larges. Les *Rampes automotrices* servaient de tabourets géants : dépourvus de tourelle, ces chars se collaient contre une digue ou contre un mur et les autres blindés, passant sur eux, grimpaient les obstacles. Les *Pétards*, en jetant une bombe au moyen d'un mortier, étaient capables d'ouvrir des brèches dans les ouvrages bétonnés. Les *Crocodiles* projetaient des flammes beaucoup plus dévastatrices que les lance-flammes traditionnels.

Après avoir accompli leur travail spécifique, les Rigolos redevenaient des chars ordinaires. Il était évidemment important de connaître la nature du terrain dans chaque secteur afin de déterminer le type d'engin qui devait y débarquer. D'où l'importance des renseignements de la résistance et des espions britanniques.

1. En juin 1989, Jacques Martin assistait à l'inauguration d'une exposition pour le quarante-cinquième anniversaire du débarquement. Un Anglais lui demanda :

« Depuis des années, je recherche un monsieur assez âgé et un jeune homme. Je commandais deux chars fléaux dont un a failli écraser ces deux personnes. Je ne les ai jamais retrouvées.

— Ne cherchez pas plus longtemps, répondit Jacques Martin. Le vieux monsieur, hélas, est décédé. Et aujourd'hui, le jeune homme que j'étais a à peu près son âge. »

2. « Allez à la plage. »

« Vous êtes français ?

— Canadien français. On vient libérer la France », répond le sergent Rosaire Gagnon.

Jacques en profite pour expliquer son cas :

« Nous, on est mal placés : on est prisonniers.

— Les Anglais sont vaches, faut pas rester là... » Et Rosaire Gagnon raccompagne les Martin et les Graves. Paul Martin, visage renfrogné, tire sa carriole que pousse M. Graves. Derrière, le Québécois explique à Jacques, avec humour :

« Y'a les Américains d'un côté, les Anglais de l'autre ; et nous les Canadiens, ils nous ont foutus dans l' mitan[1]. »

Il est à peine 9 heures, mais dans Bernières, la population est déjà en liesse. Sans se soucier des maisons qui brûlent, des explosions, des tirs, les Normands envahissent les rues pour accueillir les libérateurs. Dix-neuf civils seront tués au cours de cette journée, sans parler des blessés. Les Canadiens tentent bien de limiter les effusions. « La guerre n'est pas finie », expliquent-ils. Mais ils cèdent plus facilement que les Anglais. Et tandis que l'on arrose la victoire, Rosaire Gagnon se convertit en fermier pour récupérer, avec de grands éclats de rire, des volailles éparpillées[2].

Le restaurant de l'hôtel Belle-Plage est bondé. On trinque et on travaille aussi. Les correspondants de guerre ont transformé l'établissement en vaste salle de rédaction. Ils écrivent dans la fièvre le reportage de l'Histoire. Décrivent aussi la chaleureuse réception des Français. Ils interrogent les soldats et les civils : l'irruption de la femme et des enfants Martin, en pyjama et chemise de nuit, ne passe pas inaperçue. Une aubaine pour les

1. En fait, les Canadiens ne sont pas exactement dans « l' mitan », puisque Juno — qui comprend les communes de Graye, Courseulles, Bernières et Saint-Aubin — est entourée de Sword et de Gold, toutes deux britanniques. Mais il est vrai que l'essentiel des Britanniques étaient à l'est des Canadiens et les Américains un peu plus à l'ouest. On peut cependant remarquer que Juno n'est pas la seule plage des Canadiens. Dans divers endroits, les Normands affirment en avoir rencontré. Et notamment des Canadiens français. Comme si l'état-major avait pris soin d'en disperser un peu dans les autres divisions. Pour faciliter la communication avec les habitants ?

2. Une centaine de soldats furent inhumés dans le cimetière provisoire à côté de la plage de Bernières. Le 14 juillet, les Français y organisèrent une cérémonie. Pour l'occasion, les Canadiens français encore dans le secteur eurent droit à une permission. Les Martin cherchèrent à obtenir des renseignements : « Savaient-ils ce qu'était devenu le sergent Rosaire Gagnon ? » Le Québécois était mort. Tué aux abords de Carpiquet, après une lutte à l'arme blanche avec des fanatiques de la « Hitler Jugend ».

journalistes. Paul Martin est interviewé par Marcel Wouimet, un reporter canadien.

La famille a tout perdu. Mme Rouault, la propriétaire du café de la commune, met sa garde-robe à la disposition de Mme Martin. La sœur de Jacques s'arrange avec Mlle Graves. Mais pour lui, c'est plus long. Il erre dans Bernières à la recherche d'une tenue. Il rencontre des Français qui lui proposent, moyennant finances, les bottes dérobées sur un cadavre allemand ! Jacques n'a pas d'argent. Il reste en chaussons.

Finalement le jeune homme endosse un uniforme britannique. Sans le calot. Ce qui lui vaudra par la suite plusieurs interpellations pour tenue non réglementaire.

Sur la plage, Jacques remarque un capitaine de l'Intelligence Service en grande conversation avec des prisonniers allemands. Il s'approche :

« Que leur racontez-vous ?

L'officier répond avec plaisir :

« Hitler leur avait promis qu'ils iraient un jour en Angleterre. Je leur annonce que c'est maintenant chose faite[1]. »

Un bolide déséquilibre l'abbé Blin. Absorbé par la pluie d'obus sur Bernières, il ne l'a pas vu débouler. Abasourdi par le vacarme de l'artillerie, il ne l'a pas entendu. Le motocycliste l'a-t-il croisé ? ou bien doublé ? Était-il encore allemand ? ou déjà anglais ? La moto est loin et l'abbé à terre. Il n'est pas blessé, mais son vélo est fichu. Le voyage se termine à pied.

Courseulles enfin. Gardée par un tank et dévastée par la bataille : toitures soufflées, pierres arrachées, vitres brisées. Le clocher de l'église est tombé. Mais le curé de la paroisse tient bon : son casque de poilu sur la tête, il dirige le transport des civières.

Raphaël Blin est bien décidé à parcourir l'ultime kilomètre qui le sépare de chez lui. Mais à la sortie de la ville, il croise une

1. Les habitants de Bernières passèrent la nuit du 6 au 7 juin de nouveau dans leurs tranchées : un dépôt de munitions près du lavoir venait d'exploser. Ensuite, chaque nuit, une pièce allemande prit la commune pour cible, lançant ses obus toutes les demi-heures. Dès le jeudi, la plupart des habitants partirent se réfugier dans la vallée, à Reviers. Dormant dans des maisons hospitalières ou des carrières. Dans la journée, en revanche, ils pouvaient revenir chez eux : il ne se passait rien. Et cela dura jusqu'au 20 août, date à laquelle la pièce allemande fut enfin anéantie par les alliés.

famille de connaissance : « Il ne faut pas rentrer, Monsieur le curé : ils se battent entre Courseulles et Graye. Les Allemands sont retranchés dans le bois. Venez déjeuner à la maison, on va réfléchir. »

Et l'abbé se met à table.

Pendant ce temps, Claude Lamothe, vingt et un ans, se balade dans la station. Au grand jour. Il peut clamer son nom, son âge sans craindre désormais le STO. Depuis des mois et des mois, il jouait avec le feu. Il se planquait. Et sa famille touchait le petit pécule, gain de son travail en Allemagne. Le percepteur, pas dupe, disait : « Moi, après tout, je veux bien payer, je m'en fous. »

Certains gendarmes eux aussi se faisaient complices. Il n'empêche que Claude était inquiet. Un jour, il demanda à sa mère d'écrire à la Kommandantur : elle se plaignait de ne pas avoir de nouvelles de son cher petit depuis son départ. Il lui fut répondu très officiellement que son fils, blessé, était soigné dans un hôpital en Allemagne. Muni de ce précieux document, Claude resta donc à Courseulles avec sa mère et sa grand-mère. Un personnage. Presque aussi tête brûlée que son petit-fils. Infirmière pendant la Première Guerre, elle ne se trouble pas facilement. Et Claude dit souvent qu'elle ne craint ni Dieu ni diable. En avril 44, les Lamothe déménagent : leur maison est trop proche d'un dépôt de l'organisation Todt régulièrement bombardé. Ils s'installent rue de l'Église, chez un ami : Louis Mériel.

Tout le monde, ici aussi, imagine le débarquement bien plus au nord. Sauf mémé Lamothe qui est catégorique :

« Les Anglais vont débarquer au cap Menvieux.

— Mais pourquoi là-bas ?

— Je sais pas, mais ils débarquent toujours au cap Menvieux. Déjà, du temps des Chouans, ils sont arrivés par là. »

Grand-mère Lamothe ne se trompe pas de beaucoup : le cap Menvieux est juste au-dessus d'Arromanches.

5 heures le 6 juin. Claude Lamothe sort dans le jardin, se hisse au-dessus du mur, regarde en direction de Ver-sur-Mer : il a entendu les avions attaquer le « petit Ver », nom donné à un blockhaus. Puis, ce sont les tirs de barrage de l'artillerie. Des salves d'une vingtaine de minutes, de plus en plus proches.

Au même moment, un avion rase les toits et se désintègre. Un canadien. Des morceaux de la carlingue restent accrochés à un poteau électrique, juste à côté de la maison. Mémé Lamothe s'approche de son petit-fils : « Claude, tu veux pas un peu de rhum ? J'ai l'impression qu'on va en avoir besoin. »

Quelques jours auparavant, la grand-mère avait réussi à se procurer une bouteille de rhum, en prévision de la Saint-Claude qui tombe justement le 6 juin.

Deux Allemands courent dans la rue. Le jeune homme en reconnaît un : Pierre, c'est un interprète et il est « vache ».

Claude Lamothe entend maintenant des tirs de mitrailleuse, des coups de fusil. A cause des fumigènes, il ne voit pas la mer.

« Sans doute un coup de main… »

Mais un brave homme du pays, ancien marin, lui annonce la grande nouvelle : « L'escouade est en face. »

Un obus tombe sur la maison voisine dont le toit est emporté. Mémé Lamothe est dans la salle à manger, près de la fenêtre. La porte de la pièce est soufflée par l'explosion, un morceau du plafond s'écroule. La vieille dame plonge sous la table, et on l'entend murmurer : « Sainte Vierge Marie, protégez-nous quand même. »

7 h 45. Dans le bas de la rue, des soldats avancent en ligne. Claude est déçu : ce sont certainement des Allemands, « ils ont de drôles de têtes ». Le jeune homme fait quelques pas et constate que les Canadiens prennent sa ville.

Au cours de la matinée, trois chars apparaissent en même temps. L'un d'eux débouche de la rue de Bernières et se dirige vers la place de la mairie. Les habitants voient alors très distinctement l'étoile blanche des alliés dessinée sur la tôle. Le char dirige son canon sur la propriété Baudard, siège de la Kommandantur[1]. Après un semblant de résistance, les prisonniers sortent par petits groupes. Cinquante ou soixante Allemands pour qui la guerre est finie. D'autres les rejoignent, escortés par les Canadiens.

1. Le conducteur de ce char s'appelait Léo Gariepy. Il entretint régulièrement des contacts avec les habitants de Courseulles et en 1967, il s'installa définitivement dans la commune, devenant employé des services techniques. Il décéda en 1972 d'une crise cardiaque. La place où est exposé le char du major Duncan, englouti le jour du débarquement, porte son nom.

Bientôt, la place de la mairie se couvre de casques, fusils, munitions. Dépouilles des vaincus.

L'abbé a réussi. Il a traversé la ligne de feu sans une égratignure. En début d'après-midi, il passe le panneau de Graye, son vélo à la main.

Heureux de se retrouver chez lui, il accélère l'allure. Mais dans la commune, il ne voit personne. Le désert.

Il marche jusqu'au presbytère. Fidèle au poste, son père l'attend :

« Tout le monde est à la mer. Les Anglais ont vidé maisons et tranchées, car il y avait des francs-tireurs dans les cheminées et dans le clocher de l'église. C'est affreux, tous ces dégâts.

— Notre maison est encore debout, constate le fiston.

— Si tu voyais l'état de l'église. »

Le père a consommé les hosties, mais n'a pu dévier les obus. Onze sont tombés sur l'édifice. Le clocher a été pris en point de mire. Comme à Courseulles, comme ailleurs.

Et pourtant, il était beau. L'abbé l'avait fait refaire pendant l'occupation. S'attirant d'ailleurs les quolibets des Allemands : « Pas la peine de faire construire un clocher, vos amis anglais le démoliront ! »

Quinze jours avant le débarquement, la paroisse avait été consacrée à la Vierge. Et les fidèles avaient fait une promesse : en échange de la protection de leur sainte patronne, ils installeraient un carillon dans le clocher tout neuf.

Le miracle s'est produit. Graye est l'unique paroisse des alentours à ne déplorer aucun mort et pratiquement pas de blessés le jour J. Bien sûr, les matérialistes pencheront pour une autre explication : depuis des mois, le maire avait fait campagne pour des tranchées solides et multiples. Elles furent d'un grand secours au moment voulu. Celle de Raphaël Blin avait été tapissée de poutres en chêne : le bois des cloches qu'il cacha ainsi aux Allemands, à la recherche de matériaux pour les « Asperges à Rommel ».

Le prêtre est cependant le seul habitant de Graye à ne pas utiliser son abri le 6 juin. A son arrivée, tout est fini ou presque. Il rejoint les autres sur la plage.

En fin de journée, le curé ouvre la salle paroissiale pour les

Guillaume Mercader, chef du réseau OCM pour le Bessin, « couvrit » la zone de débarquement entre Courseulles et Isigny...
Coureur cycliste professionnel, il « s'entraînait » sur les routes du littoral et récupérait ainsi documents et renseignements des agents. Cinquante ans plus tard, le vélo est toujours bon pour le service, et à 80 ans passés, Guillaume Mercader continue de s'entraîner. Mais cette fois sans arrière-pensées...
(Photos Antoine Lorgnier)

14 juin 1944. « L'état-major » de la France libre entre à Bayeux pour préparer la venue du général de Gaulle. Guidés par Guillaume Mercader (à droite), Gaston Palewski, le général Koenig, le colonel de Boislambert, et l'amiral Thierry d'Argenlieu, avancent dans la rue du général-de Daix.

Charles de Gaulle à Bayeux, capitale de la France libérée. Guillaume Mercader lui présente les membres de son réseau. *(Coll. Gillaume Mercader)*

Dimanche
4 juin 1944. La petite Janyne Gazengel (au centre) assiste avec ses parents à une communion. Les bombardements sont si violents que la famille doit rester dormir sur place, et ne rentre chez elle, à quelques dizaines de mètres de la future Utah Beach, que dans la journée du lundi 5. *(Coll. Janyne Gazengel-Lot)*

Quelque temps après le débarquement, les Alliés organisent un ramassage de jerricanes sur la plage d'Utah. L'école de La Madeleine participe à l'opération et Janyne totalise à elle seule le plus grand nombre de jerricanes. A douze ans, elle est très fière de recevoir le « certificat de mérite » décerné par les Américains. Un diplôme qu'elle conserve encore aujourd'hui. *(Ph. Antoine Lorgnier)*

La famille Gazengel : Janyne et sa maman. Et dans son épicerie du hameau de La Madeleine, son père Guy, qui devait être « enlevé » par les Américains le jour du débarquement. *(Coll. Janyne Gazengel-Lot)*

1994. L'abbé Raphaël Blin, ici devant l'église de Lion-sur-Mer, fait toujours du vélo et il est toujours curé sur la côte normande... comme ce 6 juin 1944 où il remonta le front pour rejoindre coûte que coûte sa paroisse de Graye-sur-Mer. *(Ph. Antoine Lorgnier)*

Odette Mousset, la jolie hôtelière de Ouistreham (en médaillon) a survécu au massacre de la sapinière. Mais transportée en Angleterre, elle dut être amputée. On la voit ici sur son lit d'hôpital quelques heures avant l'intervention chirurgicale. Bien des années plus tard, derrière le comptoir de son établissement reconstruit, la « Moussette » sourit en voyant René Goujon, rescapé du commando n° 4 du commandant Kieffer, fraterniser avec un ancien soldat de la Wehrmacht. *(Coll. Raoul Mousset)*

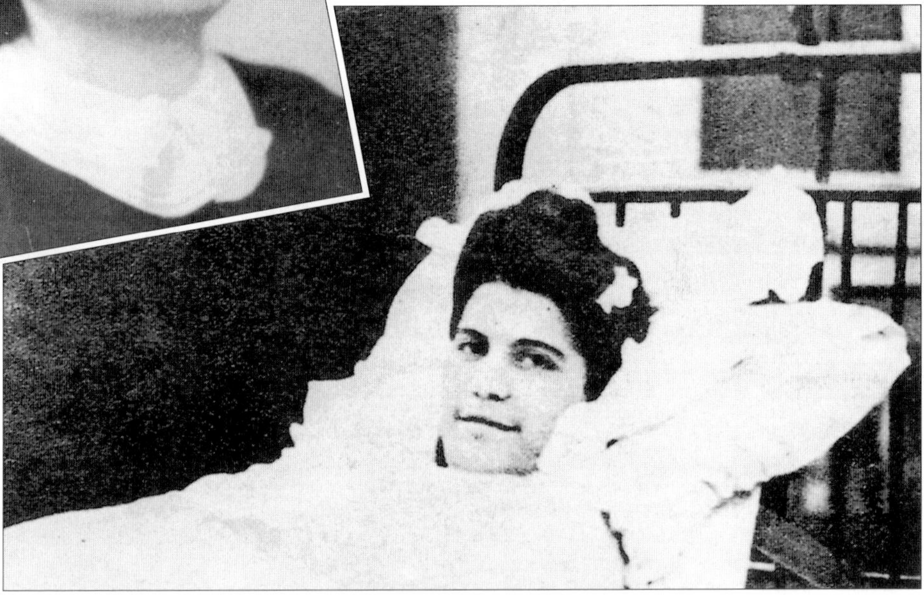

Malgré une blessure à la main, le docteur Poullain, photographié pour le magazine *Noir et Blanc* en 1964, joua un rôle prédominant dans le sauvetage des victimes civiles de Ouistreham. *(Coll. Raoul Mousset)*

Le bonheur n'attend pas. Béret sur la tête, mais en pyjama, un habitant de Ouistreham salue ses libérateurs. *(Coll. Raoul Mousset)*

Bernières, 6 juin 1944. « Gardés à vue » quelques instants, les Français sont raccompagnés chez eux par un soldat canadien, le sergent Rosaire Gagnon. Vexé, Paul Martin tire la carriole, aidés par M. Graves, propriétaire de l'hôtel Belle-Plage. *(Colll. Jacques Martin)*

Les civils de Bernières-sur-Mer fraternisent avec les Canadiens. Le sergent Rosaire Gagnon, (qui a le pied sur le muret), devait être tué queques jours plus tard.
(Coll. Jacques Martin)

Premier dimanche après le jour J. Soldats et marins américains se sont recueillis dans cette petite chapelle située derrière le rivage. *(Ph. US Army. Coll. Floréal)*

Près de Sainte-Marie-du-Mont, dans le petit village de Hiesville des paras américains partagent leurs rations avec la population.
(Ph. US Army. Coll. Floréal)

Nos remerciements chaleureux à M. Pelletier, propriétaire de la librairie Floréal à Evreux, pour ses documents d'époque.

blessés canadiens, anglais et allemands. A 18 heures, les médecins britanniques opèrent déjà, éclairés par un groupe électrogène. A minuit, l'hôpital est fonctionnel et accueille également les blessés français de Courseulles. Contiguë à la salle paroissiale, les Anglais ont annexé une vieille grange qui se transforme en bloc opératoire. Un aumônier britannique cherche l'abbé Raphaël Blin : « Nous avons des soldats que je ne comprends pas. »

Le curé reçoit la confession de Canadiens français à qui il doit donner l'extrême-onction.

Mercredi, un autre aumônier anglais lui confie : « Demain, je voudrais dire ma messe. »

L'église de Graye est dans un triste état et il n'y a plus de vin.

L'abbé garde encore les réflexes de l'occupation :

« Pour le vin, dit-il, j'ai un bon des Allemands. Mais il faut aller le chercher à Caen et on ne peut plus passer.

— Il y en a dans le bateau, répond l'Anglais. J'y vais. »

Il revient avec une superbe bouteille du Portugal. Le lendemain, 8 juin, c'est la fête du Saint-Sacrement. L'Anglais partage équitablement le vin en deux. Ce liquide très rouge, corsé, épais, ressemble au vin de Palestine. Dans un calice doré, il a vraiment l'aspect du sang. Et tandis que se joue le sort de l'Europe, deux prêtres alliés s'émerveillent devant la vérité du rite.

CHAPITRE V

Les séquestrés d'Omaha

*Vers midi, à bord de l'*Augusta *qui croise au large, le général Omar Bradley, commandant la 1re armée américaine, est sur le point de renoncer : à Omaha Beach — secteur Vierville-Saint-Laurent-Colleville — le débarquement tourne au carnage. Les hommes des 1re et 29e divisions sont cloués sur la plage. La puissance de l'ennemi est effroyable : on compte déjà des centaines de morts. Bradley envisage une évacuation des troupes sur le rivage et un détournement des vagues d'assaut suivantes vers Utah ou les plages britanniques, lorsque les premières informations positives lui parviennent enfin : pas à pas, mètre après mètre, ses hommes avancent...*

Cela fait une semaine maintenant que Michel Hardelay est attelé à la tâche la plus détestable qui soit : il démolit sa propre maison. En soi, ce n'est pas bien original, toutes les maisons du bord de mer sont démolies. Hautes et massives, elles perturbent les artilleurs de la Wehrmacht qui pointent leurs pièces vers le large dans l'attente de l'invasion. Alors, on rase. Et quand elle ne sont pas ratatinées, elles sont occupées, transformées en casemates et mini-casernes à soldats. Si bien qu'aujourd'hui, il n'en reste plus que sept debout sur quatre-vingt-dix à l'origine.

Seuls Français présents sur les six kilomètres de rivage, les requis du STO viennent déblayer les ruines à la main, pour 57 centimes la journée. Les Allemands cassent, mais récupèrent : les poutres par exemple, qui servent à étayer les souterrains reliant leurs blockhaus. L'occupant a besoin de matériel : de Colleville à

Vierville, le littoral est sur le pied de guerre. Depuis que Rommel a piqué sa colère contre l'insuffisance des défenses côtières, les bâtisseurs de l'organisation Todt ont été priés de mettre les bouchées doubles. Ça ne suffit pas, mais telle qu'elle se présente, la plage n'est déjà pas très accueillante : que ce soit au sommet des falaises ou à mi-hauteur de pentes plus douces, le terrain est hérissé de points d'appui bétonnés et fortifiés, sillonné de tranchées et de tunnels, truffé de mines et d'obstacles en tout genre. Plus bas, sur le sable lui-même, le feld-maréchal, féru de pièges tordus depuis El Alamein, s'est surpassé : tétraèdres métalliques plus communément appelés « hérissons tchèques », champs de mines enchevêtrées dites « casse-noisettes », chevalets garnis de dents de scie, poutrelles verticales surmontées encore une fois de mines diaboliques, les « Teller » étanches. A marée haute, tout est caché. Mais une fois la mer retirée, c'est du plus bel effet...

En cette matinée du 5 juin, donc, Michel Hardelay, perdu au milieu de ses compagnons démolisseurs contraints, regarde tristement sa maison : encore un effort et il ne restera plus que la charpente. Plantée sur la pente herbeuse qui grimpe mollement jusqu'au plateau de Saint-Laurent-sur-Mer, la *Belle Époque* — c'est le nom de la villa — n'a plus que les os sans la peau.

A l'autre extrémité de la plage, côté Est, la famille Piprel aussi a perdu sa maison. Mais elle est debout. C'est l'une des sept. Les Allemands y tiennent trop. Adossé contre la falaise de Vierville, l'hôtel du Casino offre un somptueux panorama aux touristes. Vue imprenable sur la gigantesque virgule de sable roux. L'occupant a d'autres soucis, mais ne s'est pas privé de réquisitionner l'établissement. Pour boire et se détendre. En février, les Piprel, jusque-là tolérés, furent chassés et durent déménager dans le village. Depuis, le Feldwebel Georges Bermes, prof de gym à Cologne dans le civil, est le patron de l'hôtel du Casino, ou plutôt du « Théodore fatigué », comme l'a baptisé la population.

Quelques centaines de mètres plus haut, enfoui dans le bocage, cerné de futaies et masqué par les haies, le château de Gruchy n'est même pas visible depuis la départementale 514 qui frôle le mur d'enceinte. La mer est toute proche. En fait, elle est tout autour. Le château, dit-on ici, repose sur « un groin de terre ». D'un côté, la falaise à huit cents mètres. De l'autre, la plage à deux kilomètres.

La maison est grande, immense. Mais Mme de Loÿs et son fils Guy ne disposent plus que de la salle à manger au rez-de-chaussée et de deux chambres à l'étage. Tout le reste est occupé par les soldats allemands, une centaine d'hommes, dont la présence perturbe singulièrement la vie au château. Ce n'est pas drôle tous les jours, mais Mme de Loÿs s'en tient à une ligne de conduite rigoureuse, transmise à son fils : pas d'attitude ouvertement hostile, pas question de jouer « à la guéguerre », mais aucune familiarité non plus. Rester froid et réservé, savoir garder ses distances, ne jamais accepter la moindre invitation. Bref, se contenter du strict minimum dans ses relations obligées avec l'occupant.

Mme de Loÿs est une femme de volonté, d'ordre et de sang-froid. Elle n'a pas, lors de la débâcle de 40, quitté Paris sur un coup de tête, ne s'est pas jetée sur les routes, poussée par une peur irraisonnée, comme des millions d'autres Français, à l'approche de la soldatesque germanique. Elle a pris son temps pour réfléchir, pour peser le pour et le contre. Et seule. M. de Loÿs, son mari, était quelque part dans le Midi de la France. D'origine suisse, ayant combattu dans les rangs de la Légion étrangère, il avait préféré se mettre à l'abri. Aussi, quand Mme de Loÿs décida de s'exiler en province, elle choisit de rejoindre une tante, vieille demoiselle à la santé extrêmement fragile, qui habitait seule une grande demeure familiale sur la côte normande. Sa seule hésitation avait concerné Guy, âgé de seize ans. Avec cet éloignement, son année scolaire tombait en miettes. Mais là encore, elle avait fait la part des choses ; compte tenu de l'évolution de la guerre, des privations de plus en plus difficiles à supporter dans la capitale, mieux valait se réfugier à la campagne.

Depuis quelques jours pourtant, Mme de Loÿs s'interroge. Sur le littoral, il pleut des bombes comme jamais. C'est un déluge. Au point qu'un ami, le docteur Pinard, est venu lui demander si elle voulait bien accueillir sa vieille mère de plus de quatre-vingts ans ainsi que sa dame de compagnie. Ils habitent à Cricqueville-en-Bessin, près de la pointe du Hoc, objectif matraqué depuis plusieurs jours par l'aviation alliée : « Je ne peux plus assurer la sécurité de ma mère, a dit le toubib. Ici, ce n'est peut-être pas le rêve, mais chez nous, c'est intenable. »

Mme de Loÿs a fait rajouter deux lits dans une petite pièce du premier étage. A la guerre comme à la guerre...

Mais au château de Gruchy aussi, la nuit du 5 au 6 juin s'annonce chahutée : « Ça devient brutal », commente Mme de Loÿs.

La ferme de la famille André se situe de l'autre côté du plateau, à la frontière des communes de Colleville et de Saint-Laurent, au débouché du Ruquet[1], un vilain chemin couplé au ruisseau, qui s'enfonce à l'intérieur des terres. A part l'obligation d'héberger un fantassin allemand, les André n'ont rien à craindre...

Aujourd'hui 5 juin, comme souvent, le fils de la maison, Albert, travaille sur la plage. Réquisitionné malgré ses quinze ans. Avec une trentaine de copains, il doit amener une pièce d'artillerie, un gros modèle, vers l'un des bunkers qui domine la mer. Mais la pente est raide, et les jeunes gens, peu zélés, poussent et tirent sans vraiment pousser, sans vraiment tirer. Si bien que l'affaire n'avance guère.

Vers 16 h 30, les deux avions qui surgissent de derrière la colline et leur rasent la tête dans un vrombissement infernal stoppent le semblant d'effort consenti. Tout le reste de l'après-midi est occupé par le mystère de cette double apparition. D'ordinaire, les avions anglais surgissent de la mer, et surtout, ils n'ont pas sur leur fuselage cette grande étoile blanche. La discussion s'éternise, et les gueulantes des Allemands n'y changent rien. Si bien qu'au soir, lorsque Albert rentre à la maison, le canon est resté à mi-pente.

Hardelay, l'avocat de trente et un ans, les Piprel, propriétaires déchus de l'hôtel du Casino, les André, cultivateurs du Ruquet et Mme de Loÿs, la châtelaine de Gruchy n'ont pas grand-chose en commun, si ce n'est de subir l'occupation allemande, si ce n'est également de séjourner sur le même rivage, à quelques kilomètres

1. Le Ruquet correspondait à la sortie de la plage E1, sur le secteur Easy-Red du débarquement à Omaha Beach. Il s'agissait de l'une des cinq petites routes qui, partant de la plage, serpentaient dans le fond des vallées jusqu'à la route côtière D514. Seule la D1 (sortie de Vierville) était carrossable. Toutes les autres étaient de simples chemins de terre.

les uns des autres. Comme leurs voisins, comme des centaines d'autres habitants, ils se croient à Colleville-sur-Mer, Saint-Laurent ou Vierville. A l'aube du 6 juin 1944, ils logent tous aux portes de l'enfer : l'enfer d'Omaha Beach...

« Ça devient brutal. » Et bruyant. Entre 4 et 5 heures du matin, les soldats s'agitent comme des forcenés, hurlent des ordres, dévalent les escaliers, courent dans toutes les pièces. Mme de Loÿs et son fils sortent sur la terrasse où ils sont bientôt rejoints par le capitaine Grünschloss, commandant la compagnie stationnée au château.

Contrairement à d'autres, à ce Meyer notamment, un officier fanatique, un hitlérien, installé chez des amis proches, au château des Isles[1], Grünschloss est un homme de bien. Professeur de droit dans le civil, ce Bavarois s'exprime en français et se montre d'une grande correction. Le 25 mai dernier, alors que la vieille tante venait de décéder, ses bonnes manières ont impressionné Mme de Loÿs elle-même :

« Qu'est-ce que je peux faire pour vous ? lui a-t-il demandé.

— Je vous serais reconnaissante de faire évacuer l'escalier et le vestibule de toute présence allemande car je n'ai pas d'autre issue pour faire sortir le corps. Je voudrais qu'elle quitte sa maison hors la présence de l'occupant. J'aimerais aussi qu'au moment d'emmener le cercueil, vos hommes soient ailleurs, que ce ne soit pas un spectacle pour eux.

— Il en sera ainsi », promit Grünschloss, et il tint parole. Mais auparavant, le capitaine souhaita saluer la dépouille mortelle. Rendez-vous fut pris. A l'heure dite, le capitaine entra dans la chambre de la morte en grande tenue d'apparat, et avant de se recueillir, prit soin d'ôter son sabre.

Un homme bien élevé. Même si aujourd'hui, le temps presse...

« Je suis désolé, mais pour des raisons de sécurité, je suis forcé de faire évacuer la maison.

— Mais où comptez-vous nous envoyer ? demande Mme de Loÿs.

— Dans le souterrain. »

1. Le matin du débarquement, ce Meyer incendia volontairement le château des Isles qui a été ainsi entièrement détruit.

L'un des souterrains. Féru d'architecture à la Viollet-le-Duc, l'ancêtre familial s'était lancé jadis dans quelques fantaisies architecturales qui donnent au château du XVIIe siècle un charme légèrement tarabiscoté. Dans le même esprit, il avait fait creuser autour de la propriété de vastes souterrains, lesquels n'avaient jamais été achevés. Pour se constituer un abri, les Allemands avaient choisi le plus proche, qui s'enfonçait dans le parc et débouchait dans les bois, de l'autre côté de la route côtière. Ils avaient aménagé le sol en une sorte de parquet rudimentaire, avaient étayé le plafond et badigeonné les parois de goudron.

Ça presse effectivement. Les bombes tombent tout autour du château, explosent dans le parc. Mme de Loÿs et son fils se ruent vers le souterrain, mais se rendent compte qu'ils ont tout simplement oublié la vieille dame et sa gouvernante au premier étage.

Guy fait demi-tour, récupère d'abord la gouvernante. « Elle tremblait tellement, se souvient-il, qu'elle en ébranlait la rampe d'escalier... » Il la guide jusqu'au souterrain. Puis il revient sur ses pas, chercher la mère du docteur Pinard. Là, les choses se compliquent : la vieille dame refuse obstinément de quitter la chambre. Elle est sourde, sourde au point qu'elle n'entend rien des bombardements. L'électricité est coupée, il fait encore sombre dans la pièce. Afin que Mme Pinard puisse lire sur ses lèvres, le jeune garçon s'éclaire le visage à l'aide d'une lampe de poche, et tente, avec un minimum de courtoisie, d'expliquer la gravité de la situation. Les pourparlers traînent, mais les bombes continuent de tomber. A bout d'arguments, Guy de Loÿs prend la vieille dame « mince comme un fétu » dans ses bras et descend l'escalier. Elle proteste, se plaint des manières effrontées de ce jeune homme fort peu aimable. Mais alors qu'ils parviennent au niveau de la porte de la cuisine, une déflagration formidable les projette tous deux au sol. Cette fois, la grand-mère a compris, elle hurle, elle tempête : « Plus vite, plus vite ! Mon fils m'a placée chez vous pour me sauver, pas pour me faire mourir ! »

Sonné par le souffle de l'explosion, Guy agit comme un somnambule. Il reprend Mme Pinard dans ses bras, court jusqu'au souterrain.

Celui-ci est comble. Outre les soldats allemands qui ont reçu l'ordre de rester sur place, une quarantaine de civils se sont entassés dans l'étroit boyau. Des voisins, des cultivateurs. Il y a là une femme en pleurs dont le mari vient de périr sous les bombes, un nourrisson de deux semaines à peine. Mme de Loÿs et Guy s'installent à l'entrée, près du commandement allemand et du poste de secours.

A Vierville, Pierre Piprel, dix-huit ans, et son frère aîné Fernand bouillent d'impatience. Depuis qu'elle a perdu son mari, leur mère les couve comme des gosses de maternelle. En temps ordinaire, elle a continuellement peur pour eux. Alors là, quand ils parlent de sortir pour se renseigner, pour savoir ce qui se passe, elle panique : Hier soir, un avion a longé la côte et a lâché un chapelet de bombes sur la crête. Au village, on raconte qu'une menuiserie de Sainte-Honorine-des-Pertes a pris feu et qu'il y aurait deux morts. Qui sait ce qui peut arriver maintenant ?

Vers 5 heures du matin, les deux garçons n'y tiennent plus. Ils décident de se rendre chez M. Mary, lui il saura. Mary, c'est quelqu'un à Vierville : ingénieur d'aéronautique, il est allé avant-guerre au Japon pour participer à la mise au point des fameux « Zéro » nippons. Les avions, c'est son affaire.

L'expert habite à l'extrême limite de la zone interdite, au bord des terrains minés. Y aller est toute une aventure et plusieurs imprudents se sont déjà fait allumer par des sentinelles à la gâchette nerveuse. Mais les Piprel ont leur itinéraire secret : ils coupent à travers les jardins et parviennent chez M. Mary sans encombre :

« Ce n'est rien, affirme le connaisseur, c'est comme d'habitude. Les mêmes avions, les mêmes bombardements. C'est normal. »

Déçus, mais respectueux, Pierre et Fernand retournent chez eux. En chemin toutefois, quelque chose les intrigue là-bas, sur la mer. Ce n'est pas facile à distinguer. Entre les maisons, les arbres et les haies, ils ne voient l'horizon que par morceaux. Mais là-haut, depuis leur chambre du dernier étage, la vue est dégagée. Perplexes, les deux frères observent la multitude de points noirs qui couvrent la mer au loin.

« Ma parole, dit Pierre, on dirait des bateaux... »

Les deux garçons retournent chez Mary. Malgré l'interdiction des Allemands, il possède une paire de jumelles. L'inconvénient, c'est que de chez lui, on ne voit pas la mer.

« Venez vite, Monsieur Mary ! Prenez vos jumelles, on croit voir des bateaux ! »

Toujours aussi sceptique, l'ingénieur se fait prier. Puis, devant l'insistance des deux jeunes gens, il cède et les suit. Il monte dans la chambre mansardée, grimpe sur une chaise, colle la paire de jumelles contre ses yeux :

« Oui ! Oui ! s'exclame Mary, c'est plein de bateaux ! Il y en a partout ! »

Les fils Piprel sont sidérés. En quelques minutes, la formidable armada s'est considérablement rapprochée de la côte, mais ce qui les frappe tout autant, c'est le silence. Tous ces navires qui avancent de front, qui déchirent la brume, paraissent irréels. On dirait des fantômes.

Le très sérieux M. Mary rit comme un gamin. Il est 6 heures : la foudre s'abat sur la côte...

Albert André a dormi d'une traite. Comme on peut dormir à quinze ans. D'un sommeil de plomb. Bien sûr, il y a du bruit, le bruit de la guerre, mais le jeune homme est habitué. Il trouve toutefois que ça cogne vraiment dur ce matin. Par moments, la maison se met même à trembler. Comme si les bombes tombaient tout près.

Albert se lève et s'habille vite fait. Depuis qu'un soldat occupe sa chambre, le jeune garçon passe ses nuits dans un petit réduit sans fenêtre, coincé derrière la cuisine. Ce n'est pas du dernier confort, mais il n'en veut pas à l'Allemand, un brave type qui le laisse jouer avec son Mauser. D'ailleurs, il n'est pas allemand, mais polonais ! Avec les quelques mots de français qu'il connaît, il a raconté qu'il avait été lieutenant dans l'armée de son pays avant d'être sergent dans la Wehrmacht. C'était ça ou rester prisonnier.

A l'entendre, il n'est pas le seul dans ce cas. Selon lui, l'armée compte ici autant d'étrangers que d'Allemands, si ce n'est plus. Apparemment pas tous aussi sympas que le locataire de la ferme. Il y a une quinzaine de jours, une compagnie « russe » est venue camper au prieuré. Cent vingt Mongols qui s'étaient enrôlés chez l'ennemi pour ne pas crever dans des camps. Si dangereux et si imprévisibles que les Allemands eux-mêmes les évitaient. « Des saletés », disait même le père d'Albert.

Du haut de ses quinze ans, l'adolescent finissait par se

demander comment les Allemands avaient pu gagner la guerre. Il les trouvait vieux, bien trop vieux pour faire des soldats, ou alors ils étaient à peine plus âgés que lui. Il les entendait dire aussi sans arrêt qu'ils en avaient marre de la guerre, qu'ils voulaient rentrer. Ainsi, l'autre jour, M. Renard, un fermier de Colleville, racontait à ses parents qu'un militaire venait chaque jour chez lui « piquer à la machine », une superbe Singer qu'il avait achetée avant-guerre. L'Allemand savait y faire, il était tailleur dans le civil, et comme le Français s'étonnait de le voir exclusivement confectionner des vêtements civils, le soldat n'avait même pas cherché à mentir : « Si les Tommies kommen ! »

Depuis, comme il savait que M. Renard écoutait quotidiennement la BBC sur son poste à galène, il était le premier à lui demander des nouvelles de Londres.

Albert trouvait que les occupants n'étaient guère plus heureux que les occupés. Ces derniers temps surtout. Ils portaient des uniformes rapiécés, des godasses trouées, n'avaient pratiquement rien à bouffer dans leurs gamelles. Ici, à la campagne, tout le monde mangeait à peu près à sa faim, contrairement aux gens de la ville qui venaient tout le temps « piailler » pour des pommes de terre, de la viande ou du beurre. Régulièrement, quand il allait avec son père porter le blé ou le sarrasin au moulin de Vierville, Albert croisait tôt le matin une file de trente à quarante personnes qui attendaient pendant des heures pour un malheureux kilo de farine.

Sur la côte, les soldats étaient à peine mieux nourris. Albert et son père le savaient bien puisqu'avec la carriole à chevaux, ils devaient régulièrement porter le repas aux soldats du blockhaus du Ruquet. Comme disait le paternel : « J'en voudrais pas de leur bouffe ! » Une soupe claire comme de la flotte, deux ou trois patates à la pelure, une feuille de choux, et parfois, une tête de poisson.

D'ailleurs, les Allemands s'étaient mis à voler dans les fermes. Dès qu'une poule chantait après la ponte, il fallait foncer pour ramasser l'œuf.

Pas encore très bien réveillé, Albert sort de son réduit. Il est à peine plus de 6 heures, mais le jeune garçon n'a pas le choix : la Kommandantur ne tolère aucun retard. Aujourd'hui, il est réquisitionné pour abattre des arbres dans la forêt de Balleroy et en faire des « Asperges à Rommel ».

Les parents sont déjà debout. Rien d'étonnant à cela, c'est leur heure habituelle. Mais ils ont un drôle d'air, regardent par la fenêtre à la dérobée, comme s'ils craignaient d'être vus.

« Qu'est-ce qui se passe ? interroge Albert.

— Qu'est-ce qui se passe ? T'entends pas ? Ça n'arrête pas de tomber.

— Ah bon.

— Quoi, ah bon ? T'as rien entendu ?

— Bah non... J'ai dormi.

— T'as dormi ! Avec tout ce ramdam ? »

Les parents sont effarés. Ils racontent le « ramdam ». Ils ont même entendu les Allemands gueuler : « Alarm, alarm ! » Et depuis, ils s'agitent comme des fous autour de la ferme.

« Ben, dis donc, s'exclame Albert, pour des grandes manœuvres, c'est des grandes manœuvres ! »

Comme tous les villageois de Saint-Laurent-sur-Mer, la famille André a lu les affiches qui annonçaient des exercices de la Wehrmacht pour le 6 juin. A son tour, Albert se colle au carreau de la fenêtre. Temps moyen : un peu de nuages, un peu de soleil, un peu de vent. Temps de Normand. Rien à voir avec la tempête de l'avant-veille. Il aperçoit au loin, un soldat allemand qui avance vers la ferme du père Deslandes, un voisin. Il marche drôlement, titube, se tient la tête, et finit par s'effondrer. Juste devant la porte.

« Ma parole ! rigole Albert, ils se tuent entre eux ! »

6 heures du matin, dans le souterrain du château de Gruchy. Mme de Loÿs se rapproche de son fils :

« As-tu entendu ce qu'a dit le téléphoniste ? »

Guy hausse les épaules. Contrairement à sa mère, il ne comprend pas un mot d'allemand :

« Il a dit : importante flotte ennemie à huit milles en mer. »

Nouvelle communication téléphonique quelques instants plus tard : les soldats du souterrain reçoivent l'ordre de passer « de la phase défensive passive à la phase défensive active ». Ils se lèvent, prennent leurs armes, montent lentement l'escalier qui les mène à la surface, apparemment peu pressés de se battre. Seuls, le téléphoniste et les infirmiers restent dans l'abri. Moral en berne, ils affichent ouvertement leur pessimisme : « Guerre finie.

Deutschland kaputt », se lamentent-ils auprès de la châtelaine de Gruchy.

Infirmiers et brancardiers sont appelés à leur tour et quittent le souterrain, abandonnant les premiers blessés qui, dans l'intervalle, sont arrivés. L'un d'entre eux est très grièvement touché. Il est étendu sur une civière, la boîte crânienne littéralement décalottée. A la fois fasciné et horrifié, le jeune Guy ne parvient pas à le quitter des yeux. Il voit, sous la membrane miraculeusement intacte, le cerveau qui palpite. Le malheureux souffre le martyre, il faut lui tenir les mains en permanence afin qu'il ne touche pas à son horrible plaie, ce qui pourrait causer des dégâts irréparables. Mme de Loÿs trouve la parade : à l'aide d'une corde, elle ligote le blessé sur sa civière...

Les heures passent, interminables. Le vacarme est toujours aussi infernal, la terre tremble sous les explosions, le souterrain vibre, s'emplit parfois d'une terrifiante onde de choc. Les civils s'habituent, devinent que la bataille s'est engagée sur la plage, sous les falaises. Ils savent aussi faire la différence entre les avions et les canons, entre les bombes et les obus.

Une légère accalmie survient vers 11 heures du matin. Mme de Loÿs se tourne vers son fils : « Il doit bien y avoir du lait, du pain ou quelque chose d'autre à la maison. Débrouille-toi pour trouver de quoi nourrir tous ces braves gens. »

Guy sort à l'air libre : partout des cratères de bombes, des trous d'obus, des arbres fauchés, calcinés. Il s'attend à retrouver le château en ruine, mais il a été miraculeusement épargné. Seule la façade a été criblée de balles et toutes les vitres ont été pulvérisées. Plus tard, les propriétaires apprendront qu'un obus est passé sous la demeure et qu'il s'est enfoui sans avoir explosé.

Le jeune garçon fait le tour de la maison, et tombe nez à nez avec le capitaine Grünschloss. Stupéfait, l'officier lui demande ce qu'il fait là. Veut-il se faire tuer ?

« Ma mère m'envoie chercher de l'eau, du lait et du ravitaillement pour les gens du souterrain.

— Prenez tout ce qui peut être utile dans notre réserve. »

Il accompagne Guy de Loÿs dans les dépendances où toutes les rations de vivres sont stockées. Ils se dirigent ensuite vers la cuisine pour récupérer du pain :

« Prenez tout ce que vous voulez », dit encore le capitaine

Grünschloss. Puis il s'éloigne. Les de Loÿs ne devaient plus le revoir vivant [1].

Vierville est touchée à la première salve. Des murs s'effondrent, des maisons vacillent, les carreaux volent en éclats. Devant l'habitation des Piprel, les poteaux électriques, fauchés par un obus, s'abattent. Les canons allemands répliquent : la boulangerie s'écroule dans un nuage de poussière. Il y a deux cadavres sous les décombres : une fillette et la bonne.

Une brume opaque — écran protecteur lancé par les alliés avant l'assaut — enveloppe soudain toute la côte, se mêle aux colonnes de fumée, aux jaillissements des flammes, ajoute encore à l'atmosphère de fin du monde. M. Mary surgit devant les Piprel. Avec sa femme et son fils. Hébétés, hallucinés.

« Un miracle, un vrai miracle, clame-t-il d'une voix haletante. Ma femme et mon garçon venaient de se lever. Nous étions tous les trois dans la cuisine quand l'obus est tombé sur la maison, a pulvérisé la salle à manger et la chambre de mon fils. »

Leur mère est descendue à l'abri, mais Pierre et Fernand Piprel refusent de s'enterrer. Ils veulent quitter Vierville. Mais pour aller où ? Ils optent pour Sainte-Honorine-des-Pertes, à l'autre bout de la plage, après Colleville : huit bons kilomètres. Les deux frères prennent des raccourcis, coupent à travers champs. Ce n'est pas le bon choix : une mitrailleuse allemande tire sur eux. Aplatis au sol, les garçons nouent un mouchoir blanc autour d'une branche qu'ils agitent frénétiquement. La mitrailleuse tire toujours.

Ils battent en retraite, reviennent sur leurs pas, s'arrêtent à la ferme de Louis Le Terrier, sur la route de Formigny. De temps à autre, ils venaient y faire quelques corvées pour échapper au STO. Accueil apitoyé : « Mais ici aussi ça canarde de partout, mes pauvres enfants ! »

Louis Le Terrier entraîne tout le monde — la gouvernante, l'ouvrier agricole et les deux fils Piprel — dans l'écurie dont les murs, affirme-t-il, sont plus épais. Ils s'enfouissent dans la paille.

1. Le capitaine Grünschloss fut tué à huit cents mètres du château. Il avait rassemblé ses hommes pour constituer un point de défense sur la route de Vierville.

Peu avant midi, un groupe de huit Allemands fait irruption dans la cour de la ferme. Nerveux, harassés. Le sergent qui les commande a le visage en sang : « Tommies ? Où Tommies ? » crie-t-il en agitant son fusil.

Le Terrier et ses compagnons font signe qu'ils ne savent pas. Furieux, le sergent commence par les menacer et finit par se contenter d'une bouteille de cidre. Le commando repart.

Les premiers Américains débouchent moins d'une demi-heure plus tard. Ils posent quelques questions, demandent leurs papiers d'identité aux Français un peu estomaqués. L'un des hommes a bien tendu un paquet de Lucky Strike à Pierre Piprel, mais à part ce geste amical, ils paraissent terriblement sur leurs gardes. Le Terrier et sa troupe s'enferment à nouveau dans l'écurie. Pour ne plus en sortir de l'après-midi. En fin de journée, un obus de mortier tue un mulet, crible d'éclats le mur du bâtiment. Plus les heures passent, plus les cinq réfugiés s'inquiètent : tout n'est donc pas encore joué ?

« Ils ne se tuent pas entre eux. » Vers 10 heures du matin, la famille André constate qu'on se bat « pour de vrai » autour de leur ferme. Albert et ses parents se blottissent dans la grande salle, loin des fenêtres. Quelques centaines de mètres plus bas se déroule la plus terrifiante bataille du 6 juin 1944. A proximité immédiate de leur propriété, le Ruquet est un objectif prioritaire des troupes du débarquement. Mais comment le sauraient-ils ? La mère d'Albert tente bien parfois de regarder par le trou de serrure de la porte d'entrée, mais la ferme est « encagée » dans le bocage, l'horizon est bouché : c'est un long bâtiment, bizarrement construit, adossé contre une ancienne carrière, sur un terrain en dénivellation. Les André sont pris dans un déferlement d'explosions, de détonations. Ils guettent le chuintement des obus qui passent au-dessus de la ferme, s'agrippent aux murs, traduisent immédiatement chaque déflagration en distances : c'est moins loin, c'est plus loin, c'est plus près…

Légère accalmie. Un cousin d'Albert parvient à se faufiler jusqu'à la propriété, fait part de son étrange rencontre : « Du côté de la carrière, il y a des hommes, mais ce ne sont pas des Allemands… »

La famille risque un coup d'œil, repère des silhouettes, des ombres. Mais ce qui intrigue surtout les parents d'Albert, c'est de voir ces inconnus dans un abri construit depuis de longs mois déjà par les Allemands. Or, cette nuit, ils les ont vu courir vers cet abri. S'ils n'y sont plus, qui a pris leur place ?

11 heures. Une patrouille allemande fait irruption dans la cour de la ferme, avec à sa tête un chef de la Kommandantur locale. Un fanatique d'une vingtaine d'années qui ne rêve que d'aller se battre sur le front russe. En vain. Son père, un général, le protège contre son gré. Dans le groupe, il y a également Binoclard, un interprète portant des lunettes qui lui descendent sans cesse sur le nez...

Les fermiers sortent timidement sur le pas de la porte : « Attention, dit Binoclard, Tommies à la mer, peut-être même ici, tout près. »

La famille André le sait mieux que quiconque. Et quand elle voit la patrouille se remettre en marche et se diriger droit vers la carrière, elle se calfeutre dans la maison : l'affrontement est inévitable.

Pas un coup de feu. Les inconnus dissimulés dans l'abri restent silencieux, et les Allemands contournent finalement leur emplacement. Comme s'ils craignaient une embuscade. Les André les voient traverser le clos Binet, et de là, prendre directement la départementale 514, direction Vierville. Ils comprennent de moins en moins [1].

Midi. Toujours cloîtrés dans leur salle à manger, les cultivateurs s'habituent peu à peu au bruit des combats qui se poursuivent à leur porte. Au point d'avoir faim. Ils déjeunent rapidement, entre deux alertes. Sur le pouce...

15 heures. La première troupe du débarquement parvient enfin à la ferme. Les GI's sont mouillés jusqu'au torse. Ils sont passés par le Ruquet. Le ruisseau, pas le chemin continuellement bombardé par l'artillerie allemande.

Le premier contact est glacial. Les Normands sentent que leur

1. Plus tard, les André apprendront que le jeune lieutenant fanatique, retranché sur le bas-côté de la route, a tué ou blessé une vingtaine d'Américains. Albert et ses copains le retrouveront : « Mort dans le fossé, jambes en l'air, visage recouvert de pansements, mais reconnaissable grâce à ses belles chaussures. » Mort également, au pied d'une mitrailleuse, Binoclard l'interprète...

présence n'était pas prévue. Qu'elle apparaît incongrue, pour ne pas dire suspecte. Le père d'Albert révèle qu'un Allemand logeait au premier étage. Les soldats se ruent aussitôt dans l'escalier, défoncent la porte d'entrée fermée à clé à coups de pied, et avant d'entrer, craignant que la pièce ne soit piégée, poussent le fermier à l'intérieur de la chambre.

Peu à peu, l'atmosphère se détend : les GI's se font sécher devant le feu qui crépite dans la cheminée ; ils offrent des cigarettes au jeune Albert — « ils me prenaient pour un homme, j'étais vachement content » — on sort les bouteilles de cidre. A 17 heures, le commando, qui était resté retranché dans la carrière, descend à la ferme.

La jonction est faite. Et le mystère éclairci : ce sont des parachutistes. Largués la nuit dernière, ils ont pris position dans les trous individuels creusés par les Allemands. Leur mission consistait à bloquer l'arrivée de renforts ennemis qui, depuis le plateau, auraient emprunté « le chemin de la Pissotière ». Quant aux soldats ennemis qui, vers 1 heure du matin, regagnèrent leur abri, ils ont tous été tués. Silencieusement. Au couteau.

L'un des paras est québécois, se prénomme Adolf, ce qui fait évidemment rire tout le monde, et se goinfre d'oignons crus et de tartines beurrées. Adolf passe la nuit à la ferme et sa présence rassure quelque peu la famille André. Car la canonnade ne cesse pas. Au contraire, elle semble s'intensifier. Depuis Formigny, Hauteville et Deux-Jumeaux, l'artillerie pilonne les cinq sorties d'Omaha, dont le Ruquet qui est si près de la ferme.

« Mais t'en fais pas, assure Adolf, s'ils nous en envoient dix, nous en envierrons chent. »

Combien de temps ? Dans le souterrain de Gruchy, les heures, les minutes, les secondes s'écoulent au compte-gouttes. Les bruits de la bataille s'infiltrent, serpentent le long des parois suintantes d'humidité, résonnent ou s'étouffent par saccades. Les enterrés du château attendent.

Dans le courant de l'après-midi, d'autres fantassins de la Wehrmacht blessés descendent l'escalier qui mène au sous-sol. Mais il n'y a plus d'infirmiers pour prendre soin d'eux. Ils sont ainsi près d'une vingtaine, dont certains grièvement atteints.

Mme de Loÿs fait de son mieux, multiplie les pansements sommaires.

Début de soirée. Guy tente une nouvelle sortie alimentaire. Il court dans le parc labouré par les bombes et les obus, mais en passant devant la grille d'entrée, aperçoit la silhouette d'un soldat qui, immobile, stationne au bord de la route. Il remarque aussitôt qu'il ne porte pas de casque allemand, pas de casque anglais, avec cette forme de cuvette renversée qu'il a vue dessinée sur les affiches de propagande nazie. Une déduction fulgurante traverse l'esprit du jeune garçon : c'est un Américain !

Guy s'arrête net, tente d'entrer en contact, crie au hasard quelques mots de sympathie. Mais le soldat, d'un geste du bras, lui fait signe de déguerpir. Guy redescend à toute vitesse dans le souterrain. Excité à l'extrême. Mais les mains vides.

« Tu n'as rien ?

— Non, enfin si... J'ai une nouvelle : les Américains sont là. »

Personne d'autre que Mme de Loÿs n'a entendu.

« Tu retournes là-haut, ordonne-t-elle à son fils. Tu entres en contact avec eux, tu te renseignes. Enfin, tu te débrouilles. Mais surtout, surtout, ne leur dis rien de ce qui se passe ici. Pas avant que j'aie eu le temps de tout préparer. »

Guy remonte à la surface. Croise cette fois une patrouille entière de GI's qui explore le parc. Il les sent nerveux, tendus, prêts à tirer à la moindre alerte. Dans son anglais d'écolier, il parvient à s'expliquer, à les assurer notamment que le château est vide de tout occupant. Ils investissent la demeure, raflent au passage quelques bibelots, ce qui fait mieux comprendre à l'adolescent pourquoi sa mère a, depuis longtemps, mis les objets de valeur en lieu sûr. Inspection faite, les soldats se décontractent, s'installent dans les pièces du château, se vautrent dans les fauteuils. Se reposent...

Infatigable estafette, Guy retourne auprès de sa mère le plus discrètement possible. Mais de toute façon, personne ne fait attention à lui. Pour combien de temps encore ? Être dans ce souterrain avec cette vingtaine de soldats allemands, c'est comme être assis sur un baril de dynamite. A la première maladresse, tout risque de sauter.

Mme de Loÿs choisit de révéler aux blessés la présence de l'ennemi. Dans le château, juste au-dessus de leurs têtes : les affronter, leur dit-elle, serait suicidaire, reviendrait à se faire massacrer. C'est sans espoir. Et puis, il faut penser aux civils, aux femmes, aux enfants.

Elle parlemente. Elle sent les fantassins de la Wehrmacht au bout du rouleau, fatigués, usés.

« Si vous vous rendez, vous serez soignés. Vos camarades les plus durement touchés seront certainement évacués. »

Les soldats discutent entre eux. Ils sont apparemment peu désireux de se battre, mais pas convaincus non plus de rester en vie s'ils se rendent. La propagande a fait son œuvre.

L'un des Allemands se détache du groupe et donne une dernière et — étonnante — condition : « Nous sommes d'accord, mais un soldat allemand ne peut se rendre à l'ennemi les armes à la main. »

Mme de Loÿs ne prend pas la peine d'épiloguer sur les signes extérieurs et dérisoires de l'honneur : « Qu'à cela ne tienne, s'exclame-t-elle, ça peut s'arranger. L'autre sortie du souterrain donne dans les bois. Tout près, à côté du lavoir, il y a un puits : vous n'avez qu'à y jeter vos armes. »

Les soldats demandent un nouveau temps de réflexion et, après un autre conciliabule, acceptent enfin de se rendre sans combattre. Sous la conduite de la châtelaine, ils sortent du souterrain en file indienne, se faufilent dans les fourrés, balancent leurs fusils et autres babioles de guerre dans le puits. De retour dans l'abri, ils attendent sagement.

Mme de Loÿs convoque alors son agent de liaison favori : « C'est fini. Tu peux y aller, ils sont prêts. »

Guy retourne auprès des Américains. Mission délicate : il ne s'agit pas de se tromper, de leur faire croire qu'à quelques mètres d'eux, une vingtaine d'ennemis les attendent, prêts à leur sauter dessus. Guy s'explique lentement, laborieusement, mais parvient à se faire comprendre : les alliés descendent dans le souterrain, cueillent les Allemands en douceur. Comme l'avait promis Mme de Loÿs, les blessés les plus sérieux sont immédiatement évacués vers un hôpital britannique. Parmi eux, bien entendu, l'homme à la boîte crânienne éclatée qui avait tellement impressionné Guy[1].

A la ferme Le Terrier, les frères Piprel voient apparaître le jour avec soulagement. Un blessé américain est étendu dans la cour et un sous-officier demande aux cultivateurs de l'amener au poste de secours le plus proche. Pierre et Fernand se portent volontaires. Ils veulent rentrer chez eux, à Vierville, et selon les indications, l'infirmerie se situe dans cette direction. Les deux frères attellent un cheval, garnissent de foin le fond du « banneau » et transportent le blessé avec un maximum de précautions. Mais en fin de matinée, ils sont de retour à la ferme : la route de Vierville est interdite. On s'y bat encore.

Pierre et Fernand repartent. A pied cette fois. Ils quittent la grande route, empruntent les petits chemins, coupent à travers champs, rasent les haies, prétendent, s'ils se font arrêter, qu'ils habitent tout près dans la maison dont on voit le toit là-bas, à cent ou deux cents mètres, qu'ils rentrent chez eux. Aux abords de Vierville, de place en place, le spectacle de la guerre s'étale sous leurs yeux effarés : maisons en ruine, carcasses de blindés calcinés. Par dizaines, des cadavres de bestiaux gisent dans les herbages, pattes raidies, tournées vers le ciel. Au carrefour principal, la poste brûle encore. Ce matin, la bataille a repris au-delà de l'église, s'est étendue vers Louvières. Repliés sur Isigny, les Allemands bombardent le secteur[2].

Les Piprel veulent continuer par la route qui descend vers la mer. Interdiction formelle. Ils feignent d'obéir, contournent les barrages, se faufilent derrière les maisons, se glissent dans les prés, les jardins et les vergers, trouvent l'itinéraire clandestin qui les conduit à la falaise, à la crête qui domine la plage.

Ils y sont. A plat ventre dans l'herbe, Pierre et Fernand Piprel découvrent l'extraordinaire fourmilière. Sur les six kilomètres de plage, une énorme usine fonctionne à plein régime. Une usine à

1. Il survivra. Un an après sa capture, il écrira à Mme de Loÿs pour la remercier de lui avoir sauvé la vie en le ligotant sur son brancard. Longtemps, chaque fin d'année, le miraculé du 6 juin adressera une carte de Noël au château de Gruchy.

2. Le 7 juin à 16 heures, la population de Vierville fut rassemblée sous le préau de l'école. Mais à 17 heures, des obus incendiaires allemands tombèrent sur l'école et la poste, qui provoquèrent la mort de deux personnes.

ciel ouvert, qui déverse des tonnes et des tonnes de matériel, des milliers et des milliers d'hommes. Au bord de la sortie D-1, la sortie de Vierville, perdue dans la cohue, noyée dans le flot de soldats, de camions et de blindés qui s'extirpent du formidable embouteillage, une maison au toit effondré, aux murs éventrés, une ruine : l'hôtel du Casino [1].

Albert André est sur la plage. A 18 heures, l'armée américaine a demandé des volontaires parmi les civils pour des travaux de déblaiement. Son père lui a dit d'y aller.

Avec d'autres copains, il marche derrière un énorme engin, dont il ne connaît le nom que depuis quelques minutes : « bulldozer ». Le monstre d'acier ratisse le matériel de guerre endommagé, les carcasses tordues, déchiquetées, toute la ferraille abandonnée et pousse le tout jusqu'à la tranchée antichars creusée par les Allemands. Albert et les autres passent derrière, finissent le travail, ramassent les petits morceaux. D'autres sont affectés à la récupération des sacs et des armes. Mais il y a les morts aussi : des centaines de corps, des débris humains, têtes, jambes, troncs, atrocement dispersés sur le sable et les galets. Ce sont les GI's eux-mêmes, aidés par des prisonniers, qui se chargent de l'épouvantable collecte.

Un liberty-ship est échoué sur la plage. Avec un gros trou dans le bas de la coque. Il s'est empalé sur une mine « Teller ». Dans l'eau jusqu'à la taille, quatre prisonniers tiennent les coins d'une couverture tendue. Des morceaux de cadavres calcinés sont retirés du bateau. Chaque corps, ou plutôt ce qu'il en reste, est posé sur la couverture et ramené sur le sable. Puis on replie le tout, on fait un nœud, et on charge sur le GMC.

C'est la pause. Albert André et ses copains cassent la croûte. Albert est content. Tout à l'heure, un GI lui a proposé d'échanger son vieux pantalon de toile et sa paire de sabots contre une paire de chaussures et un treillis de l'armée. Albert ne s'est pas fait prier.

1. L'hôtel du Casino a été détruit le 6 juin vers 10 h 30 par des obus de destroyers américains. Il est aujourd'hui reconstruit à peu près au même emplacement. Et jouit toujours du même somptueux panorama.

CHAPITRE VI

Le disparu d'Englesqueville-la-Percée

C'est une belle ferme. Une ferme à la normande. Avec ses bâtiments longs et bas, disposés en carré, ses murs d'enceinte et ses alignées d'arbres géants battus par le vent. Vu du ciel, on croirait une forteresse posée au milieu des champs. Avec, derrière la clôture, une vision de l'infini. A moins de six cents mètres, entre l'éperon de la pointe du Hoc et la longue plage d'Omaha, la mer bat inlassablement les flancs de la propriété de Valmont, à Englesqueville-la-Percée.

Ce n'est pas la mer qui détermine le choix de Léon Coisnard. Le grand large n'attire pas le paysan. Lui, ce qu'il cherche c'est une belle et grande ferme, plus importante que celle qu'il exploitait jusqu'alors à Montmartin-en-Graignes, près de Carentan, dans la Manche. Soixante hectares, c'est la bonne dimension pour Coisnard. Et puis, on n'est pas trop loin de Montmartin : trente-deux kilomètres, c'est encore faisable. Même par ces temps difficiles.

Léon Coisnard déchante vite. Le déménagement banal tourne à l'expédition hasardeuse : jour après jour, avec ses charrettes et ses chevaux, il est pris dans une invraisemblable sarabande de camions, coincé dans un interminable convoi motorisé qui, nuit et jour, monte et descend de la côte. C'est de cette manière que Léon Coisnard apprend que les Allemands hérissent le bord de mer d'ouvrages fortifiés et de pièges mortels destinés à repousser l'Anglais.

Le cirque dure ainsi plus de quatre mois : de Noël 1942 au

4 avril 1943. Et prend fin avec l'arrivée du cheptel. Maintenant, la famille Coisnard est installée sur ses terres. Au complet, avec ses cinq enfants. Cela tient d'ailleurs du miracle. Bernard l'aîné, âgé de vingt-trois ans, est rentré après vingt et un mois de captivité. Fantôme échappé des mines de Silésie. On a craint pour sa vie, mais aujourd'hui, il est à nouveau sur pied, presque aussi solide qu'avant, tout à fait apte à seconder le père. Un nouvelle ferme, une bonne terre et des bras pour la travailler. Les Coisnard sont gens heureux. Pas pour longtemps.

Les premiers ennuis commencent dès la fin 43. Les Coisnard ne sont plus seuls à la ferme transformée pour moitié en caserne par l'armée allemande et par les travailleurs Todt, bâtisseurs du mur de l'Atlantique. Réquisitionnés avec chevaux et chariots, ils doivent assurer le transport du matériel, des vivres et des munitions. Comme tous les cultivateurs du secteur, ils sont également obligés de ravitailler en eau potable la troupe qui campe dans le sémaphore de La Percée : c'est à tour de rôle et tous les jours pendant une semaine d'affilée. Il y a également le tour de garde à assurer sur la ligne de chemin de fer, à Cartigny-l'Épinay. C'est à une douzaine de kilomètres de la ferme. Tous les quinze jours, Léon Coisnard emmène quatre hommes dans sa voiture à cheval et assure une surveillance symbolique autour des rails : il signe une feuille de présence, casse la croûte, discute et joue à la belote avec les autres. Ça ne sert à rien. Mais c'est toujours autant de temps de perdu pour la ferme.

Début 44, c'est encore pire. Les corvées s'accumulent et les Coisnard se désespèrent. Ils n'ont pratiquement plus de temps à consacrer à leur exploitation agricole. Sous la surveillance des sentinelles allemandes, les fermiers abattent les arbres par centaines et s'en vont planter les fameuses « Asperges à Rommel » dans les champs. Bernard, le fils aîné, est réquisitionné à son tour. Chaque jour, il transporte des cargaisons de mines sur les plages : à Saint-Laurent, Vierville et Colleville.

Un jour, survient la catastrophe. Une longue file de camions, chargés de piquets, de fils de fer et de barbelés, s'arrête dans la cour de la ferme. Dans le même temps, une compagnie du génie militaire vient prendre ses quartiers à la place des travailleurs Todt. Sur les soixante hectares du domaine de Valmont, seule une petite douzaine restera exploitable. Tout le reste sera miné. Il faut évacuer le cheptel.

« Autant nous ruiner tout de suite », gémissent les Coisnard. Que faire du bétail ? Comment le nourrir ? Mais les Allemands restent inflexibles : les prés doivent être libérés de tous les animaux. D'abord découragé, Léon se reprend et réagit en paysan normand : il ruse. Il sait, par diverses indiscrétions du fantassin de base, que toutes les terres prétendument minées ne le sont pas réellement, que les redoutables panneaux « Achtung Minen » ne sont parfois que du bluff, qu'en guise de mines, on a placé des leurres : morceaux de ferraille ou vieux fers à cheval. Alors, le père Coisnard se débrouille, il cache son troupeau dans les marais de Beaumont, le faufile entre les rondes, le mène à la nuit tombée dans les prés interdits pour le reprendre au petit matin, juste avant le lever du jour. Évidemment, Léon Coisnard ne gagne pas à tous les coups. Parfois, le troupeau de vaches croise une patrouille allemande. Convoqué à la Kommandantur, son propriétaire n'est pas à la fête : s'il continue, ordre sera donné d'abattre tous ses animaux. Face à l'officier qui hurle, Léon Coisnard emploie toujours la même tactique : « il fait le petit » et recommence.

N'empêche, la vie quotidienne devient de plus en plus difficile. Aux mauvaises nouvelles succèdent les mauvaises nouvelles. Mais plus que toute autre chose, une rumeur inquiète les Coisnard : on annonce pour très bientôt la « déportation » des habitants du littoral jusqu'à vingt kilomètres à l'intérieur des terres. C'est vrai que cela fait des mois que l'on parle d'un débarquement des forces alliées, mais peut-on raisonnablement penser qu'il ait lieu ici ? Contrairement à la plupart des fermiers, Léon Coisnard n'a pas livré sa TSF à l'occupant. Chaque soir, il s'enferme dans une pièce et se met à l'écoute de Londres. Mais rien, aucune nouvelle, aucun indice. Il ne comprend pas les messages codés transmis aux forces de la résistance.

La première alerte sérieuse survient le 23 mai 1944. Le matin, très tôt, Léon Coisnard est déjà sur la route avec son cheval et la carriole. Il porte sa barrique de cidre à l'atelier public de Saint-Pierre-du-Mont, non loin de la pointe du Hoc, afin que les bouilleurs de cru le distillent et le transforment en calvados. En toute légalité. Comme cultivateur, il a droit à ses dix litres de

« goutte ». Après, mais après seulement, il ira porter les trois barriques d'eau aux hommes du sémaphore. C'est sa semaine.

Ce jour-là, le ciel ne dit rien qui vaille à Léon Coisnard. Jamais il n'a vu autant d'avions à la fois, qui passent et repassent. Il est 7 heures du matin. Inquiet, le cultivateur décide de ne pas se rendre au sémaphore et rentre directement à la ferme. Bernard, qui vient d'amener sa cargaison quotidienne de mines sur la plage de Colleville, arrive en même temps que son père. Le fiston n'est pas content : ne pas ravitailler les hommes du sémaphore en eau potable revient à s'attirer de sérieux ennuis et comme ce n'est pas la première fois que Léon se fait remarquer, un jour il y aura des représailles et on sera bien avancé. Bref, Bernard engueule son père, mais celui-ci n'en démord pas : il n'ira pas au sémaphore.

Les deux hommes en sont encore à discuter dans la cour de la ferme, lorsque l'air s'emplit d'un ronflement assourdissant : quatre avions, quatre avions énormes, très bas, aile contre aile. Tout de suite, Léon Coisnard pense au sémaphore, mais un avion se détache, se dirige vers eux. Instinctivement, les deux hommes se couchent au sol et entendent les mitrailleuses qui entrent en action. Sa ferme ! Il mitraille sa ferme. Effaré, Léon Coisnard se redresse, fonce vers le fond du jardin, grimpe sur le mur, sort un mouchoir blanc de sa poche, l'agite avec frénésie à bout de bras. C'est une cible idéale, une vraie cible d'entraînement, mais il ne ressent pas la moindre frayeur. Sa ferme, ils vont démolir sa ferme. L'avion tourne, passe au-dessus de Coisnard, si près que le cultivateur distingue parfaitement la silhouette du pilote dans son cockpit. Comprend-il son SOS ? Léon n'a pas le temps d'y réfléchir car ce qu'il voit maintenant depuis le mur de son jardin lui fait oublier tout le reste.

Là-bas, vers le sémaphore de La Percée, c'est le chaos. Il durera quarante minutes. En quatre vagues successives de quatre appareils, les avions piquent sur l'objectif, le mitraillent et le bombardent. Les flammes ravagent les bâtiments, les soldats allemands se ruent à l'extérieur, se jettent dans l'herbe. Léon Coisnard a déjà oublié la bavure de la première attaque ; il se délecte. Seules, quelques bombes se sont perdues dans les herbages. Les ambulances allemandes, elles, feront la navette toute la journée.

A partir de ce jour, les mouvements de troupe sont de plus en plus fréquents aux abords de la ferme de Valmont. Les hommes du sémaphore occupent maintenant les bâtiments. Ce sont des marins. Plus polis, plus corrects que les travailleurs Todt. Mais plus exigeants aussi. Bientôt, les Coisnard se sentent prisonniers dans leur propre habitation : ils sont surveillés, gardés jour et nuit, comptés au lever et au coucher. Deux batteries de DCA s'installent dans la propriété : l'une au lieu-dit La Marinette, l'autre dans le chemin du Val qui conduit à la mer. Les raids aériens deviennent quotidiens, l'armée allemande est en état d'alerte permanente.

Léon Coisnard a comme un pressentiment : la guerre se rapproche de lui.

Au soir du 5 juin, la terre se met à trembler sur la côte normande. Terrés dans leur habitation, assommés par l'infernal grondement, les Coisnard s'attendent au pire. Ils sont près, si près des fortifications du mur de l'Atlantique, des blockhaus de la pointe du Hoc. A 22 heures, les soldats font sortir toute la famille pour la conduire dans une tranchée : la nuit est fabuleusement éclairée par les fusées-parachutes qui descendent du ciel. A minuit, l'officier allemand qui tient Paul, le dernier-né, dans ses bras, le rend à ses parents, et disparaît sur un « Bonne chance » prononcé en français. Dans l'heure qui suit, les soldats recherchent leur officier, ne le trouvent pas et s'éparpillent à leur tour dans la nature.

C'est une nuit confuse. Léon et son fils aîné font la navette entre la ferme et la tranchée, croisent encore quelques fantassins allemands qui, eux aussi, se rendent dans leurs chambres, puis repartent. Les Coisnard se retrouvent seuls. Les soldats ont laissé des armes. Sans réfléchir, Bernard se saisit d'un fusil et de quelques cartouches.

5 h 30 du matin. Léon Coisnard va « à la mer ». Il court à travers champs, se tord les chevilles dans les labours, et s'arrête à moins de deux cents mètres du rivage pour découvrir, ébahi, des centaines et des centaines de navires, des petits, des gros qui bouchent jusqu'au fond de l'horizon. Le fermier revient à la maison annoncer la grande nouvelle, et comme les émotions creusent, toute la famille se met à table pour le petit déjeuner... avant d'aller travailler !

Les filles Coisnard partent rassembler les vaches pour la traite du matin. Le canon tonne. Inquiet, le père se rend compte que la marine tire sur les terres de Valmont. Il faut faire vite ! Les vaches sont emmenées plus loin, derrière la grange. Quelques secondes plus tard, une pluie d'obus dévaste l'herbage. Tout le monde est sain et sauf. Vaches comprises.

Léon Coisnard en est certain maintenant : c'est le débarquement. Il apaise sa femme, rassure ses enfants, mais décide de prendre l'air. C'est trop bête de rester enfermé ici sans rien savoir.

« Mais je viens avec toi », exige Bernard.

Le père accepte. Ils attellent le cheval, montent dans la voiture. Il est maintenant plus de midi : direction Vierville.

Un peu secoués tout de même par le vacarme infernal, ils avancent au pas. Soudain, dans une courte ligne droite, avant Louvières, deux tanks surgissent en plein milieu de la route. Ils ont une étrange allure : « Comme s'ils étaient montés sur des chenilles caoutchoutées », pense Léon Coisnard. Simultanément, les deux cultivateurs aperçoivent deux colonnes de fantassins qui avancent sur les bas-côtés. Les Américains ! Fou de joie, ignorant les armes pointées dans leur direction, Léon Coisnard met son cheval au trot et se porte au-devant des libérateurs.

Accueil mitigé. Mais l'officier qui marche en tête de la colonne parle français et ne met pas longtemps à comprendre les sentiments des deux hommes. Ils sont fiers, ils sont heureux, ils ont les larmes aux yeux. L'officier, lui, fait son boulot, et interroge Léon Coisnard et son fils :

« Où sont les Allemands ?

— Chez nous, y en a plus. »

L'officier ordonne à ses hommes de reprendre leur marche en avant. Le fermier fait faire demi-tour à son cheval et, dignement, prend la tête du détachement. Il rayonne de bonheur, il ignore les bombes, les obus qui tuent deux Américains à quelques mètres de lui, et la mitraille que l'on entend aux alentours. Parvenu à la barrière de sa ferme, il arrête son cheval à regret. Pour lui, la route de la libération s'arrête ici. Mais auparavant, il demande une faveur à l'officier :

« Laquelle ?

— Je voudrais offrir du cognac à vos hommes. »

L'officier accepte. Dans la cour de la ferme, malgré les bruits de la bataille, règne un petit air de fête. Les GI's boivent du cognac, du lait ou du cidre. Léon Coisnard offre ses cigarettes de rationnement, mais se sent gêné quand il voit les cartouches de blondes que les Américains sortent de leurs sacs. Qu'importe ! Les filles Coisnard vont cueillir des fleurs, font un gros bouquet qu'elles attachent au canon d'un tank. Et soudain, parmi les rires et les embrassades, des coups de feu. La guerre n'est donc pas finie ?

Les Allemands sont retranchés dans le château Saint-Clair. Ils tirent, protégés par un mur. L'un d'entre eux, plus audacieux encore, a grimpé dans un frêne et ajuste les Américains au pistolet. Léon Coisnard indique sa présence aux GI's. Le sniper tombe de l'arbre, criblé de balles. Encouragés par l'effet de surprise et la panique qui suit, les soldats allemands se rapprochent, se faufilent dans la ferme et engagent le combat. Les Coisnard s'abritent comme ils peuvent, mais Bernard, lui, veut se battre. Il bondit dans une grange, se saisit du fusil et des cartouches dissimulés quelques heures auparavant. Il grimpe l'escalier de la chambre à grain. De là-haut, la vue est imprenable, mais debout sur le toit, il devient aussi une cible idéale. Bernard n'a même pas le temps de lever son fusil. Il s'écroule, touché par une balle allemande.

Léon Coisnard a tout vu. Instinctivement, il étend ses bras sur les deux fusils-mitrailleurs qui se trouvent de chaque côté de lui. En quelques instants, le feu cesse. Les Allemands en profitent pour décrocher et fuir du côté de la mer.

Bernard est grièvement blessé. Il le sait, et s'excuse presque auprès de son père effondré : « C'est de ma faute, dit-il, si je t'avais écouté, si j'étais resté auprès de toi, cela ne me serait pas arrivé. Mais je voulais me venger des Allemands, ils m'en ont tellement fait baver. »

Deux infirmiers donnent les premiers soins, mais ne peuvent s'attarder : la colonne de GI's reprend déjà sa progression. Malgré le danger, un voisin part sur la route chercher du secours. Par chance, il rencontre le médecin du village, caché derrière une haie après avoir abandonné son vélo au milieu de la chaussée : il vient d'échapper au mitraillage d'un avion. Le curé est également alerté. Tous deux se retrouvent au chevet de Bernard.

Le prêtre donne les derniers sacrements et le toubib ne cache pas son inquiétude : la balle a fracassé le coude du jeune Coisnard puis a traversé le corps de part en part au niveau de l'abdomen. C'est très grave, mais le blessé peut encore être sauvé s'il est transporté tout de suite à l'hôpital de Bayeux. C'est à plus de trente kilomètres, et Léon Coisnard n'a que sa voiture à cheval. Il sort de l'écurie sa jument la plus rapide, l'attelle à une vachère, et installe son fils du mieux qu'il peut : allongé sur un matelas et sous deux couvertures, la tête calée par un gros oreiller. Le voisin, toujours aussi dévoué, décide de les accompagner.

Sur la départementale 125, d'Englesqueville-la-Percée au village de Deux-Jumeaux, tout se passe sans encombre. Léon Coisnard fait halte chez l'équarrisseur : il possède un camion et dispose de toutes les autorisations nécessaires pour circuler. Grâce à lui, il serait possible de rallier Bayeux très rapidement. Mais l'équarrisseur vit le même drame que lui : son camion a été mitraillé, sa femme est blessée. Léon Coisnard remonte dans la vachère sans perdre de temps, mais à Longueville, au croisement de la RN 13 qui conduit à Bayeux, il doit à nouveau s'arrêter : la route est sous un amoncellement de pierres, de morceaux de bois, d'ardoises, de débris de toutes sortes. Toujours avec l'aide de son voisin, il déblaie pas à pas, avance en tenant sa jument par la bride. La voie dégagée, ils peuvent enfin repartir. Deux cents mètres plus loin, un soldat allemand les arrête et monte dans la vachère. Léon Coisnard n'y comprend rien. Ils sont donc encore là ! Pendant plus de deux kilomètres, il ne fait que croiser des hommes de la Wehrmacht. A chaque fois, il doit s'arrêter, discuter, parlementer. Le fermier est désespéré. Il ne cesse de penser aux paroles du médecin : « Si vous faites vite, votre fils peut être sauvé... »

Léon Coisnard peut enfin accélérer. Il entend les avions qui mitraillent et les canons qui tonnent, mais il n'a qu'une seule peur : ne pas arriver à temps. Il ne retient plus sa jument qui, affolée par le bruit, cavale à toute allure. Elle est blanche de sueur. A l'arrière, Bernard souffre énormément. Il se plaint à chaque cahot, à chaque embardée. Mais il parle également, discute avec le voisin qui le protège du mieux qu'il peut. Il reste conscient. Léon Coisnard garde espoir.

Formigny. A quinze kilomètres de Bayeux. Toujours en « territoire » allemand. Mais cette fois, ils semblent organisés, prêts à vendre chèrement leur peau. Il y a des batteries de DCA, des canons antichars. La vachère traverse le secteur au ralenti. Mais elle traverse. Léon Coisnard reste confiant.

Jusqu'à Surrain. Là, le malheureux fermier tombe sur la troupe américaine comme dans une embuscade. Une trentaine d'armes se tournent instantanément vers la vachère. Avant même qu'il ait pu dire un mot, on le menace, on tire à la mitrailleuse dans les pneus de la voiture. Léon Coisnard entend son fils qui l'interroge : « Que se passe-t-il papa ? Que se passe-t-il ? »

Il n'a pas le temps de répondre. On le tient en joue, on lui ordonne de descendre. Il obéit, prend soin de maintenir ferme sa jument qu'il sent prête à s'emballer. Son ami n'a pas la même sagesse. Il s'affole, saute depuis l'arrière de la vachère et tente de fuir. Léon Coisnard voit des hommes le viser. Il va se faire tuer, il lui hurle de s'arrêter. Ce qu'il fait. Juste à temps !

Léon Coisnard tente désespérément de s'expliquer. Mais ce qui a réussi avec les Allemands échoue avec les Américains. Aucun d'entre eux ne comprend le français. De plus, ils sont excités, à bout de nerfs. Le fermier apprendra plus tard qu'ils viennent de livrer un très dur combat pour la possession de cette portion de la RN 13.

Un colonel empoigne sans ménagement le voisin par son col de veste, et le jette contre une haie. Léon Coisnard ne veut pas quitter la vachère, il se cramponne à sa jument. Un soldat lui assène un violent coup de crosse sur le bras. Il doit lui aussi se coller contre la haie.

C'est clair, ils sont prisonniers. Pour Léon Coisnard, c'est le monde à l'envers : pourquoi les libérateurs qu'il était si heureux d'accueillir se conduisent-ils ainsi ? Comme s'ils étaient complices des Allemands ? Il n'en finit pas de s'expliquer : ne comprennent-ils pas que son fils est seul sur la route, dans la vachère, qu'il va mourir si on ne le conduit pas à l'hôpital de Bayeux ? Comble de malheur, des coups de feu éclatent un peu partout. Nouvelle escarmouche. Les hommes doivent se replier derrière la haie. Ce sont des minutes folles : allongés, le nez dans l'herbe, les deux cultivateurs se retrouvent en pleine bagarre. Les GI's courent, des hommes s'écroulent. Mais Léon Coisnard ne pense qu'à Bernard, qu'à son fils blessé. De l'endroit où ils se trouvent maintenant, il ne voit plus la vachère. Mais que dire ? que faire ? Personne ne l'écoute, personne le comprend. Et des blessés, il n'y a que ça partout...

Accalmie. Un sous-officier est là, qui parle français. Enfin. Le fermier raconte. Compréhensif, le sous-officier promet qu'il va agir. Une demi-heure après, il est de retour et autorise le cultivateur à le suivre jusqu'à l'endroit où se trouve son fils. Dévoré d'angoisse, Léon Coisnard court sur la route. Mais la route est déserte, désespérément déserte : Bernard a disparu.

Journée interminable. Léon Coisnard, perdu au milieu des soldats américains, est seul avec sa détresse. Même son ami n'est plus à ses côtés. Il a été emmené pour être interrogé. Au soir du 6 juin, le fermier retrouve d'autres civils qui eux aussi étaient gardés un peu plus loin, dans un herbage. Parmi eux, un voisin. Ils sont maintenant une vingtaine à se serrer contre la haie. Rien à boire, rien à manger. La nuit se passe ainsi. Sans la moindre explication. Les civils ne comprennent pas.

Le 7 juin, dès le lever du jour, Léon Coisnard se secoue. Ça ne peut pas durer, il lui faut s'échapper de cette souricière. La famille doit être terriblement inquiète. Et puis surtout, il y a Bernard : qu'est-il devenu ? Le sous-officier, celui qui parle français, refuse d'abord catégoriquement : ils habitent trop loin. Douze kilomètres ? C'est de la folie, on se bat encore dans tous les coins. Mais Léon Coisnard et son voisin insistent tant et tant que l'Américain finit par céder : à leurs risques et périls.

Douze kilomètres. Les deux cultivateurs mettent la journée pour les parcourir. Ils quittent la RN 13, coupent vers la mer pour retrouver la petite route côtière qui les mènera directement à Englesqueville-la-Percée : Surrain, Louvières, Colleville, Saint-Laurent, Vierville. Ces villages viennent de connaître des heures terribles. Et ce n'est pas fini. Des obus pleuvent toujours, qui détruisent les maisons et tuent les civils. Juste derrière, c'est la plage, c'est Omaha la sanglante où la veille, le débarquement a tourné au carnage. Les ravages de la guerre sont partout. Les morts, qu'ils soient allemands ou américains, n'ont pas encore été ramassés. Dans les champs, les cadavres d'animaux gisent par centaines. Plus il se rapproche d'Englesqueville, plus Léon Coisnard a l'impression de s'être jeté dans la gueule du loup. Il n'a pas tort. Les rescapés de la Wehrmacht se battent avec acharnement, des poches de résistance mènent la vie dure aux alliés ; des tireurs isolés, embusqués dans les bosquets font des cartons sur les colonnes de GI's en terrain découvert. Les deux hommes avancent mais se font fréquemment arrêter : « Nous habitons là, tout près », prétendent-ils en indiquant au hasard un toit dans le lointain. Et on les laisse repartir. D'expérience, ils savent que le moindre malentendu peut avoir des conséquences incalculables.

Ils arrivent enfin. Alors que tout le monde se prépare à partir. A Englesqueville-la-Percée, comme dans tous les villages côtiers, c'est le grand exode. Comme toujours en pareil cas, personne ne sait très bien qui a donné le signal du départ. On évoque un ordre, on cite des amis, des voisins qui ont fait leurs bagages, et on fait comme eux : la rumeur.

A la ferme de Valmont, les valises étaient déjà prêtes. Le chef de famille s'arrache aux effusions de sa femme et de ses enfants pour dire ce qu'il en pense. Pas question de partir ! Il en a trop vu, trop entendu depuis hier. Il sait ce qui se passe. Une seule chose compte désormais : retrouver Bernard, même s'il reste peu d'espoir de le revoir vivant.

En attendant, Léon Coisnard doit dormir. Il est ivre de fatigue. Les avions peuvent bombarder, les canons peuvent tonner, il dort...

Léon Coisnard va chercher. Pendant des jours et des jours, il va sillonner la région, frapper aux portes, quêter le moindre renseignement, vérifier le moindre indice. Le 9 juin, il retourne à Surrain. Là, on l'assure que son fils a été retrouvé et enterré à Formigny, mais le maire de la commune lui certifie qu'il n'en est rien. Il part alors pour Colleville où les corps ramassés par les Américains sont provisoirement rassemblés. Après plusieurs démarches, Léon Coisnard est autorisé à pénétrer sur le terrain où reposent des centaines de cadavres : d'un côté, les soldats allemands, de l'autre les GI's et les civils français. Durant trois heures, il tente de reconnaître Bernard parmi tous ces morts dont beaucoup sont horriblement mutilés. L'hallucinante visite ne donne rien. On cherche parmi les blessés entassés sous les tentes, on télégraphie à bord des navires-hôpitaux qui croisent au large. En vain. A chaque fois, Léon Coisnard donne un signalement complet de Bernard. Il précise qu'il portait sur lui un porte-monnaie contenant 1 200 francs en coupure de 100, que dans ce porte-monnaie surtout, il y avait une bague en bronze fabriquée par ses soins alors qu'il était prisonnier en Allemagne, et que cette bague porte ses initiales B.C.

Nouvel espoir quelques jours plus tard. Léon Coisnard apprend que sa vachère a été abandonnée dans une ferme de Mandeville-en-Bessin, chez les Lecoq. A moins de deux kilomètres de l'endroit où elle avait disparu. Il se rend chez les Lecoq qui confirment et donnent tous les détails.

Le jour du débarquement, ils ont bien vu la vachère avec ses roues crevées. Mais en plus du civil blessé, il y avait des soldats allemands dont un était lui aussi dans un triste état. Les soldats ont abandonné la vachère, ont réquisitionné la voiture et le cheval des Lecoq, et sont repartis. Non sans avoir attaché la jument de Léon Coisnard à l'arrière.

C'est une piste. Qui conduit Léon Coisnard jusqu'à Balleroy où la voiture a été retrouvée renversée dans les fossés du château. Puis jusqu'à Vire et La Ferté-Macé où, apprend-il, des blessés du château de Balleroy ont été transportés. Mais la piste s'arrête là, se dilue, s'ensevelit sous les décombres. Léon Coisnard ne peut aller plus loin. Il confie son dossier à la Croix-Rouge. Un dossier parmi des centaines d'autres.

Léon Coisnard retourne à la ferme où l'attend sa famille, chaque fois plus déçue, plus meurtrie. Rien, toujours rien.

Bernard n'a jamais été retrouvé.

CHAPITRE VII

Les kidnappés d'Utah Beach

Le coup d'envoi des débarquements sur Omaha et Utah est donné en même temps : à 6 h 30. Mais les événements qui s'y déroulent n'ont rien de commun. Tandis qu'à une quinzaine de kilomètres plus à l'ouest, les premières vagues d'assaut américaines se font massacrer, la longue plage de la Madeleine, sur la côte du Cotentin, n'offre que peu de résistance à la 4e division du général Barton. Malgré une erreur de deux mille mètres sur le lieu même du débarquement, toute l'opération s'enclenche comme prévu. Seule vraie surprise : la présence de civils.

Dans le Cotentin, c'est comme ça : le long de la plage brune que des marées voraces rendent quotidiennement élastique, le sable et la terre se sont depuis longtemps épousés en d'étranges noces barbares. Ourlées par le vent, coiffées d'une herbe grise et sauvageonne, les dunes s'alanguissent, dégoulinent vers l'intérieur sans apparente férocité. Mais elles s'infiltrent à petites doses gloutonnes, se distillent, s'impriment sur la glèbe. Elles appâtent, offrent le goût du large et de l'infini à des paysans clôturés et qui triment dur.

Comme dans le Calvados, l'Allemand s'est mis en tête de verrouiller l'horizon. Mais il n'a pas détruit ou transformé en blockhaus les villas de bord de mer : elles n'existent pas. Il n'a rien négligé cependant, ni les barbelés, ni les champs minés, ni les pieux plantés pour descendre l'Anglais. Autour de La Brèche du Mont, au débouché de l'une des quatre voies qui s'enfoncent à l'intérieur des terres, les hommes de Rommel ont construit leurs sentinelles de béton : les casemates et les canons du point défensif W5.

Dans ce décor, il y a peu de place pour le civil. Les rares maisons normandes se blottissent dans les chemins creux ; les fermes s'abritent derrière leurs murs de pierre. Presque personne, sauf la famille Gazengel, la famille Lenoury, les Lecadet et les Bertot. Plus quelques autres. Dans des hameaux d'éclaireurs postés à cinq cents mètres de la mer : Les Dunes, La Grande-Dune ou La Madeleine.

A La Madeleine, une rue unique dessert l'école, la superbe chapelle Renaissance et le café-épicerie. M. et Mme Gazengel tiennent boutique. Les affaires ne sont pas mirobolantes. Le hameau n'était déjà pas bien peuplé et les Allemands ont évacué il y a quelques jours tous les habitants du côté droit de la chaussée. Les familles du côté gauche doivent suivre.

Pierre et Andrée Lenoury ont emménagé il y a six mois à peine dans une petite ferme de La Madeleine. Avec leurs deux filles, ils pensaient être tranquilles dans ce coin perdu. L'idée d'un éventuel déménagement les tracasse, d'autant qu'un bébé doit naître prochainement. Pierrette, la troisième fille, choisit le 5 juin pour venir au monde.

A La Grande-Dune, la ferme de La Buissonnerie abrite depuis des lustres la famille Lecadet qui n'imagine pas un seul instant la quitter.

Aux Dunes, le silo à grains de la ferme des Bertot est le plus haut de la région, aussi visible qu'un phare. Plusieurs enfants entourent les parents Bertot : Alcide, Thérèse et Raymond. Seul Jean-Baptiste, qui porte le prénom du père, est marié. Il vit à environ deux kilomètres, dans une ferme plus modeste de Foucarville avec son épouse et leur petit Victor âgé de trois ans. Ici aussi on attend un heureux événement. Pour début juin...

Sous les bombardements, le soir du 5 juin, ils ont tous la même réaction blasée : « Ça ne doit pas être plus grave que d'habitude. On va se coucher. »

Extinction des feux chez les Gazengel. Mais le réveil est brutal. A la pointe de l'aube, tous les carreaux de la maison tombent en miettes, les meubles se couvrent d'une poussière de verre, un éclat d'obus se fiche juste au-dessus du lit de Janyne, la fille unique du couple, âgée de douze ans.

« La maison va nous tomber dessus ! » Thérèse Gazengel entraîne sa fille et son mari à l'extérieur. Ils sortent par la porte de l'épicerie toujours fermée à clé, mais qui s'est arrachée de ses gonds, se dirigent tous trois vers leur tranchée.

« Je ne veux pas y aller ! » s'écrie soudain Janyne qui court vers l'abri des voisins, ou plutôt de leurs cinq enfants, ses copains. Avec eux, elle aura moins peur. Ses parents la suivent... Bonne idée. Plus tard, la tranchée des Gazengel sera labourée par les tirs.

Chez les Lenoury, des bâtiments ont été touchés. Andrée et ses filles sont couchées. Pierre est parti juger l'ampleur des dégâts. Mue comme par un ressort, Andrée s'assoit brusquement sur son lit. C'est à cet instant que la maison s'écroule. Mme Lenoury est prisonnière des gravats, emmurée jusqu'au cou. Ses filles sont dessous. Son mari accourt. Comme un forcené, il se jette dans les éboulis, soulève les pierres, dégage tout d'abord sa fille aînée, puis la cadette dont le lit est en morceaux et enfin sa femme. Toutes les trois sont seulement commotionnées.

Pierre Lenoury craint qu'il n'y ait plus d'espoir pour le bébé. Il prépare son épouse au pire.

« Je la veux, hurle Andrée. Morte ou vive, je la veux ! »

Pierre retourne dans les décombres. Il cherche et retrouve la petite. Pierrette dort tranquillement dans son landau, sans une égratignure. Son père la soulève délicatement et la dépose dans les bras de la maman réfugiée avec ses deux filles dans un coin de la cuisine encore épargné.

Pierre frissonne, il est en bras de chemise. Dans les débris, il tâtonne en aveugle, tire sur un morceau de tissu. C'est une veste. Sa veste de noce qu'il enfile sur son vieux pantalon.

« Qu'est-ce qui nous arrive ? » A Foucarville, la femme de Jean-Baptiste Bertot est restée éveillée presque toute la nuit. Le ciel est magnifique. Les balles traçantes filent comme des étoiles de toutes les couleurs. Un parachutiste s'affale sur un pommier. Un des membres de la famille ouvre la porte du jardin : il le met en joue.

« Civils ici, civils ici », dit le Français.

Le soldat baisse son arme et se dégage des branchages.

Effrayée par les tirs, la famille se réfugie sous l'escalier.

Dans la grande ferme, les autres Bertot ont choisi le porche. C'est là qu'ils se rassemblent pour voir cette nuit comme en plein jour. Malgré l'épaisseur des murs d'enceinte, ils se sentent vulnérables, coincés entre l'aviation et la marine dont l'artillerie fait feu dès 6 heures.

Le père décide d'aller tout de même dans les champs. Il faut récupérer les bêtes. Celles qui sont encore vivantes. Alcide l'accompagne. Les deux hommes regroupent les animaux dans la cour. Un obus décime le troupeau. Quatorze bêtes sont tuées. Au milieu de ce carnage, les Bertot restent pétrifiés. Mais ils sont indemmes.

La ferme de La Buissonnière est complètement déshabillée : plus de vitres, plus de toiture. Les Lecadet risquent une sortie. Des Américains les attendent à la barrière.

« Des balèzes », pense Louis, le fils, âgé d'une trentaine d'années.

Les balèzes font signe à la famille de les rejoindre. Les Français doivent patienter pendant que les Américains font le tour du propriétaire. Avec prudence : une partie du terrain est piégée et, tout autour, les marais sont inondés. L'ensemble est hostile.

Les Américains reconduisent les Lecadet jusqu'à leur porte, puis disparaissent.

« C'est de l'anglais. » Les soldats qui approchent parlent anglais ! Guy Gazengel ne tient plus. Il jaillit de la tranchée. Un soldat le braque, prêt à tirer. Guy Gazengel veut exprimer sa joie, retrouve quelques mots d'école. Mais il doit convaincre. Appelle sa femme et sa fille à la rescousse : « Venez, sortez, montrez-leur qui vous êtes ! »

Il fait les présentations : « Nous sommes des civils français. Voici ma femme et ma fille. » Le soldat a compris, il se décontracte. Un petit attroupement se forme. Dans son anglais approximatif, Guy Gazengel décrit le secteur. Un officier l'interrompt :

« Pouvez-vous venir sur la plage. Le colonel a besoin de renseignements, notamment pour l'emplacement des mines.

— Je vous suis », répond Gazengel, ravi de rendre service.

« J'en ai juste pour une heure ou deux », assure-t-il à sa femme en guise d'au revoir.

Dans son petit bout de cuisine, Andrée Lenoury prépare un semblant de repas. Pierre va ensuite dans le cellier. Le tonneau de cidre est intact. Il tourne le petit robinet, boit quelques gorgées. Il ouvre la porte arrière pour examiner à nouveau les dégâts. L'Américain est devant lui. Agitant son arme, il lui ordonne d'avancer. Un autre soldat le rejoint. Pierre n'avait même pas remarqué sa présence.

Mains en l'air. Le Français veut rentrer. L'Américain lui enfonce son fusil dans les côtes. Pierre doit marcher devant. Comme un prisonnier.

Aux Dunes, la grande ferme des Bertot est trop exposée. La famille décide de se rendre dans une autre propriété familiale, plus à l'intérieur des terres. Alcide, Raymond, Thérèse, leur mère coupent à travers champs. Il y a aussi Maurice Mauny, un Caennais réfractaire au STO, caché chez les Bertot depuis plusieurs mois. Le père ferme la marche. Tout à coup, un para atterrit à quelques mètres d'eux. La famille le dévisage. Il a l'air perdu. M. Bertot prend les choses en main. Tandis que la famille rejoint l'autre ferme, il retourne en arrière avec l'Américain[1].

Le Français va ainsi guider plusieurs parachutistes, passant de temps à autre voir sa femme, pour la rassurer. Un Américain veut même lui donner un fusil. Il refuse :

« Je suis trop vieux », explique-t-il.

Ce n'est pas la seule raison :

« Et s'ils nous refaisaient le coup de Dieppe, songe-t-il, j'aurais bonne mine... »

« Rabatteur » de paras égarés, le père Bertot poursuit ses navettes, à travers champs de mines et lignes de défense. Jusqu'au moment où il disparaît...

1. Ces parachutistes font partie du bataillon de Cassidy chargé d'anéantir la batterie de Saint-Martin mais la plupart sont tombés un peu trop au nord.

Les deux MP qui entrent chez les Lecadet ne parlent pas non plus français. De nouveau, c'est le langage des signes. Mais les ordres sont clairs.

Raymond Lecadet doit les accompagner, sans discussion. Ce n'est pas le genre à discuter, d'ailleurs, le fils Lecadet. Avant de partir, pourtant, il voudrait ranger sa bicyclette car elle est « sous le feu ». Les Américains, eux, ne comprennent pas ce souci domestique.

Le père Lecadet balaie les débris de verre devant la maison. Il finira une autre fois : lui aussi est emmené.

Un autre fils est également présent. Mais il porte un enfant dans ses bras. Les Américains le laissent.

Au débouché de la chapelle de La Madeleine, les Lecadet constatent avec surprise que le secteur est déjà déminé et qu'une nouvelle route a été tracée. Direction, la plage...

« C'est pas possible, moi aussi je vais débarquer ! » Sous l'escalier, la femme de Jean-Baptiste Bertot est prise de douleurs. La maison s'est transformée en fortin. Autour des Français, toute une armée s'agite. Parfois, un officier se penche vers eux :

« Les Boches ?

— Ils ne sont pas loin... »

La future maman se tord et gémit. Il faudrait un médecin. Mais où le trouver ? Et comment sortir ?

Les Américains transportent des blessés et les installent au premier étage. Mme Bertot n'en peut plus. Elle voudrait s'allonger là, sous l'escalier.

« Ils mettent les blessés là-haut, lui dit sa mère. Il y a peut-être un docteur. »

Elle grimpe à l'étage. Dans les grandes chambres, des blessés sont couchés sur la paille étalée sur le sol. La mère appelle : « Docteur ? docteur ? »

Un homme se manifeste. Le médecin William J. Best fait aussitôt transporter la jeune femme dans une autre pièce. Quelques minutes plus tard, il reçoit un superbe garçon.

« Il faut l'appeler America ! » clame-t-il rayonnant.

La maman sourit, mais le prénom est déjà choisi, ce sera Jean-Yves.

Guy Gazengel et Pierre Lenoury parviennent presque ensemble à la plage. Ils ne la reconnaissent pas. C'est désormais Utah Beach. L'extraordinaire armada américaine est à pied d'œuvre. Les bateaux stationnent sur les flots, coque contre coque. Et déversent à jets continus sur le sable une quantité incroyable d'hommes et de matériel.

A La Brèche, une bannière indique l'emplacement du PC. C'est ici que les deux Français doivent répondre aux questions des officiers. Gazengel se croit encore libre. Lenoury, lui, se sent déjà captif. L'épicier répond très volontiers aux questions. Il dit tout ce qu'il sait des défenses ennemies, des travaux camouflés, des terrains dangereux. Il est étonné lorsqu'on l'interroge sur l'occupation, sur l'attitude des Allemands. Mais il répond quand même.

Même scénario pour Pierre Lenoury. Sauf que le Normand, toujours sous le coup de son interpellation, est moins loquace.

Après l'interrogatoire, les Français sont « gardés à vue » dans un coin de la plage. Interdiction de repartir. On a encore besoin d'eux.

Une demi-heure plus tard, les deux Français creusent à la hâte des trous individuels : les batteries allemandes de Crisbecq ripostent. Les deux hommes, le menton au ras du sable, contemplent tout à la fois la bataille et l'impressionnant débarquement qui se poursuit malgré tout. Les premiers bulldozers quittent la plage, gravissent les dunes. Bientôt, à travers les champs, à travers les haies, ils arracheront arbres et clôtures pour tracer de nouvelles voies et désengorger les routes déjà saturées.

Un obus explose près des deux Français. Deux éclats blessent Guy Gazengel au front et au bras.

Lorsque les autres civils les rejoignent, Guy Gazengel et Pierre Lenoury ont été poussés derrière des barbelés. Les Lecadet, le père Bertot, et des voisins, Louis Lerévérend, le fils Lecomte sont également en état d'arrestation. L'interrogatoire reprend avec toujours les mêmes questions étranges :

« Que faisaient les Allemands ? Étaient-ils gentils avec vous ?

— Ben oui, correct », répond Louis Lecadet. Dire le contraire serait mentir. Et Lecadet ne sait pas faire de grandes phrases. Aucun des Normands d'ailleurs ne cherche à expliquer ce qu'ont représenté ces quatre années d'occupation. Quand des étrangers viennent bouleverser votre environnement, réquisitionner vos bêtes, miner vos herbages. Raconter tout ça, sur cette plage, en pleine bataille reviendrait à se disculper. Et se disculper de quoi ?

L'officier américain fait mettre les Français dans l'enclos réservé... aux prisonniers allemands qui les accueillent d'un regard narquois.

« Ils se foutent de nous ma parole ! » Guy Gazengel rouspète. Il a assez joué. Et puis sa femme doit s'inquiéter : « Allez au moins prévenir chez moi ! »

Un soldat est envoyé à La Madeleine. Marthe apprend ainsi que son mari est blessé. Elle croit comprendre que le soldat se propose de les conduire à la plage.

L'épicière et la fillette suivent l'Américain. Les tirs sont si violents, le bruit si assourdissant que Janyne a l'impression que ses tympans éclatent. Elle grimpe sur la dune. La mer n'est plus qu'un gigantesque bateau... Une cascade d'images l'assaillent, lui donnent le vertige : des navires sombrent dans d'immenses gerbes d'eau. Les hommes se noient, tandis que sur la plage d'autres s'écroulent en hurlant. De la mer on tire vers les dunes et de l'intérieur on arrose la plage. L'enfant se jette par terre et sanglote. Choquée, elle ne veut plus, elle ne peut plus avancer.

La mère et la fille font demi-tour. Marthe est angoissée, désespérée. Apitoyés, des GI's tentent de la rassurer.

« Soyez sûre, il va très bien.

— Il va mourir, se lamente l'épicière.

— Mais non, il a quatre-vingt-dix chances sur cent de s'en sortir. »

Ça fait des heures maintenant qu'Andrée Lenoury attend dans sa cuisine avec ses trois filles.

En fin de matinée, Mme Gazengel est passée. Elle se voulait apaisante : « Ne vous en faites pas, mon mari est parti à la mer donner des renseignements. Pierre est sûrement avec lui. »

L'épicière n'était pas restée. Il lui fallait s'occuper des enfants de sa voisine grièvement blessée d'une balle dans le cou [1]. Dans l'après-midi, l'absence de Pierre devient éprouvante. Andrée guette en vain le retour de son mari. Dehors, le chaos ne cesse

1. Cette dame décède dix-huit jours plus tard.

de s'amplifier. Elle est seule sur le front. Avec un bébé et deux fillettes : l'aînée a quatre ans, la cadette deux ans.

L'obscurité s'annonce. Les Français sont toujours pris en otages, enfermés dans l'enclos. Le débarquement ne ressemble vraiment pas à ce qu'ils avaient imaginé.

On vient enfin les chercher. Noyés dans le flot des prisonniers allemands, ils ne comprennent toujours pas ce qui leur arrive. Ils ont beau protester, personne ne les écoute. On les pousse. On les fait entrer dans l'eau jusqu'à la poitrine. Ils se hissent sur une barge. Pierre Lenoury est toujours avec sa veste de noce, son pantalon usé et ses sabots.

Changement d'embarcation derrière les îles Saint-Marcouf. Il faut grimper sur un filet de corde qui pend le long de la coque. Louis Lecadet surveille anxieusement les efforts de son père qui, âgé de plus de soixante ans, peine dangereusement. Tout le monde se retrouve à fond de cale. Petite distinction tout de même : les Français sont séparés des Allemands et ont droit à une cale chauffée où ils peuvent se sécher. L'attente dure soixante-douze heures. Ils sont régulièrement nourris, correctement traités, mais ne savent toujours pas ce que l'on attend d'eux. Les quelques officiers qui viennent de temps en temps leur rendre visite ne leur apportent aucune réponse.

Samedi, le bateau est rempli de prisonniers : il peut prendre le large. Louis Lecadet ne veut toujours pas croire qu'il vogue vers l'Angleterre.

Et pourtant, ils arrivent à Londres. Complètement déboussolés, les Français espèrent enfin que cette histoire de fous va s'éclaircir. Ils seront déçus. Jusqu'au bout... Pourtant, cette fois, on s'occupe d'eux : ils reçoivent des vêtements, sont hébergés dans un dortoir de la Patriotic School, mangent à leur faim. Mais ils gardent la désagréable impression d'être prisonniers. Toute communication avec l'extérieur leur est interdite ni lettre, ni sortie. Ils sont au secret. Par contre, les interrogatoires se multiplient. Le centre d'intérêt des enquêteurs se déplace. Les Allemands cèdent la vedette au général de Gaulle :

« Que pense de lui la population française ? Sera-t-il bien reçu à son retour ? Son attitude est-elle bien perçue en France ? »

D'abord soupçonnés de collaboration avec l'ennemi sous

prétexte qu'ils n'avaient pas quitté leurs terres, les Normands deviennent maintenant des sondés de l'opinion publique. Les alliés cherchent à se faire une petite idée de la popularité du Général. Les Français ont très nettement l'impression qu'on les utilise à des fins politiques qui les dépassent. Mais ils sont bel et bien pris au piège.

Un jour, les Anglais pousseront l'humour jusqu'à leur demander ce qu'ils font là ! « On aimerait bien le savoir », rétorque Guy Gazengel excédé.

Les Britanniques ont réponse à tout : « Ce n'est pas nous qui vous avons embarqués, mais les Américains. » Un officier confiera même un jour être bien embarrassé de ce « colis » un peu trop hâtivement expédié outre-Manche.

Et ça continue. D'autres civils échouent encore à la Patriotic School. Et parmi eux, encore des gars du pays : Pierre Marie par exemple et Maurice Mauny, le réfractaire. Il se trouvait dans le secteur d'Utah avec ses faux papiers tamponnés croix gammée. D'avoir voulu tromper les nazis lui vaut d'être arrêté par les Américains.

Et puis un jour, les arrivées cessent brusquement et on commence à parler de départ.

Le père Bertot est le premier rapatrié. Avec des excuses. Les alliés se sont rendus compte que non seulement il ne collaborait pas, mais qu'il était agent de renseignements de la résistance. Onze jours après son enlèvement, il rentre en Normandie, escorté jusqu'à la ferme où il retrouve sa famille.

Six semaines plus tard c'est le grand retour. Guy Gazengel et les Lecadet descendent ensemble du camion anglais qui, de Gold Beach, les a conduits à Carentan.

Pendant toutes ces semaines, Mme Lecadet n'a pas quitté La Buissonnerie. Elle avait reçu la visite d'un soldat. Il lui avait expliqué : « On les a emmenés pour les questionner, ensuite ils reviendront. » Depuis, sans se décourager, Mme Lecadet attendait. Jusqu'au moment où les deux silhouettes familières apparaissent dans l'encadrement de la porte...

Marthe Gazengel, elle, ne savait rien. Guy était-il parti pour l'Angleterre ? Avait-on soigné ses blessures ? Était-il mort ?

Marthe et Janyne ont fui La Madeleine. Elles ont trouvé refuge chez une tante, à Vierville.

C'est Janyne qui, d'une fenêtre, aperçoit son père la première. Il est venu à pied de Carentan. La fillette se précipite dans la rue : « C'est papa ! c'est papa ! »

La tante cherche Marthe dans la maison : « Viens, lui dit-elle. Il y a des nouvelles de ton mari. Des renseignements intéressants. » Elle l'entraîne dans le jardin où Guy l'attend déjà...

Depuis le 6 juin, Andrée Lenoury se débat dans un trou noir. Elle n'a pas de famille à La Madeleine. Et elle ne peut rester chez elle : les murs encore debout menacent de s'écrouler.

Pendant trois jours et quatre nuits, Andrée Lenoury et ses filles se terrent dans les fossés et les sentiers de La Madeleine et de La Grande-Dune. Andrée marche, son aînée cramponnée à sa jupe, les deux autres dans les bras. Quand les explosions sont trop proches, elle pousse les petites dans un fossé et se couche sur elles. Elle n'a plus assez de lait pour nourrir le bébé. Le choc sans doute. Elle croise des Américains qui donnent gâteaux et chocolat aux deux fillettes. En chemise de nuit, Andrée marche, marche, marche comme une somnambule. Fort heureusement, les petites sont habillées.

Régulièrement, Andrée Lenoury retourne près de la maison, comme aimantée par l'espoir. Un jour, un camion allié stationne dans la cour. Les soldats sont chargés de la prévenir : « Votre mari est en Angleterre. Il va revenir. »

La jeune femme écoute à peine. Elle ne sait plus où elle en est. Et laisse repartir le camion. A nouveau seule avec les petites.

Au quatrième jour enfin, un oncle vient les chercher dans sa voiture à cheval. Il les ramène chez lui, à Carquebut, situé à une douzaine de kilomètres.

Un peu plus tard, Andrée et ses filles s'installent chez la grand-mère. Dans un hameau de Ravenoville, curieusement nommé « le village de la Guerre ».

Quinze jours après la disparition de Pierre, Bertot le « revenant » vient voir Andrée : « J'étais avec lui. Ne vous faites pas de soucis, il est bien vivant. »

Andrée Lenoury enregistre. Mais ces trois jours de calvaire l'ont brisée. Très vite, les plus sombres pressentiments la reprennent. Elle poursuit son idée fixe, finit par retourner les propos de M. Bertot : « Il me raconte ça pour me rassurer, mais c'est pas vrai. D'ailleurs, si lui est rentré, pourquoi pas Pierre ? » Déduction logique : « Parce qu'il est mort. »

Trois, quatre, cinq semaines... Aucune nouvelle. La jeune femme se rend au presbytère, commande une messe du souvenir. Pour l'âme de Pierre.

Le curé refuse : « Attendez, Mme Lenoury. Laissez faire le temps. »

La sixième semaine se passe... Pierre Lenoury descend lui aussi d'un véhicule allié à Carentan. Dans le bourg, il rencontre un copain, Paul Héroux :

« Te voilà Pierre, t'es revenu !

— Je vais à La Madeleine voir si je retrouve quelqu'un... Je ne sais pas si elles sont encore vivantes.

— Ne te décourage pas comme ça. Va plutôt à " la Guerre ", chez ta grand-mère. Ta femme et tes gosses sont là-bas. »

Quand Pierre entre au « village de la Guerre », Andrée étend du linge, les deux fillettes jouent de l'autre côté, avec des voisins. La grand-mère est dans une chambre avec le bébé.

« Voilà Pierre ! » crient les gosses du voisin.

« Voilà papa ! » reprennent les deux filles en écho.

Les enfants l'ont reconnu malgré cet étrange bouc et ces cheveux longs qui encadrent un visage amaigri.

Alertée par les cris, Andrée se retourne. Pendant de longues secondes, elle regarde l'étranger qui se tient devant elle et se demande · « Mais qui est ce grand monsieur ? »

Épilogues

Sainte-Mère-Église : Georgette retrouve « son » para

Georgette Monnier-Flais se souviendra longtemps du quarantième anniversaire du débarquement.

Le 6 juin 1984, elle devait se contenter de suivre à la télévision le journal de 13 heures sur la Une, en direct de Sainte-Mère-Église. Ce jour historique est toujours férié sur la côte, mais pas à Alençon où Georgette est professeur de lettres anciennes.

Aux côtés d'Yves Mourousi, prennent place un vétéran américain et Philippe Jutras, conservateur du musée de Sainte-Mère. M. Jutras prend le micro et lance un avis de recherche :

« Un Américain, M. Maughan est avec moi. Il est tombé le 6 juin 1944 sur les épaules du Dr Monnier. Si nous pouvions retrouver sa fille... »

Georgette est abasourdie. Depuis le temps, elle n'y croyait plus...

Pendant de longues années, avec ses parents, elle avait cherché à retrouver le parachutiste US et le soldat allemand qui s'étaient retrouvés face à face dans leur jardin.

De son côté, Maughan avait multiplié les démarches. Dans les années 70 déjà, des voisins avaient révélé à M. et Mme Monnier : « Pendant votre absence tout à l'heure, des étrangers sont passés. Nous n'avons pas bien compris ce qu'a dit le monsieur, mais il nous a semblé qu'il voulait aller dans votre jardin. »

Était-ce Maughan ? Ou bien Werner ?

Pour le quarantième anniversaire, Maughan fut hébergé par une famille française, à quelques kilomètres du bourg. Maughan fit comprendre qu'il voulait revoir « son » vétérinaire. Surpris, les Français allèrent cependant chercher le vétérinaire, un jeune homme, récemment installé à Sainte-Mère.

« Mais non, ce n'est pas celui-là. »

L'Américain était déçu. Mais il insista : à Sainte-Mère, il pouvait montrer la maison. Direction, la place de l'église... Satisfait, le vétéran glissait un mot dans la boîte aux lettres.

Il ignorait que le vétérinaire et son épouse étaient décédés et que leur maison avait été vendue. Les nouveaux propriétaires trouvèrent la missive, rédigée bien sûr en anglais. Ils l'apportèrent à Philippe Jutras, qui traduisit : « Vous m'avez sauvé la vie, je veux absolument vous revoir. » C'est donc ce message que, quelques heures plus tard, le conservateur lance à la télévision...

Georgette et son mari parviennent à franchir tous les barrages routiers : les chefs d'État des pays alliés sont sur la côte normande, il n'est pas facile d'approcher du lieu des cérémonies officielles. Le couple rejoint cependant Sainte-Mère, où Georgette retrouve Maughan. Ils revivent avec émotion la fameuse nuit et le vétéran américain évoque le souvenir du soldat allemand :

« Je ne sais pas ce qu'il est devenu, dit-il à Georgette. Mais je voulais que vous sachiez que je ne l'ai pas tué. Je serais même heureux de le revoir... »

La pochette de Jeannette

Sainte-Mère-Église possède un musée digne de l'épopée vécue par la commune. Mais à Sainte-Mère, d'autres lieux conservent intact le souvenir du débarquement allié. Ainsi le restaurant de Jeannette Legoupillot-Pentecôte qui accueille en permanence les vétérans. Certains se souviennent qu'en 1944, l'établissement existait déjà. Normal : il fête ses soixante-dix ans. Dans son livre d'or, Jeannette recueille les signatures de tous les Américains qui viennent goûter sa cuisine typiquement française et familiale. Ils inscrivent une petite phrase sur le livre, lisent les dédicaces plus anciennes comme celle de John Steele, le célèbre para du clocher de l'église.

En 1944, les parents de Jeannette possédaient non seulement ce restaurant, mais également une boucherie. Quelques jours après le 6 juin, la jeune fille aidait son père et se tenait à la caisse. Le gros de la troupe américaine progressait vers l'intérieur. Et passait devant la boutique. L'un des soldats s'arrêta et s'adressa à Jeannette, la première demoiselle qu'il rencontrait : « Mademoiselle, avant de partir, ma maman m'a donné une pochette pour offrir à une jeune fille française. Je vous la remets. »

Pendant des années, Jeannette garda précieusement ce foulard avant d'en faire don au musée de Sainte-Mère.

Yvette, la mariée de Port-Filiolet

Deux ans après la mort de son père tué par un parachutiste américain, Yvette Laisney se marie avec Gaston Alexandre. Elle veut une robe pour la cérémonie, une jolie robe longue et blanche, une vraie robe de mariée.

Mais le tissu est toujours aussi rare et aussi cher. Depuis la nuit du 5 au 6 juin 1944, le parachute a été mis à toutes les sauces : il a d'abord servi de linceul lorsque les cercueils manquaient, puis s'est fait découper en pièces détachées pour les vivants. Il se porte en chemise pour les hommes et en corsage pour les femmes. On fait même du tricot avec les suspentes composées chacune de neuf cordons qui sont ensuite patiemment défilés puis reconstitués en pelotes.

Yvette, elle, se taille une robe de mariée en nylon dans un grand parachute blanc immaculé, avec fronces et parements. La robe du souvenir...

Le mystère de la bavure de Brécourt

Le 19 juin 1947, vers 20 h 30, une grosse voiture américaine s'arrête devant le portail central du manoir de Brécourt. Deux officiers de l'armée US accompagnés de deux femmes descendent. Michel de Vallavieille se porte à leur rencontre...

« Vous étiez là au débarquement, interroge l'un des deux officiers.

— Oui.

— Il y avait un vieux monsieur, un colonel de l'armée française...

— C'était mon père.

— Et puis un jeune aussi. Son fils. Il a été blessé. Il n'est pas mort.

— Non, mais il a bien failli, c'est moi... »

Les deux officiers restent muets de stupeur. Ils semblent soudainement pressés. Tout le monde s'engouffre dans la voiture qui démarre en trombe. Une vitre s'abaisse, trois cartouches de cigarettes tombent aux pieds de Michel de Vallavieille. Il vient sans doute de rencontrer deux de ses « agresseurs », mais n'en saura jamais plus.

Cinquante ans après, on ne s'explique en effet toujours pas la méprise des parachutistes de la 101e Airborne. Mais Louis de Vallavieille, le frère cadet de Michel, avance tout de même une hypothèse :

« Tout ceci est arrivé, et la suite se révéla encore plus significative à cet égard, parce que les gens ne se comprenaient pas. Avant de parvenir à Brécourt, explique-t-il, les paras passèrent par le hameau du Grand Chemin et se renseignèrent auprès des villageois qui, effrayés, durent s'exprimer maladroitement. Plus tard, certains habitants ont d'ailleurs avoué avoir " fait une bêtise ". Dans ces conditions, il est probable que les paras nous prirent soit pour des Allemands déguisés en civils, soit pour des Français partisans des Allemands... »

Mais Léon Jean, qui fut l'adjoint de Michel de Vallavieille durant trente-neuf ans au sein du conseil municipal de Sainte-Marie-du-Mont, ne croit pas réellement au malentendu :

« Michel de Vallavieille a été abattu à cause d'une dénonciation calomnieuse. Au Grand Chemin, quelqu'un s'est empressé d'affirmer aux parachutistes en leur désignant le manoir de Brécourt : " Les Boches, ils sont tous là. C'est tout boche là-dedans... "

« D'ailleurs Michel de Vallavieille savait qui était responsable de cette calomnie. Et cette personne, qui vit toujours, sait que je sais... »

Dernier mystère : les hommes de la compagnie E qui s'emparèrent de la batterie de Brécourt et avec lesquels, dans les années qui suivirent la guerre, la famille de Vallavieille noua des liens d'amitié, ont toujours nié être les auteurs de cette bavure.

Quoi qu'il en soit, Michel de Vallavieille, décédé à la fin de 1992, ne tint pas rancune aux Américains. Bien au contraire, il devint un fervent et très estimé gardien du souvenir du débarquement. Maire de Sainte-Marie-du-Mont, il fut à l'origine de la création du musée d'Utah Beach, et vécut tout le reste de son existence au manoir de Brécourt.

La longue course de Mercader

Le combat de Guillaume Mercader n'allait pas prendre fin avec la libération de Bayeux. Dès le 15 juin, détaché par le général Koenig, mission Sussex, le chef local de la résistance rejoignait l'OSS (Office of Strategic Service, autrement dit les services secrets américains), 12e groupe d'armées du général Patton. Sous les ordres du colonel David Bruce, il participa alors à plusieurs missions secrètes et couvrit toute la campagne de France. Le 14 avril 1945, il eut le triste privilège d'être l'un des premiers officiers français à pénétrer dans les camps d'extermination : Buchenwald, Dora, Dachau.

De retour dans sa Normandie natale, Guillaume Mercader reprit et développa considérablement son commerce de cycles, ouvrant cinq magasins. Il eut également la surprise de constater qu'une fois le danger passé, la résistance avait fait bien des adeptes et que, pendant son absence, « beaucoup de gens s'étaien accaparé des actions dont ils n'avaient pas été responsables ».

Comme le destin fait parfois bien les choses, Guillaume Mercader devint un peu plus tard directeur-gérant de la publication locale *La Renaissance le Bessin* qui peut s'enorgueillir d'être le premier journal de la France libérée avec un numéro 1 datant du 23 juin 1944.

Guillaume Mercader vit aujourd'hui au milieu de ses souvenirs dans sa grande maison de la rue Saint-Loup à Bayeux, à deux pas du musée de la Bataille de Normandie. A quatre-vingts ans, il a conservé une stupéfiante jeunesse d'allure et sa fine silhouette de « coursier de la côte ». D'ailleurs, son vélo, le même qu'il y a cinquante ans, attend toujours dans le cellier. On ne sait jamais...

La vie après

« Elle souffrait de blessures si sérieuses que je ne pensais pas qu'elle survivrait », a écrit l'infirmière anglaise d'Odette Mousset, en conclusion de sa note de soins.

La Moussette s'en est sortie. Après son amputation, elle a subi une multitude d'interventions pour extraire, un par un, les innombrables éclats logés le long de sa colonne vertébrale.

En Grande-Bretagne toujours, elle a été appareillée. Pendant sa rééducation, des soldats, amputés comme elle, l'entraînaient à marcher, à supporter cette prothèse terriblement lourde. Elle faisait chaque jour le tour d'un court de tennis : « C'est si grand un tennis ! »

Odette Mousset est rentrée en France le 16 mai 1945. A Ouistreham elle a réappris à vivre, assurant la direction de son hôtel reconstruit. Durant de longues années, de minuscules bouts de ferraille, encore enfouis dans sa chair, lui rappelèrent douloureusement un certain 6 juin 44. La Moussette est décédée en avril 1993.

Le curé de la côte

Depuis plus de quarante ans, l'abbé Raphaël Blin est curé de Lion-sur-Mer, paroisse située à dix kilomètres de Graye.

« Je suis un de ces vieux malades de la mer », dit-il.

Un jeune vicaire s'étonna un jour de ne pas le voir plus souvent à Bayeux.

« C'est qu'il y a du travail sur la côte, lui expliqua l'abbé.

— C'est ça, restez-y, lâcha le vicaire. Regardez passer les bateaux. »

Cinquante ans après le débarquement, l'abbé Raphaël Blin regarde toujours passer les bateaux, pédalant, soutane au vent, au-dessus des eaux.

Le syndrome des kidnappés

Selon leur personnalité, les kidnappés d'Utah assumèrent très différemment leur incroyable aventure.

Les Lenoury n'ont jamais réussi à oublier. Tramautisée par ses trois jours d'errances, Andrée a été victime d'un blocage psychologique, pendant de longues années. Quant à son mari, il exprima sa rancune en refusant obstinément d'assister aux cérémonies commémoratives du débarquement.

Pierre Marie a également été choqué. Il a traversé la Manche dans la même cale que les prisonniers allemands qui « se foutaient de moi ouvertement ». C'est surtout cela qu'il n'a pas supporté.

M. Bertot est revenu la tête haute. Il a pardonné.

Guy Gazengel également. Sa fille, fervente admiratrice des vétérans américains, guida, jusqu'à sa retraite prise en 1993, les visiteurs du musée d'Utah Beach.

Après l'effroi du premier jour, Louis Lecadet a apprécié la courtoisie britannique. Il a considéré ce séjour comme une petite contrariété dans « un grand chambardement » qui, lui, avait duré quatre années. Reste que cette affaire ne fut jamais réellement éclaircie. Il est vraisemblable que les Normands furent soupçonnés de collaboration avec l'ennemi. Les Américains n'avaient pas le temps d'enquêter : ils les expédièrent outre-Manche.

A la fois méfiants et embarrassés, les Anglais firent « durer le plaisir ». Le rapatriement, il est vrai, présentait des risques : les alliés continuaient à se battre autour de Carentan.

Un cinquantenaire sans Pegasus Bridge

Quarante-neuf ans après être entré dans l'histoire, Pegasus Bridge a dû rendre les armes. Des techniciens sans mémoire l'ont trouvé trop rouillé, trop fissuré, et surtout trop étroit. Le pont de Bénouville finissait par gêner le progrès. Il empêchait le canal de Caen de prendre ses aises, et face aux nécessités de l'économie, le modeste tablier de métal gris ne faisait pas le poids.

Le 10 novembre 1993, le symbole a donc été livré aux démolisseurs. On l'a découpé en morceaux et — cruelle ironie du sort — des grues allemandes l'ont soulevé et déposé dans un marais voisin, à quelques pas de l'endroit où Howard, ses planeurs et ses « braqueurs » entamaient un hold-up de légende.

L'opération ne s'est pas faite sans douleur. Les gardiens du souvenir s'étaient mobilisés pour empêcher le sacrilège et, parmi eux, les vétérans de la 6e Airborne britannique qui ne comprenaient pas et ne comprennent toujours pas l'injure faite au géant d'hier viré comme un petit vieux hors d'usage, atteint par la limite d'âge.

Impuissants devant le crime, ils ont revendiqué le droit d'emporter la dépouille. De l'autre côté de la Manche, une maison de retraite attend Pegasus Bridge. Un musée où il trônerait à tout jamais parmi d'autres reliques des jours glorieux sans crainte d'un avenir ignominieux.

Mais le mal est fait, et la prochaine veillée des survivants du « Ox and Bucks Light Infantery » qui, chaque 6 juin, à 0 h 16, sablent le champagne de la victoire sur le théâtre de leurs exploits, aura un goût amer. Pour la première fois depuis cinquante ans, les visiteurs du soir ne retrouveront pas Pegasus Bridge.

Ce qui amène une question. Bêtement sentimentale. S'il est vrai que depuis des années le pont de Bénouville entravait le trafic fluvial, pourquoi ne pas avoir attendu encore un peu ? Qu'était-ce un an de plus en regard de l'histoire ? Pegasus Bridge méritait bien un cinquantenaire.

ANNEXES

OVERLORD

L'opération Overlord (Suzerain) du 6 juin 1944 a été, par les moyens mis en œuvre et les effectifs engagés, le plus grand débarquement de l'histoire.

Commandant suprême du corps expéditionnaire allié, le général américain Dwight D. Eisenhower a sous ses ordres : le maréchal de l'Air Sir Arthur Tedder (commandant suprême adjoint), l'amiral anglais Sir Bertram Home Ramsay (commandant en chef des forces navales alliées), le maréchal de l'Air anglais Sir Trafford Leigh-Mallory (commandant en chef des forces aériennes alliées), et le général anglais Bernard Law Montgomery (commandant des forces terrestres, c'est-à-dire le 21e groupe d'armées). C'est à partir de ce staff que s'opère la coordination air-mer-terre d'une des plus incroyables aventures militaires de tous les temps.

Neptune ou l'extraordinaire armada

La phase maritime d'Overlord, baptisée Neptune, débute à 22 heures, le 5 juin : 6 939 navires, chargés d'amener sur les plages normandes les cinq forces d'assaut composées de 132 700 hommes (57 500 Américains et 75 200 Britanniques et Canadiens), ont quitté leurs ports d'attache disséminés sur la côte anglaise, se sont rassemblés au large en un point appelé Piccadilly Circus, et se dirigent en convois, dans des couloirs préalablement déminés, vers la côte française. C'est une extraordinaire armada qui se déploie sur les eaux de la Manche. Outre la force de débarquement proprement dite comprenant 4 126 navires, barges et péniches, la flotte logistique est composée de 736 bateaux auxiliaires et 864 bateaux marchands chargés de vivres, de munitions, sans oublier les hôpitaux flottants : 54 de ces navires sont sacrifiés. Ils seront coulés pour former des rades artificielles. L'escadre de combat compte 137 vaisseaux de guerre : 7 cuirassés, 23 croiseurs (dont les français *Montcalm* et *Georges-Leygues*), 221 destroyers, frégates, corvettes, 495 vedettes, 58 chasseurs de sous-marins, 287 dragueurs de mines, 4 poseurs de mines, 2 sous-marins.

« *Go !* »

Dans la nuit du 5 au 6 juin, et avant que l'infanterie ne se lance à l'assaut du mur de l'Atlantique, les troupes aéroportées sont chargées de constituer des têtes de pont à l'intérieur des terres. Ceci afin de protéger les flancs de la zone de débarquement.

1. Dans le Cotentin, la 82e Airborne (général Ridgway) et la 101e Airborne (général Taylor) américaines, soit 15 500 hommes et 512 planeurs, ont pour mission :
D'assurer une tête de pont à l'ouest de la rivière le Merderet.
De s'emparer de Sainte-Mère-Église, Beuzeville et Pont-l'Abbé.
De neutraliser les quatre issues de Utah Beach.

2. Dans le Calvados, la 6e division aéroportée britannique (général Gale), soit 7 990 hommes et 355 planeurs doit :
Neutraliser l'espace entre l'Orne et la Dives.
S'emparer de la batterie côtière de Merville.
S'emparer des ponts de Bénouville et de Ranville.
Détruire les sept ponts sur la Dives.

A 0 h 10, les premiers parachutistes alliés touchent le sol. Ce sont les éclaireurs chargés de délimiter les « drop zone » où doivent être larguées les troupes aéroportées. Moins de dix minutes plus tard, les trois planeurs du major Howard se posent à quelques mètres du pont de Bénouville. A partir de 0 h 30, le ciel du Cotentin et du Calvados se couvre d'une multitude d'avions et de planeurs. Entre 1 heure et 2 h 30 du matin, les parachutistes américains et britanniques sautent en plusieurs vagues sur leurs objectifs, lesquels sont atteints avec plus ou moins de bonheur. Vers 3 h 30, d'autres planeurs amènent renforts et matériel lourd.

Le débarquement

Le 6 juin, à 5 h 50 du matin, l'escadre de guerre alliée commence à pilonner les défenses côtières allemandes. Dix minutes plus tard, près de

1 500 bombardiers prennent le relais et déversent plus de 5 000 tonnes de bombes sur les fortifications ennemies. Les bombardements prennent fin cinq minutes avant l'heure H.

A 6 h 30, la 1re armée américaine du général Omar N. Bradley débarque à Utah Beach, sur la côte orientale du Cotentin (7e corps US du général Collins) et à Omaha Beach, entre les villages de Vierville-sur-Mer et Colleville-sur-Mer, dans le Calvados (5e corps US du général Gerow). A 7 h 10, le 2e bataillon des Rangers du lieutenant-colonel Rudder se lance à l'assaut des falaises de la pointe du Hoc, à l'est d'Omaha.

La 2e armée anglo-canadienne du général Sir Miles Dempsey est chargée du secteur compris entre Arromanches et Ouistreham. Les troupes britanniques prennent pied sur les plages de Gold et Sword à 7 h 30, tandis que les Canadiens débarquent à Juno une demi-heure plus tard.

C'est à Ouistreham (Sword) que s'illustrent les 177 Français du 1er bataillon de fusiliers marins, les célèbres Bérets verts du commandant Kieffer ; 70 d'entre eux sont tués dès le 6 juin.

En face

Bien que considérablement renforcé depuis la prise de commandement d'Erwin Rommel, le mur de l'Atlantique n'est pas la forteresse invulnérable vantée par la propagande nazie. Mais tel qu'il se présente, avec ses champs de mines, ses pièges plantés sur les plages, ses points fortifiés constitués de blockhaus, canons en casemates et nids de mitrailleuses et sa ligne de feu meurtrière, l'obstacle apparaît redoutable.

Commandant du groupe d'armées B stationné de la Hollande à la Loire, le maréchal Rommel dispose de 42 divisions. Seules, 6 divisions d'infanterie et une division de blindés (la 21e) stationnent dans la zone du débarquement. Ce qui représente environ 100 000 hommes, soit 50 000 soldats de moins — en comptant les parachutistes — que l'armée d'invasion.

Mais ce chiffre ne tient pas compte de la qualité très inégale des troupes allemandes chargées de la défense des côtes. Certaines unités de la Wehrmacht comprennent parfois 50 % d'étrangers originaires des pays de l'Est occupés.

Les autres divisions blindées sont tenues en réserve entre Seine et Loire : la 12e SS (Hitler Jugend) et la division blindée Lehr stationnent à Saint-Pierre-sur-Dives, Évreux et Épernon. Trois autres, 1re SS, 2e et

16e, attendent au nord de la Seine, du côté de Mons, Péronne et Senlis. Leur absence sur le front, le jour J, jouera un rôle primordial dans la victoire des alliés.

Enfin, face à la formidable force aérienne anglo-américaine — pour la seule journée du 6 juin, plus de 10 000 appareils déverseront 12 000 tonnes de bombes sur les défenses côtières —, la Luftwaffe ne dispose sur le front Ouest que de 300 appareils.

Au soir du 6 juin

Les objectifs prévus ont été globalement atteints et les alliés tiennent solidement leurs têtes de pont.

Dans le Cotentin. Sainte-Mère-Église est tombée aux mains du 505e régiment de parachutistes, mais la situation reste confuse et incertaine dans les marais, aux abords du Merderet et de la Douve. Mal largués, éparpillés au sol et souvent loin de leurs objectifs, les hommes de la 82e Airborne doivent le plus souvent improviser pour accomplir leur mission et rattraper le temps perdu.

Par contre, le débarquement d'Utah Beach est un succès complet : les troupes tiennent un secteur d'environ 3,5 km de large sur 4 ou 5 km de profondeur. La jonction s'est opérée avec les paras de la 101e Airborne.

Dans le Calvados. Les Anglo-Canadiens tiennent fermement le secteur de Gold, Juno et Sword. La nationale 13 est coupée. Les alliés sont aux portes de Bayeux (ils y entreront le lendemain) et de Caen (ils y resteront jusqu'au 9 juillet). Ouistreham est en cours de « nettoyage ». La jonction a été faite avec la 6e division aéroportée britannique qui tenait les ponts de Bénouville et Ranville. Dans les marais de la Dives, dans le bois de Bavent et du côté de Troarn, la situation est plus difficile, mais tous les ponts ont été sabotés.

Omaha Beach est le seul point noir réel du jour J. Encore que depuis midi, heure à laquelle le général Bradley envisageait de réembarquer les hommes du 5e corps pour les transférer vers Utah, la situation ne cesse de s'améliorer. Longtemps cloués sur la plage par le tir des Allemands, les Américains n'ont progressé que de quelques centaines de mètres à l'intérieur des terres et doivent faire face à une résistance acharnée aux abords immédiats des villages côtiers de Saint-Laurent, Vierville ou Colleville. La ligne Isigny-Trévières-Vaucelles qui devait théoriquement être atteinte à la fin de la journée est encore hors de portée.

A la pointe du Hoc, la situation des Rangers demeure précaire. Ils sont encerclés, dos à la mer, et n'ont pu encore être secourus.

Les pertes

Au soir du 6 juin, les pertes alliées sont estimées à près de 10 000 victimes (tués, blessés ou disparus) : 6 000 Américains et 4 300 Britanniques. Parmi les 2 500 tués, 1 000 Américains ont péri à Omaha Beach.

Les pertes allemandes n'ont pas été recensées officiellement. Selon les chiffres généralement cités, environ 9 000 soldats allemands auraient été tués, blessés ou portés disparus.

BIBLIOGRAPHIE

Stephen E. Ambrose, *Pegasus Bridge*, France Horizon, 1987.

François Bédarida (sous la direction de), *Normandie 44*, Albin Michel, 1987.

Georges Blond, *Le Débarquement*, Presses de la Cité, 1951.

Paul Carell, *Ils arrivent*, Robert Laffont, 1961.

Michel Clemençon, *Omaha Beach*, Éd. Charles Corlet, 1984 ; *Le Débarquement sur Omaha Beach*, Éd. Charles Corlet, 1990.

R. Collier, *La Guerre secrète du mur de l'Atlantique.*

André Gosset et Paul Lecomte, *Caen pendant la bataille*, Éd. Ozanne et Cie, 1946.

Jacques Henry, *La Normandie en flammes*, Éd. Charles Corlet, 1984.

René Herval, *Bataille de Normandie*, Éd. Notre Temps.

David Horwath, *Le 6 juin à l'aube*, Presses de la Cité, 1959.

Philippe Jutras, *Les Paras US dans le canton de Sainte-Mère-Église*, Éd. Hemstal, 1979.

Philippe Kieffer, *Béret vert*, France-Empire.

Jean Lechevrel, *Les Dés sont sur le tapis*, Éd. SEBN, 1984.

François Lemonnier-Grahier, *La Brèche de Sainte-Marie-du-Mont*, Éd. SPES, 1948.

Jean Mabire, *La Nuit des paras*, Presses de la Cité, 1992.

S.L.A. Marshall, *L'Invasion aéroportée en Normandie*, Payot, 1968.

Gilles Perrault, *Les Gens d'ici*, Ramsay, 1981.

Albert Pipet, *Parachutés sur Sainte-Mère-Église*, Presses de la Cité.

Alexandre Renaud, *Sainte-Mère-Église*, Julliard, 1984.

Cornelius Ryan, *Le Jour le plus long*, Robert Laffont, 1960.

Raymond Triboulet, *Un gaulliste de la IV*[e], Plon, 1985.

TABLE

DEUXIÈME PARTIE
PRIS DANS LA VAGUE

ANNEXES

DES MÊMES AUTEURS

Aux éditions Albin Michel :

Les Rescapés du jour J

La France des GI's

Ma liberté dans l'Eglise
(avec Jacques Gaillot)

Bourvil ou la tendresse du rire

Les Cris du chœur
(avec Jacques Gaillot)

Mistinguett, la reine des Années Folles

Le Livre noir de la prostitution
(ouvrage collectif)

Chez d'autres éditeurs :

Le Monde selon Hersant
(Ramsay)

Vacances secrètes en Normandie
(guide Arthaud)

Composition Bussière
Impression BCI en avril 2004
Editions Albin Michel
22, rue Huyghens, 75014 Paris
www.albin-michel.fr
N° d'édition : 22584. – N° d'impression : 041590/1.
Dépôt légal : avril 1994.
ISBN 2-226-06929-1
Imprimé en France.